Os condenados da terra

Frantz Fanon

Os condenados da terra

Tradução:
Ligia Fonseca Ferreira
Regina Salgado Campos

5ª *reimpressão*

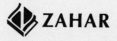

Copyright © 1961, 2002 by Librairie François Maspero/ Éditions La Découverte
Copyright de "Prefácio à edição de 1961" © 1961 by Jean-Paul Sartre
Copyright de "Introdução" © 2021 by Cornel West

Cet ouvrage, publié dans le cadre du Programme d'Aide à la Publication année 2022 Carlos Drummond de Andrade de l'Ambassade de France au Brésil, bénéficie du soutien du Ministère de l'Europe et des Affaires étrangères.

Este livro, publicado no âmbito do Programa de Apoio à Publicação ano 2022 Carlos Drummond de Andrade da Embaixada da França no Brasil, contou com o apoio do Ministério francês da Europa e das Relações Exteriores.

**AMBASSADE
DE FRANCE
AU BRÉSIL**
*Liberté
Égalité
Fraternité*

Grafia atualizada segundo o Acordo Ortográfico da Língua Portuguesa de 1990, que entrou em vigor no Brasil em 2009.

Título original: Les Damnés de la terre

Capa: Oga Mendonça

Preparação: Diogo Henriques

Revisão técnica: Deivison Faustino

Revisão: Julian F. Guimarães e Carmen T. S. Costa

Dados Internacionais de Catalogação na Publicação (CIP)
(Câmara Brasileira do Livro, SP, Brasil)

Fanon, Frantz, 1925-1961
 Os condenados da terra / Frantz Fanon ; tradução Ligia Fonseca Ferreira , Regina Salgado Campos. — 1ª ed. — Rio de Janeiro : Zahar , 2022.

 Título original: Les Damnés de la terre.
 ISBN 978-65-5979-084-5

 1. Antirracismo 2. Argélia – História – Revolução, 1954-1962 3. Crimes contra a pessoa 4. França -Colônias – África I. Título.

22-124170   CDD-325.3440965

Índice para catálogo sistemático:
 1. Argélia : Colonialismo : História : Ciência política   325.3440965

Eliete Marques da Silva – Bibliotecária – CRB-8/9380

Todos os direitos desta edição reservados à
EDITORA SCHWARCZ S.A.
Praça Floriano, 19, sala 3001 — Cinelândia
20031-050 — Rio de Janeiro — RJ
Telefone: (21) 3993-7510
www.companhiadasletras.com.br
www.blogdacompanhia.com.br
facebook.com/editorazahar
instagram.com/editorazahar
twitter.com/editorazahar

Sumário

A linguagem da revolução: Ler Frantz Fanon desde o Brasil, por Thula Rafaela de Oliveira Pires, Marcos Queiroz e wanderson flor do nascimento   7

1. Sobre a violência   29
Sobre a violência no contexto internacional   91

2. Grandezas e fraquezas da espontaneidade   103

3. Desventuras da consciência nacional   145

4. Sobre a cultura nacional   205
Fundamentos recíprocos da cultura nacional e das lutas de libertação   237

5. Guerra colonial e distúrbios mentais   249
Série A   257
Série B   275
Série C   287
Série D   299
Sobre a impulsividade criminosa do norte-africano na guerra de libertação nacional   303

Conclusão   321

Anexos   329

Prefácio à edição original francesa de 1961,
por Jean-Paul Sartre   331

Introdução à edição norte-americana de 2021,
por Cornel West   357

Notas   365

A linguagem da revolução:
Ler Frantz Fanon desde o Brasil

FRANTZ FANON INSISTIU na ideia de que cada geração deveria descobrir sua missão. Cumpri-la ou traí-la. Na sua intensa, breve e extraordinária vida, fez da destruição do colonialismo tarefa primordial, juntando-se ao destino da maioria do mundo que buscava romper com os sustentáculos da dominação. Dedicou textos, lágrimas, suor, discursos, tratamentos clínicos, armas, livros e a própria saúde a esse fim. *Os condenados da terra*, publicado poucos dias antes da sua morte, em 1961, é a síntese do conhecimento acumulado de alguém que viveu pela e para a revolução. Tornou-se, assim, leitura fundamental dos movimentos anti-imperialistas ao redor do globo e um dos escritos mais influentes do século XX. Fanon pôs em palavras aquilo que acreditava ser a tarefa da sua geração.

Nascido em 1925 na Martinica, então colônia francesa, o ainda jovem Frantz Omar Fanon conheceu o horror por trás do verniz civilizacional europeu. Discriminações vividas na infância em um território administrado além-mar; a linha de cor no regramento dos exércitos franceses estacionados no Marrocos durante a Segunda Guerra Mundial; o racismo sofrido na França, quando foi estudar em Lyon — refletido em *Pele negra, máscaras brancas*, seu primeiro livro — e, particularmente, a partir de 1953, quando mudou-se para Blida, na Argélia, e assumiu a direção do hospital psiquiátrico, que hoje carrega seu nome. No ano seguinte estouraria a Guerra de Independência Argelina. Três anos depois, Fanon demitiu-se do hospital e intensificou sua atividade secreta na Frente de Libertação Nacional (FLN). Disso tudo é feito *Os condenados da terra*: da sua atuação na linha de frente do conflito, do contato direto com a brutalidade do regime colonial, de sua maneira de pensar a ação diante de sua atividade política e profissional. Como acentua a tradução inglesa de 1973, mais do que uma teorização a respeito do colonialismo, trata-se de um programa estratégico-político, um manual de bolso para a revolução.

Para nós, que não somos da geração de Fanon, e que, portanto, não necessariamente temos a exata e mesma missão do martinicano (ou será que temos?), o que podemos no nosso tempo, com o nosso contexto (inter)nacional, a partir de nossas experiências, mobilizar e extrair do pensamento fanoniano? As respostas a esta pergunta percorrem muitos caminhos, podem estar em muitos lugares e ser percebidas por relações temporais que vão da longa duração ao imediatismo das intervenções urgentes.

Propomos que algumas dessas respostas sejam buscadas nas múltiplas formas e momentos em que Fanon foi recepcionado no Brasil para alimentar a luta concreta contra o racismo e pela disputa de um país onde caiba a existência negra. Porque foi assim que o seu pensamento nos chegou. Não foi pelas mãos dos acadêmicos e o prefácio de Sartre não foi seu abre-alas. O abre-alas conduz o desfile, apresenta o enredo, dá o tom da conversa — e, para nós, coube aos movimentos negros e de mulheres negras a apresentação do pensamento de Fanon, que nos chegou através de reuniões de organização de atos e protestos, em ocupações, em cursos de formação política, nos currículos paralelos que fomos obrigados a construir para fugir de ementas branco-eurocentradas no ensino superior, em reuniões de organização tática, como indicação dos mais velhos, em forma de conselho ouvido aqui e acolá, em um rompante de raiva ao escutar de um companheiro após testemunharmos cada massacre perpetrado pelo Estado brasileiro: "Fanon estava certo!". Ele não chegou aqui sozinho, sempre esteve acompanhado das leituras e provocações reverberadas nos pensamentos de Abdias Nascimento, Lélia Gonzalez, Neusa Santos Souza, Clóvis Moura e Sueli Carneiro, por exemplo. Ele chegou como um dos nossos, fazendo do espaço Brasil-Caribe uma única região de reflexão e intervenção.

Seus escritos interpelam um pensamento negro brasileiro já convencido de que a luta antirracista compreende a violência racial como pilar da modernidade, e não como algo episódico, um acidente ou desvio. O racismo é a gramática moderna da política, da economia, do *ethos* social e da produção do conhecimento. Esse é ponto de referência que explica a sua ampla recepção pelos movimentos negros e de mulheres negras, assim como sua essencial atualidade.

Por isso, não entendemos a recepção de um pensamento como o de Fanon, que emerge na luta, através das métricas que têm regido a academia brasileira, por imitação da norte-atlântica. Seu índice de impacto não é medido pela divulgação de textos em periódicos, teses ou dissertações, pela realização de seminários dedicados ao seu pensamento, porque tais fatores não capturam as leituras de militantes e ativistas, que — mesmo sendo intelectuais — têm outras destinações para as ideias com as quais interagem. Leituras imbuídas pelo pesado calor do mundo, que encontram nas palavras fanonianas a interrupção do abafamento oriundo do confisco da voz. Uma recepção que encontrou em Fanon argumentos cortantes como navalha, frases carregadas de sensação fisiológica, organicamente estimulantes, afinadas aos modos de perceber as necessidades de re-existir na diáspora africana.

Nesse entrelaçamento de recepção e importância, escolhemos destacar — dentre tantos possíveis mobilizados pela leitura do martinicano — três temas que consideramos cruciais para uma leitura de Fanon desde o Brasil: a relação entre Estado moderno e colonialismo; a elaboração teórica do colonizado sobre a violência; e as releituras possíveis da formação social latino-americana e caribenha.

Estado moderno e colonialismo

A primeira questão fundamental é que a teoria fanoniana parte do pressuposto de que não há um Estado (por consequência, um direito moderno) universal e abstrato, que possa ser inteligível a partir de um olhar estritamente europeu. Para Fanon, a montagem do aparato estatal se deu no entrelaçamento de práticas, hábitos, ações, instituições, disciplinas, valores e normas sociais aprendidas no cotidiano da colônia. O Estado-nação não surgiria para superar a violência e torná-la um legítimo resquício da sua atuação, ele nasceu de práticas violentas e se manteve através da violência, da interdição operada nas colônias sobre os colonizados, que tem como *prima ratio* (e não *ultima ratio*) o controle, a punição e a expropriação de vidas matáveis.

Nascida na mobilização de uma aparelhagem burocrática e macabra nas colônias, a lógica do Estado é constantemente reatualizada em territórios negros, periferias urbanas e campos neocoloniais contemporâneos. Além de romper com visões teleológicas, lineares e progressivas da história, muito comum nos relatos triunfalistas sobre a democracia ocidental, Fanon aponta a conexão, a simultaneidade, a circularidade e a aprendizagem mútua entre colônias e metrópoles; entre quartos de despejo e salas de visitas; entre caveirões, fuzis, granadas e postos policiais e paletós, gravatas e sentenças judiciais; entre o sufocamento nos camburões dos carros das polícias e o doce conforto dos escritórios com ar-condicionado de onde despacham juízes em seus ternos de milhares de reais. Além de apontar tal entrelaçamento, Fanon sempre nos lembrará que essa binaridade é imposta pelas muitas violências, pelo cano do revólver, pela torre de vigia, pelas batidas policiais, pelos gritos de "Mão na cabeça!", "Abre as pernas", "Documento!". Pela cerca, pelas coronhadas, pelos toques de recolher, pelo enquadro, pelo baculejo na mira de um, dois, três, quatro fuzis.

Fanon nos convoca a entender como violência muito daquilo que nos é vendido como progresso, desenvolvimento, ordem e civilização. Encontramos em *Os condenados da terra* a descrição de um mundo onde a práxis violenta é totalizante. Para os colonizadores, a violência oferece a gramática mobilizada para garantir sua supremacia e sua possibilidade de ser como atributo exclusivo deles. É pela violência que impuseram e impõem valores (éticos, morais, religiosos, culturais), saberes, modelos político-econômico-estéticos que definiram e definem o lícito e o ilícito, o normal e o anormal, tomando a si e às suas práticas como ponto de referência narcísico.

O empreendimento colonial fez nascer a ideia de humanidade, elaborada a partir dos alvos da violência total. A humanidade foi reduzida a um atributo exclusivo, a partir da experiência de quem é branco, de ascendência europeia, cisgênero, heterossexual, cristão, proprietário, sem deficiência, tudo no masculino. E é exatamente a partir do contingente que sobra, e que não pode *ser*, que Fanon se dedicou a pensar os efeitos da experiência colonial no continente africano e na diáspora.

As reflexões desenvolvidas em *Os condenados da terra* oferecem formas profundas de compreender a produção do negro como não ser. Segundo Fanon, o negro é o não humano porque no mundo moderno ele encarna o mal absoluto. Um dos aportes da sustentação do projeto colonial-escravista repousa na identificação de pessoas negras como elemento corrosivo, deformante, ausente de valores, que desconfiguram tudo o que se refere à estética ou à moral. Fomos simplificados a objetos animalizados, que destroem tudo do que se aproximam. Símbolos do grande medo. Costumes, tradições e mitos passaram a representar a marca da indigência, da depravação constituinte.

Neste esquema de organização do mundo entre humanos e não humanos, cafés, jornais, imprensa, parlamentos, associações políticas, pátios de fábricas e salões europeus saem do palco para entrarem o hospital psiquiátrico que recebe feridos da guerra colonial, o sabre frio que encontra o pescoço do africano, a chuva de napalm que cai sobre uma escola, os gritos da violência sexual cometida diante de fardas e coturnos e que rompe o silêncio da madrugada, fazendo latir os cachorros do subúrbio.

A escrita de Fanon expõe sucessivamente enredos, paisagens e contextos da violência colonial para dizer: nenhuma teoria é útil se no seu centro não estiver a preocupação de lidar com esse horror, fruto de um mundo compartimentado, cindido em dois, cujo corte é indicado pelas casernas e postos policiais, pelo arame, pelas batidas militares. São os agentes de insegurança pública os legítimos interlocutores institucionais da colonialidade, que têm suas tarefas consideravelmente aliviadas pela limitação ética do padrão moral que impõem aos explorados e às exploradas através de uma atmosfera de violência que inibe a resistência e alimenta a submissão.

Neste mundo compartimentado, a colonialidade estrutura duas zonas relacionais, porém não complementares. Pelo princípio da exclusão recíproca, além da oposição incomensurável entre zona habitada pelos colonos (zona do ser) e a zona habitada pelos colonizados (zona do não ser), a relação entre elas se dá pelo fato de a zona do ser se sustentar na existência necessária da zona do não ser. A raça funciona como mecanismo de distinção entre quem tem o reconhecimento de sua humanidade como atributo exclusivo (brancos) e as espécies não humanas. Entre esses dois mundos não há conciliação possível. "A causa é consequência: a pessoa é rica porque é branca, é branca porque é rica", diz Fanon.

Com essas considerações, ele nos impele a revisitar toda a construção da teoria política ocidental — da sua concepção de "indivíduo" aos autorrelatos da modernidade. Contrato social, norma jurídica, autonomia da vontade, representação, soberania popular, coercibilidade, interesse, cidadania, público, esfera pública, Estado de direito, democracia, sujeito de direitos, pessoa humana. Termos que foram dotados de transparência pelo Ocidente branco, como se fossem capazes de revelar a realidade pela mera expressão do signo, ainda que ausente qualquer âncora contextual. Termos que não resistem à crítica feita pelo colonizado.

Ao rejeitar o universalismo abstrato e qualquer relativismo essencializante, como aponta Deivison Faustino,[1] Fanon fornece uma teoria muito mais abrangente sobre o Estado e o direito na modernidade. Ao operar a crítica, ela também é central para quem não deseja abrir mão da proteção e da potência oferecidas pelos direitos humanos. De um lado, afasta uma noção abstrata e desenraizada das matrizes de poder que sustentam a colonialidade; com isso, pensa os direitos humanos a partir da realidade de *quem não tem sido*. De outro, permite que formas de ser e estar no mundo e na natureza, atacadas e desprezadas pela experiência moderna, sejam consideradas na determinação dos significados dos direitos e do humano, assim como na construção do rompimento com um modelo de organização do poder que se ancora na desumanização de boa parte da gente que está no mundo.

Violência e linguagem

Entramos no segundo elemento: a teoria da violência. Em Fanon, a violência é uma besta bifronte. Ela é fundante e mantenedora do mundo binariamente cindido entre as zonas do ser e do não ser. Da mesma forma, é força e linguagem descolonizadoras, ruptura histórica, reabilitadora do reconhecimento e da comunicação entre os colonizados.

Ao reconectar a violência com a própria história da modernidade, Fanon elabora não só uma teoria da violência, mas também uma teoria moral que não "moraliza" abstratamente a violência, isto é, que não a tem como algo condenável *per se*. O véu da pureza é rechaçado. Com isso, abre-se flanco para a crítica dos valores que legitimam e vendem consensos violentos a respeito da política, da democracia e da dita marcha civilizatória, especialmente na convivência cínica desses consensos com a brutalidade ocidental.

Ao apontar a funcionalidade da violência, elabora-se uma noção de justiça enraizada na história, na memória das opressões do mundo, na ética das "revoltas, [de] todos os atos desesperados, todas as tentativas abortadas ou reprimidas com sangue" que buscaram enterrar o colonialismo. Não há justiça no mundo do faz de conta ou no idealizado sono dos inocentes. Há justiça na abolição de uma realidade fundada na pura violência. Realidade que, por ser assim fundada, irá sempre ler a luta por justiça emanada da zona do não ser como violência ilegítima, irracional e intempestiva. Para Fanon, a violência do colonizado é linguagem e, por ser linguagem, possui um conteúdo ético e normativo.

Essa série de inversões — as quais perspectivizam a modernidade de ponta-cabeça, a partir do olhar do colonizado em guerra revolucionária — entrelaça violência e ética numa poética da crueza, que retira das mãos brancas a definição sobre a política legítima. E, com isso, reconstrói a mediação entre sujeito e linguagem. Fanon afirma que formas de pensamento e linguagem, junto com outros tópicos vividos no cotidiano (a exemplo da alimentação e das técnicas de comunicação), reorganizam o "cérebro do povo". Com isso, ele assume o pressuposto de que a linguagem nunca é apenas um descritor, principalmente no que diz respeito à política e aos processos psíquicos e subjetivos.

O tema da alienação, central no pensamento fanoniano, necessita de uma determinada compreensão da linguagem como fenômeno produtivo de representações, sentidos, experiências e mesmo de mundos. Em sua apropriação de teorias como a psicanálise, o existencialismo, o marxismo, o pensamento hegeliano, e em compreensões críticas de movimentos como a Negritude, Fanon encontra pistas importantes para pensar a escuta clínica e a escuta política, percebendo que a linguagem é elemento fundamental.

É difícil saber se ele chega ao tema da linguagem através da tematização da violência ou se esta o leva à problematização da linguagem. O certo é que Fanon entende uma imbricação fundamental entre violência colonial e o modo como linguagem é agenciada tanto na significação dos fenômenos políticos quanto nos processos de formação das subjetividades do colono e do colonizado. Nesse sentido, chama a atenção, na poética fanoniana, não apenas o modo com que o autor faz uma precisa e detalhada descrição fenomenológica da experiência colonial em diversas de suas nuances. Se Fanon dá cores vivas ao que narra — na teorização, no aporte de relatos, nos usos da literatura, no comentário de situações cotidianas ou nas análises conceituais —, também conduz o pensamento e o engajamento de forma a enfrentar, sem floreios, a crueza e a crueldade da experiência colonial. Não se trata de um estilo literário fanoniano. É, antes disso, parte da estratégia de mobilizar a própria linguagem por saber que a atuação das forças violentas necessita de um aparato das línguas e da linguagem para funcionar. A violência física molda, marca, mata ou deixa viver um corpo. Mas a dimensão linguística da violência imprime na alma suas marcas, e talvez imprima a própria alma, além de legitimar e estruturar a lógica do aparato opressor.

Falar e escrever sobre as atuações da violência implica enfrentar esse fenômeno de que a violência é, também, um movimento da linguagem; uma dimensão terapêutica da descrição sobre a própria linguagem. Como Neusa Santos Souza aponta,[2] a chave-mestra para entender o pensamento fanoniano está nessa utilização da comunicação como mecanismo de desrecalcamento — de transformar em linguagem o intolerável e indizível do vivido e habitado na zona do não ser. A política revolucionária da alma atravessada por processos de cura.

Essa estratégia e essa função crítica da linguagem fogem de uma sistematização asséptica do controle social, dos dispositivos punitivos e das políticas de morte. Fanon não atua como um cientista em laboratório tabulando fórmulas sobre os processos de docilização, disciplinamento e matabilidade dos corpos. Sua escrita nos fustiga e instiga. Um estilo que borra a distinção rígida entre sujeito e objeto, entre emoção e intelecto, derrubando as fronteiras dos jardins da razão. A estilização fanoniana intenta desrecalcar os significados da violência racial, transformar em linguagem parte do trauma e do horror do colonialismo. Dizer o inefável. São palavras que nos fazem sentir.

Numa inversão do cartesianismo moderno, só há racionalidade desde que mediada pelo corporalmente sentido. É como se para criticar a ideia de interesse econômico — comum a contratualistas, liberais, marxistas e toda sorte de teóricos ocidentais —, por exemplo, a Fanon não bastasse dizer que há outras taras, prazeres e gozos em jogo (a vontade de querer se parecer com o outro; o medo da aparição do não humano como humano; orgasmos em torno do construído como belo; o prazer comunicativo da violência). A escrita deve ir além, deve escrachar essas taras, prazeres e gozos como artifício revelador do macabro no cotidiano colonial, das sociopatias inerentes à normalidade ocidental; torná-las amplamente visíveis e iluminadas em seus textos, não só para retirar da penumbra o que foi apagado do arquivo moderno, mas para fazer sentir pela escrita.

Tudo isso tem como pressuposto uma das grandes apostas de Fanon: a necessidade de um pensamento que socave os lugares mais recônditos de nossas crenças e saberes para entender de que maneira nossa ação é impactada pelo que sabemos, acreditamos e desejamos, em torno dos processos de racialização construídos no peito do racismo colonial. Um pensamento completamente imbricado com a ação — determinando-a e sendo por ela determinado — e comprometido com uma intervenção que não se desvincula da necessidade de compreender a alienação e os demais processos de dominação. Assim, pensar e agir seriam indissociáveis na busca da revolução anticolonial.

Através dessa estratégia, sobretudo em sua filiação à psicanálise — e, mais tarde, muito provavelmente em função do contato com as experiências africanas que aportam a oralidade como modo de ser na linguagem, com as quais ele tivera contato durante as lutas de libertação na Argélia —, Fanon articulará cura e revolução também como gestos de linguagem. Parte do trabalho revolucionário e de cura consiste em dizer o mundo e dizer-se de modo diverso do que a experiência colonial nos obrigou a fazer. É seguindo esse preceito que Neusa fundamenta seu trabalho, quando inicia o livro *Tornar-se negro* com a célebre afirmação de que "uma das formas de exercer autonomia é possuir um discurso sobre si mesmo".[3]

Identificar, criticar e abandonar a descrição colonial que foi feita sobre nós é passo essencial para a mudança das relações concretas e das dimensões subjetivas. Dito de outra maneira, a revolução pressupõe que sejamos capazes de traçar outras narrativas sobre nós, sobre nossa história, sobre aquilo que a modernidade nos apresentou como fundamental. No conclame final de *Os condenados da terra*, Fanon é enfático: "Não percamos tempo com estéreis litanias ou mimetismos nauseabundos. Deixemos de lado essa Europa que não para de falar do homem, ao mesmo tempo que o massacra por toda parte onde o encontra, em todos os cantos de suas próprias ruas, em todos os cantos do mundo". É preciso abandonar violentamente esse modo violento de ser dito.

Lélia Gonzalez também tomou a sério o chamamento do martinicano ao mergulhar na amefricanidade,[4] dizendo-a em outros termos que não os modos de descrever que o empreendimento colonial nos legou. Ela pensa, age e fala em pretuguês, que é ao mesmo tempo resistência — estratégia capitaneada por mulheres negras — e um campo de descrição que se recusa a ser meramente uma reprodução dos modos coloniais de dizer e de nos oferecer uma gramática violenta de constituição subjetiva e política. Assim, voltando à estratégia fanoniana, é fundamental notar que essa transformação nos modos de dizer-se implica uma crítica, já engajada com esse outro modo de dizer, das maneiras como o complexo colonial escravagista construiu uma linguagem e um discurso para dizer o negro e toda sorte de colonizados — para compeli-los a se dizerem de um determinado modo.

A violência é a matriz dessa linguagem colonial, que oferece ao colonizado a possibilidade de dizer-se em não ser e/ou em feridas sangrentas. Uma linguagem que afasta a humanidade de muitas pessoas e que faz com que os conflitos, as lutas por libertação, sejam muitas vezes uma luta contra si mesmo. É exatamente por essa razão que Fanon nos apresenta uma fenomenologia viva, pulsante, intransigente da atuação da violência colonial. Não para estetizá-la, torná-la palatável ou dada à fruição, mas para pôr na palavra o intolerável — o que a linguagem colonial tentou esconder, ocultar, tornar aceitável.

Vemos o acionamento de uma linguagem que nos coloca diante do espelho da própria violência colonial e de como ela foi e é parte da constituição do que somos, pensamos e agimos. Atento ao diagnóstico feito por Aimé Césaire em seu *Discurso sobre o colonialismo*,[5] Fanon mergulhará numa linguagem sem concessões, que não oferece escapatória, que nos obriga a perceber que as grandiosas "luzes da modernidade" projetam uma expressão sombria da violência sobre corpos e mentes dos colonizados. A descrição violenta que Fanon faz busca ser isomórfica à violência que o moderno reservou aos povos não brancos. E não há como sair da "grande noite na qual fomos mergulhados" sem sacudir, sem agitar essa mesma linguagem que nos narra e narra o mundo que herdamos.

Sueli Carneiro, outra importante intérprete de Fanon, convoca-nos a pensar de que maneira o epistemicídio é também uma dessas expressões da linguagem, voltada para a produção do conhecimento, que busca não apenas apagar formas de produção de conhecimento dos povos colonizados, mas, junto com isso, promover mecanismos de manutenção da entrada e permanência desses povos em profundos processos de desumanização. Portanto, para Sueli, epistemicídio não é apenas a anulação e a desqualificação do conhecimento, mas a produção material persistente da indigência cultural — negação do acesso à educação de qualidade, deslegitimação do negro como portador e produtor da razão, discriminação nos espaços de ensino e rebaixamento da capacidade cognitiva pela carência de recursos —, que sequestra e fere de morte a racionalidade do subalterno, mutilando sua capacidade de aprender.[6] Diante disso, a filósofa argumenta que não importa apenas denunciar o dito desumanizante, mas também buscar e mobilizar outros modos de dizer, outras linguagens que nos digam humanos e humanas — mergulhar na realidade com auxílio de outros repertórios oriundos da contradição na qual pessoas negras são lançadas na zona do não ser. O reconhecimento dessa zona na linguagem impõe-se como condição para uma disputa que não apenas parta da humanidade para negociar o poder, mas na qual a própria humanidade, o sentido de humano, seja parte do que se negocia.

Tudo isso ajuda a romper com visões dicotômicas a respeito da obra fanoniana, que separam em caixas apartadas os seus primeiros textos e os derradeiros. O Fanon de *Pele negra, máscaras brancas* e o Fanon de *Os condenados da terra*. O que se nota é que o último é uma radicalização do programa teórico e político a respeito da linguagem articulado inicialmente nas suas obras do início da década de 1950. Programa atravessado pela dupla disputa em torno das lutas por libertação: a disputa pela humanidade, que o racismo procurou sequestrar das pessoas não brancas, e pelo próprio mundo. Humanidade e mundo que foram elementos não apenas pressupostos, mas também elementos pelos quais se lutou na diáspora africana. Enquanto o debate sobre o racismo apontava para a tentativa colonial de aniquilação da humanidade das pessoas negras — ou de sua construção como não humanas —, na diáspora africana pessoas negras em luta demandavam um mundo para além do que o sequestro colonial solapava. Fizemos nos quilombos, *palenques*, *cimarrones*, *maroons* e outras organizações (políticas, sociais, econômicas e culturais) negras espaços comuns de convivência das muitas e diversas gentes, confrontando o mundo colonial reduzido a um conjunto de territórios bipartidos entre quem possuía o poder e aquelas gentes que se tentou desumanizar. Um "mundo" que não era mais mundo, mas secções territoriais colonizadas e reprodutoras da mesma violência colonial que as fundou. Os sentidos que alimentavam o mundo comum, diverso e multipotente — ou, se quisermos, pluriversal — foram capturados pela monolítica mas plurintentacular lógica colonial da Terra. É o programa contracolonial dos condenados das mais diversas terras, o fundamento geral de toda obra fanoniana.

Fanon e o Brasil negro

Chegamos ao terceiro aspecto. Compartilhando o entendimento do racismo como pilar da modernidade, o pensamento de Fanon converge com os movimentos negros e de mulheres negras brasileiros(as) e oferece categorias e provocações fundamentais para aprofundar e precisar as análises e interpelar as interpretações do Brasil que tais movimentos, desde nossa própria caminhada de lutas, faziam e continuam a fazer. Como pano de fundo, são criticadas a ilusão da harmonia racial, a percepção de que apenas a dimensão econômica é estruturante e a ideologia do progresso civilizatório.

Como Fanon, os movimentos negros e de mulheres negras no Brasil têm como núcleo da sua estratégia a ideia de que não é possível compreender verdadeiramente o país sem levar a sério percepções dos povos negros e indígenas — a quem o próprio processo de construção do país des/subumanizou, marginalizou e procurou exterminar. Reivindicar a cidadania brasileira, para além de quaisquer ufanismos, passa a significar a busca do enfrentamento da penetração colonial[7] sobre os povos não brancos. Isso significa, além do reposicionamento da autoimagem das pessoas negras e indígenas, um refazimento das representações que a colonização fez da própria branquitude, da democracia e do progresso.

Esses passos foram possíveis apenas em função do protagonismo histórico dos movimentos antirracistas brasileiros e suas muitas buscas de alianças para o pensar e o agir, entre os quais Fanon ocupa um lugar fundamental. E, contra o racismo epistêmico, as e os militantes dos movimentos negros e de mulheres negras escreveram e se inscreveram como intérpretes fundamentais do pensamento de Fanon. Com leituras instigantes, plurais, coesas, compromissadas com as premissas fanonianas e posicionadas desde uma experiência histórica que buscou e vem executando sua missão histórica. Esse diálogo entre Fanon e o Brasil negro reposicionam o país em uma cartografia intelectual e política ampliada, compartilhada com o Caribe e a África. Essa cartografia borra fronteiras e é atravessada pelos zigue-zagues da diáspora africana.

Assim, o dançar coladinho do reggae maranhense, as guitarradas paraenses ou a guitarra baiana, os tambores de um carimbó chamegado são partes da polifonia do Atlântico Negro, espaço territorial onde circularam Fanon e militantes brasileiros. As histórias das plantations e da respectiva resistência negra não forneceram apenas um ambiente social compartilhado, fundado no massivo rapto de africanas e africanos, na brutalidade da escravidão e na *marronage-palenquismo*-quilombismo renitente. Como apontam as trocas de frequências sonoras de rádios e de long-plays por viajantes através dos mares, essas histórias forneceram também um fluxo constante de gentes, culturas e políticas. O próprio movimento negro contemporâneo foi fundado nesse território ampliado, quando seus congressos nas décadas de 1970 e 1980 — encabeçados pelos caribenhos Manuel e Délia Zapata Olivella e por Abdias Nascimento — foram realizados em Cali, São Paulo e na Cidade do Panamá. É por essas águas que Fanon desembarca com seus textos entre nós, como um conhecido que vem de longe, de terras que nos são familiares, apesar de jamais as termos conhecido pessoalmente.

É nessa paisagem atlântica compartilhada, nesse mundo Brasil-Caribe-África, que se dá a cartografia de aparição de Fanon no Brasil. Do seu eco profundo em nós. Neusa Santos Souza reflete sobre o espelho quebrado e vivido pelo negro brasileiro,[8] isto é, a construção do Eu a partir da figura do branco. Figura impossível de ser alcançada pelo sujeito negro, mesmo com a mutilação da própria subjetividade. Esse espelho ecoa o processo de alienação do negro caribenho na colônia ou na metrópole analisado pelo martinicano. Lélia Gonzalez fala do que nos foi oficialmente contado — a consciência — e daquilo que nos foi sordidamente roubado — a memória —, produzindo feridas mentais e a própria negação de si. Dessa percepção, ela trabalha a astúcia e o jogo de cintura que fazem escapar e falar para além da consciência colonial.[9] A dialética entre consciência e memória que reverbera o recalque produzido pela codificação do mundo à imagem e semelhança do branco, o branco como humano, tal qual apontava Fanon. O empreendimento colonial como incessante e brutal produção de imagens que impõe uma consciência alienígena ao subalternizado, raptando sua memória individual e coletiva. O martinicano ironizava os diversos recursos discursivos e ideológicos da supremacia branca para esconder sua violência, para apresentá-la como humanismo. Ideias que ressoam nas demolidoras críticas ao paradigma da democracia racial conduzidas por intelectuais negros brasileiros, a exemplo da precisa concepção de Abdias Nascimento: o genocídio que se esconde por trás do mito.[10]

O eco fanoniano está também nos diálogos entre pensamento negro e marxismo de Clóvis Moura, seja na aposta na violência como chave de leitura da política dos colonizados e das suas estratégias organizativas, como os quilombos e as rebeliões negras,[11] seja na concepção de que o capital sempre dependeu e dependerá da acumulação primitiva, do avassalamento de povos e territórios, a exemplo da acumulação senhorial das elites brasileiras originada na escravidão e continuada até os dias de hoje, base dos modelos de desenvolvimento nacional.[12] Fanon nos impele a retomar o poder de quem define a violência das mãos brancas, algo tão instigado por expressividades negras e periféricas Brasil afora, a exemplo do rap, que funda outro paradigma da canção brasileira, como ensina Acauam Oliveira,[13] para falar abertamente da guerra que é este país — como se a própria música precisasse ceder tons melódicos ao grave, ao beat marcado e ao cantar falado, tudo para dizer, numa estética violenta, sem conversinha, a violência fundacional deste país.

Há algo também do discurso antilhano de Fanon no nosso pretuguês, que espelha nosso senso crítico, expresso na ironia, na acidez, na bafonagem, na malemolência espirituosa, na risada escrachada e desautorizadora, na tirada que suspende o tempo no ar, na oralidade, na zombaria ambivalente, na tiração de onda. Na descrença sarcástico-melancólica em relação à mentalidade colonial e aos que se comportam como se não fossem daqui. Patologias do branco brasileiro, diria Guerreiro Ramos.[14] Na metáfora mundana recheada de múltiplos sentidos, no machadiano elogio que mascara uma crítica feroz; na quilombagem linguística, com seu jogo de formar esconderijos nas palavras.

O entendimento fanoniano de que a luta por libertação é um processo que, no seu próprio movimento, cria e instaura uma nova linguagem, um novo mundo, regenerando e curando os colonizados, encontra a concepção de Beatriz Nascimento a respeito dos territórios negros,[15] como quilombos, terreiros, barracões, escolas de samba, associações militantes e grupos de estudos de alunos negros e negras. Para Beatriz, esses são es-

A linguagem da revolução 27

paços que organizam o princípio da liberdade em sintonia com os sentidos da diáspora africana. Assim, fazem os músculos relaxarem, distensionam mandíbulas e nervos, liberam corpos e mentes em um movimento espiralar constante, desalienando e ressubjetivando na associação corpo-território-mente-alma.

A partir de Glissant[16] e da tradição do pensamento sobre quilombos, neste eterno diálogo Brasil-Caribe, Nohora Arrieta Fernández argumenta que os territórios negros brasileiros são dotados de opacidade, isto é, de uma linguagem de resistência produtora de ambiguidades, indeterminações, ambivalências, esconderijos e possibilidades de fuga. Ao rejeitar a perspectiva da casa-grande e escapar do mundo colonial, o quilombola cria seu próprio caminho e, ao mesmo tempo, borra os sinais deixados para trás, evitando que o encontrem. O jogo de ver o não visto sem ser visto.[17] Uma opacidade que nos protege, mas que também indica o cenário complexo da paisagem que nos cerca e que informa a nossa luta. Nessa dura peleja para romper com o colonialismo e seus efeitos, Fanon e a luta negra no Brasil apontam que a opacidade é arma, é estratégia, é refúgio, é trincheira de guerra: tudo é muito mais complicado do que parece ser.

E, na circularidade espiralar que nos (re)fazemos, voltamos ao começo. A quando Fanon nos diz: "Cada geração, numa relativa opacidade, deve descobrir sua missão, cumpri-la ou traí-la". E é nessa opacidade que hoje o seu pensamento se mostra para nós como uma trilha na mata cerrada, repisada constantemente pelas estratégias de fuga e circulação dos que querem a destruição do mundo na colonialidade. Pensamento--farol. Não tanto por iluminar o caminho e torná-lo seguro, mas por sinalizar que, nessas águas por onde precisaremos navegar — na luta antirracista e na disputa por um Brasil em que todas as formas de ser e estar no mundo e na natureza sejam vividas —, há perigos e, por isso, a necessidade de sinalizações, cautelas, estratégias, pensamentos ativos, atividades pensantes. Regiões de águas mansas, sem rochas ou ameaças, não demandam faróis.

Thula Rafaela de Oliveira Pires
Marcos Queiroz
wanderson flor do nascimento

Thula Rafaela de Oliveira Pires é professora de direito constitucional na PUC-Rio, onde coordena o programa de pós-graduação em direito e o Núcleo Interdisciplinar de Reflexão e Memória Afrodescendente (Nirema).
Marcos Queiroz é professor do Instituto Brasileiro de Ensino, Desenvolvimento e Pesquisa (idp-Brasília), e doutorando em direito pela UnB.
wanderson flor do nascimento é professor de filosofia e direitos humanos na Universidade de Brasília (UnB).

I.
Sobre a violência

LIBERTAÇÃO NACIONAL, renascimento nacional, restituição da nação ao povo, Commonwealth: quaisquer que sejam as rubricas usadas ou as novas fórmulas introduzidas, a descolonização é sempre um fenômeno violento. Em qualquer nível que a estudemos — encontros interindividuais, novas denominações dos clubes esportivos, composição humana das *cocktail parties*, da polícia, dos conselhos de administração dos bancos nacionais ou privados —, a descolonização é simplesmente a substituição de uma "espécie" de homens por outra "espécie" de homens. Sem transição, há substituição total, completa, absoluta. Poderíamos igualmente, sem dúvida, mostrar o surgimento de uma nova nação, a instalação de um novo Estado, suas relações diplomáticas, sua orientação política e econômica. Mas preferimos falar precisamente dessa espécie de tábula rasa que, de saída, define toda descolonização. Sua importância inusitada decorre do fato de que ela constitui, desde o primeiro dia, a reivindicação mínima do colonizado. A bem da verdade, a prova do êxito reside num panorama social inteiramente transformado. A extraordinária importância dessa transformação é que ela é desejada, reivindicada, exigida. A necessidade dessa transformação existe em estado bruto, impetuoso e impositivo, na consciência e na vida das mulheres e dos homens colonizados. Mas a eventualidade dessa transformação é igualmente vivida sob a forma de um futuro atemorizante na consciência de uma outra "espécie" de homens e de mulheres: os colonos. A descolonização, que se propõe transformar a ordem do mundo, é, como se vê, um programa de desordem absoluta. Não pode, todavia, ser o resultado de uma operação mágica, de um abalo natural ou de um acordo amigável. Sabemos que a descolonização é um processo histórico, ou seja, que só pode ser compreendida, só encontra sua inteligibilidade, só se torna transparente para si mesma na medida exata em que se percebe claramente o movimento historicizante que lhe dá forma e conteúdo. A descolonização é o encontro de duas forças congenitamente antagônicas, cuja originalidade provém justamente dessa espécie de substantificação que a situação colonial secreta e alimenta. O primeiro confronto entre elas deu-se sob o signo da violência, e sua coabitação — mais exatamente a exploração do colonizado pelo colono — prosseguiu com o grande reforço de baionetas e canhões. O colono e o colonizado são velhos conhecidos. E, de fato, o colono tem razão quando diz que "os" conhece. É o colono *que fez* e *continua a fazer* o colonizado. O colono tira a sua verdade, isto é, os seus bens, do sistema colonial.

A descolonização nunca passa despercebida, pois atinge o ser, modifica fundamentalmente o ser, transforma espectadores esmagados pela inessencialidade em atores privilegiados, recolhidos de modo quase grandioso pelos raios luminosos da História. Ela introduz no ser um ritmo próprio, trazido pelos novos homens, uma nova linguagem, uma nova humanidade. A descolonização é indiscutivelmente uma criação de homens novos. Mas essa criação não recebe sua legitimidade

Sobre a violência

de nenhum poder sobrenatural: a "coisa" colonizada torna-se homem no próprio processo através do qual ele se liberta.

Na descolonização, há, portanto, a exigência de um questionamento integral da situação colonial. Sua definição, se quisermos descrevê-la de maneira precisa, caberia no adágio bem conhecido: "Os últimos serão os primeiros". A descolonização é a confirmação desse adágio. É por isso que, no plano da descrição, toda descolonização é um triunfo.

Apresentada em sua nudez, a descolonização deixa entrever, através dos seus poros, balas de canhão incandescentes e facas cheias de sangue. Pois se os últimos devem ser os primeiros, isso só pode acontecer após um embate decisivo e mortal entre os dois protagonistas. Essa vontade firme de levar os últimos para o início da fila, de fazê-los galgar (rápido demais, segundo alguns) os escalões que definem uma sociedade organizada, só poderá triunfar se todos os meios forem colocados na balança, inclusive, é claro, a violência.

Não se desorganiza uma sociedade, por mais primitiva que seja, com tal programa, a menos que se esteja decidido, desde o início, ou seja, desde a própria formulação desse programa, a romper todos os obstáculos encontrados no caminho. O colonizado que decide pôr em prática esse programa, converter-se em seu motor, está preparado o tempo todo para a violência. Desde o seu nascimento, está claro para ele que aquele mundo estreito, repleto de proibições, só pode ser reformado pela violência absoluta.

O mundo colonial é um mundo compartimentado. Sem dúvida é desnecessário, no plano da descrição, lembrar a existência de cidades nativas e de cidades europeias, de escolas para nativos e de escolas para europeus, assim como não é necessário lembrar a existência do apartheid na África do Sul. Porém, se penetrarmos na intimidade dessa compartimentação, teremos ao menos o benefício de colocar em evidência algumas das linhas de força que ela comporta. Essa abordagem do mundo colonial, de seu arranjo, de sua disposição geográfica, nos permitirá delimitar as arestas a partir das quais se reorganizará a sociedade descolonizada.

O mundo colonizado é um mundo dividido em dois. A linha divisória, a fronteira, é indicada pelos quartéis e delegacias de polícia. Nas colônias, o interlocutor válido e institucional do colonizado, o porta-voz do colono e do regime de opressão, é o policial ou o soldado. Nas sociedades de tipo capitalista, o ensino, religioso ou laico, a formação de reflexos morais transmitidos de pais para filhos, a honestidade exemplar de operários condecorados depois de cinquenta anos de bons e leais serviços, o amor incentivado pela harmonia e pela prudência, essas formas estéticas do respeito pela ordem estabelecida, criam em torno do explorado um clima de submissão e inibição que ameniza consideravelmente o trabalho das forças de segurança pública. Nos países capitalistas, entre o explorado e o poder se interpõe uma multidão de professores de moral, de conselheiros, de "desorientadores". Nas regiões coloniais, ao contrário, o policial e o soldado, por sua presença imediata, suas intervenções diretas e frequentes, mantêm contato com o colonizado e o aconselham, valendo-se de coronhadas ou bombas de napalm, a ficar quieto. Vê-se que o intermediário do poder usa uma linguagem de pura violência. O intermediário não alivia a opressão, não encobre a dominação. Ele as exibe e manifesta com a consciência tranquila das forças de segurança. O intermediário leva a violência para dentro das casas e do cérebro do colonizado.

A zona habitada pelos colonizados não é complementar à zona habitada pelos colonos. Essas duas zonas se opõem, mas não a serviço de uma unidade superior. Regidas por uma lógica puramente aristotélica, elas obedecem ao princípio de exclusão recíproca: não há conciliação possível, um dos termos está sobrando. A cidade do colono é uma cidade de material resistente, toda de pedra e de ferro. É uma cidade iluminada, asfaltada, em que as latas de lixo transbordam sempre de restos desconhecidos, jamais vistos, nem sonhados. Os pés do colono nunca estão à mostra, exceto talvez dentro do mar, mas ninguém jamais chega perto deles. São pés protegidos por calçados sólidos, enquanto as ruas da sua cidade são limpas, lisas, sem buracos, sem pedras. A cidade do colono é uma cidade farta, indolente, sua barriga está permanentemente repleta de coisas boas. A cidade do colono é uma cidade de brancos, de estrangeiros.

A cidade do colonizado, ou pelo menos a cidade indígena, a aldeia dos pretos,* a *médina*,** a reserva, é um lugar mal-afamado povoado de homens mal-afamados. As pessoas ali nascem em qualquer lugar, de qualquer jeito. E as pessoas ali morrem em qualquer lugar, de qualquer coisa. É um mundo sem inter-

---

* Em diferentes contextos sociais e históricos, os termos raciais *noir* e *nègre*, em francês, e "negro" e "preto", em português, carregam e indicam sentidos distintos que podem variar do discurso racista e pejorativo ao registro de dimensão positiva reivindicado muitas vezes pelos movimentos identitários. Desse modo, e considerando que o próprio Fanon por diversas vezes usa as duas palavras de maneira indiferenciada, optamos por privilegiar aqui a forma "negro" como padrão e, nos casos específicos em que se fez necessário assinalar essa distinção, utilizamos "preto" para marcar o sentido pejorativo. (N. T.)
** Parte antiga das cidades árabes na África do Norte. (N. T.)

valos, os homens se apertam uns contra os outros, as cabanas umas contra as outras. A cidade do colonizado é uma cidade faminta, faminta de pão, de carne, de calçados, de carvão, de luz. A cidade do colonizado é uma cidade acocorada, uma cidade ajoelhada, uma cidade estendida no chão. É uma cidade de pretos, uma cidade de *bicots*.* O olhar que o colonizado lança à cidade do colono é um olhar de luxúria, um olhar de inveja. Sonhos de posse. Todos os modos de posse: sentar-se à mesa do colono, dormir na cama do colono, com a mulher do colono, se possível. O colonizado é um invejoso. O colono sabe disso, pois, quando lhe surpreende o olhar evasivo, constata amargamente, ainda que em estado de alerta: "Eles querem tomar o nosso lugar". É verdade: não há um único colonizado que não sonhe pelo menos uma vez por dia em se instalar no lugar do colono.

Esse mundo compartimentado, esse mundo dividido em dois é habitado por espécies diferentes. A originalidade do contexto colonial é que as realidades econômicas, as desigualdades, a enorme diferença dos modos de vida não conseguem nunca mascarar as realidades humanas. Quando se apreende o contexto colonial em seu imediatismo, fica patente que o que divide o mundo é antes de mais nada o fato de pertencer a tal espécie, a tal raça. Nas colônias, a infraestrutura econômica é igualmente uma superestrutura. A causa é consequência: a pessoa é rica porque é branca, é branca porque é rica. É por isso que as análises marxistas devem ser sempre ligeiramente flexibilizadas a cada vez que se aborda o problema colonial. Até

---

* *Bicot* ("cabrito"): designação pejorativa em francês para um árabe magrebino, sobretudo oriundo da Argélia. (N. T.)

mesmo o conceito de sociedade pré-capitalista, bem estudado por Marx, deveria ser repensado aqui. O servo possui uma essência diferente da essência do cavaleiro, mas é necessária uma referência ao direito divino para legitimar essa diferença de estatuto. Nas colônias, o estrangeiro vindo de fora impôs-se por meio de seus canhões e de suas máquinas. Apesar da domesticação bem-sucedida e da apropriação, o colono continua sendo um estrangeiro. Não são nem as fábricas, nem as propriedades, nem a conta bancária que primeiro caracterizam a "classe dirigente". A espécie dirigente é antes de tudo aquela que vem de fora, aquela que não se parece com os autóctones, "os outros".

A violência que presidiu ao arranjo do mundo colonial, que ritmou incansavelmente a destruição das formas sociais nativas, que demoliu sem restrições os sistemas de referências da economia, os modos de aparência, de vestuário, será reivindicada e assumida pelo colonizado no momento em que, decidindo ser a história em atos, a massa colonizada se entranhar nas cidades proibidas. Explodir o mundo colonial é doravante uma imagem de ação muito clara, muito compreensível, e passível de ser retomada por cada um dos indivíduos que formam o povo colonizado. Desmantelar o mundo colonial não significa que, depois da abolição das fronteiras, serão construídas vias de passagem entre as duas zonas. Destruir o mundo colonial é precisamente abolir uma zona, enterrá-la no mais profundo do solo ou expulsá-la do território.

A contestação do mundo colonial pelo colonizado não é um confronto racional de pontos de vista. Não é um discurso sobre o universal, mas a afirmação confusa de uma originalidade apresentada como absoluta. O mundo colonial é um mundo maniqueísta. Não basta ao colono limitar fisicamente — isto é, por meio da polícia e das forças militares — o espaço do colonizado. Como que para ilustrar o caráter totalitário da exploração colonial, o colono faz do colonizado uma espécie de quintessência do mal.[1] A sociedade colonizada não é apenas descrita como uma sociedade sem valores. Não basta ao colono afirmar que os valores desertaram, ou melhor, jamais habitaram o mundo colonizado. O nativo é declarado impermeável à ética: ausência de valores, mas também negação de valores. Ele é, ousemos confessá-lo, o inimigo dos valores. Nesse sentido, é o mal absoluto. Elemento corrosivo, que destrói tudo o que dele se aproxima, elemento deformador que desfigura tudo o que tenha a ver com ética ou moral, depositário de forças maléficas, instrumento inconsciente e irrecuperável de forças cegas. E o sr. Meyer podia dizer seriamente à Assembleia Nacional Francesa que não se devia prostituir a República fazendo nela penetrar o povo argelino. Os valores, com efeito, são irreversivelmente envenenados e infectados a partir do momento em que são postos em contato com o povo colonizado. Os costumes do colonizado, suas tradições, seus mitos, sobretudo seus mitos, são a própria marca dessa indigência, dessa depravação constitucional. Por isso é preciso colocar no mesmo plano o DDT que destrói os parasitas, vetores de doenças, e a religião cristã que combate no nascedouro as heresias, os instintos, o mal. O retrocesso da febre amarela e os avanços da evangelização são contabilizados no mesmo balanço. Mas os comunicados triunfantes das missões informam, na realidade, a importância dos fermentos de alienação introduzidos no seio do povo colonizado. Falo da religião cristã, e ninguém tem o direito de se espantar. A Igreja nas colônias é uma Igreja de brancos, uma igreja de estrangeiros. Chama o homem colonizado não para o caminho de Deus, mas para o caminho do branco, para o caminho do senhor, para o caminho do opressor. E, como se sabe, nessa história são muitos os chamados e poucos os escolhidos.

Por vezes esse maniqueísmo prossegue em sua lógica até o fim e desumaniza o colonizado. Para ser exato, ele o animaliza. E, de fato, a linguagem do colono, quando fala do colonizado, é uma linguagem zoológica. Alude-se aos movimentos de reptação dos amarelos, às emanações da cidade indígena, às hordas, ao fedor, à pululação, ao fervilhamento, às gesticulações. O colono, quando quer descrever e encontrar a palavra certa, refere-se constantemente ao bestiário. O europeu raramente tropeça em termos "figurados". Mas o colonizado, que percebe o projeto do colono, o processo exato intentado contra ele, sabe imediatamente no que estão pensando. Essa demografia galopante, essas massas histéricas, esses rostos desprovidos de humanidade, esses corpos obesos que não se assemelham a mais nada, essa coorte sem pé nem cabeça, essas crianças que parecem não pertencer a ninguém, essa indolência estendida ao sol, esse ritmo vegetal, tudo isso faz parte do vocabulário colonial. O general De Gaulle fala das "multidões amarelas" e o sr. Mauriac, das massas pretas, pardas e amarelas que logo vão se alastrar. O colonizado sabe disso tudo e dá uma boa risada a cada vez que se descobre como animal nas palavras do outro, pois ele sabe que não é um animal. E, precisamente, enquanto descobre sua humanidade, ele começa a polir suas armas para fazê-las triunfar.

Quando o colonizado começa a refletir sobre suas amarras, a inquietar o colono, enviam-lhe boas almas que, nos "congressos de cultura", lhe expõem a especificidade, a riqueza dos valores ocidentais. Mas a cada vez que se trata de valores ocidentais, produz-se no colonizado uma espécie de tensão, de tetania muscular. No período de descolonização apelam para a razão dos colonizados. Propõem a eles valores seguros e lhes explicam repetidamente que a descolonização não deve significar regressão, que é preciso apoiar-se em valores experimentados, sólidos, bem avaliados. Ocorre porém que, quando um colonizado ouve um discurso sobre a cultura ocidental, ele saca do seu facão ou pelo menos se certifica de que o tem ao seu alcance. A violência com a qual a supremacia dos valores brancos se afirmou, a agressividade que impregnou o confronto vitorioso desses valores com os modos de vida ou de pensamento dos colonizados, faz com que, por meio de uma justa inversão das coisas, o colonizado ria com escárnio quando esses valores são evocados diante dele. No contexto colonial, o colono só se detém em seu trabalho de desancar o colonizado depois que este último reconhece enfaticamente a supremacia dos valores brancos. No período de descolonização, a massa colonizada desdenha esses mesmos valores, insulta-os, vomita-os com satisfação.

Esse fenômeno é em geral mascarado, porque, durante o período de descolonização, alguns intelectuais colonizados estabeleceram um diálogo com a burguesia do país colonialista. Durante esse período, a população autóctone é percebida como massa indistinta. As poucas individualidades nativas que os burgueses colonialistas tiveram oportunidade de conhecer aqui e acolá não pesam suficientemente sobre essa percepção imediata a ponto de gerar nuances. Em contrapartida, durante o período de libertação, a burguesia colonialista procura febrilmente ter contatos com as "elites". É com essas elites que se estabelece o famoso diálogo sobre os valores. Ao se dar conta da impossibilidade de manter sua dominação nos países coloniais, a burguesia colonialista decide travar um combate de retaguarda no campo da cultura, dos valores, das técnicas etc. Porém, não se deve nunca perder de vista que a imensa maioria dos povos colonizados é impermeável a esses problemas. Para o povo colonizado, o valor mais essencial, porque mais concreto, é primeiramente a terra: a terra que deve garantir o pão e, é claro, a dignidade. Mas essa dignidade não tem nada a ver com a dignidade da "pessoa humana". Dessa pessoa humana ideal, ele nunca ouviu falar. O que o colonizado viu em seu solo era que podiam impunemente prendê-lo, espancá-lo, matá-lo de fome; e nenhum professor de moral, nenhum padre jamais veio apanhar no seu lugar nem dividir com ele o pão. Para o colonizado, ser moralista significa, de modo bem concreto, calar a soberba do colono, romper sua violência ostensiva, em suma, expulsá-lo completamente de cena. O famoso princípio segundo o qual todos os homens são iguais encontrará sua ilustração nas colônias a partir do momento em que o colonizado mostrar que ele é igual ao colono. Um passo a mais e ele desejará lutar para ser mais do que o colono. Na verdade, ele já decidiu substituir o colono, tomar o seu lugar. Como se vê, é todo um universo material e moral que desmorona. O intelectual, que por sua vez seguiu o colonialista no plano do universal abstrato, vai lutar para que colono e colonizado possam viver em paz num mundo novo. Mas o que ele não percebe, precisamente porque o colonialismo infiltrou-se nele com todas as suas formas de pensamento, é que o colono, assim que o contexto colonial desaparece, não tem mais interesse em ficar, em coexistir. Não é por acaso que, antes mesmo de qualquer negociação entre o governo argelino e o governo francês, a minoria europeia dita "liberal" já manifestou sua posição: ela reivindica, nem mais nem menos, a dupla cidadania. Isso porque, instalando-se no plano abstrato, pretende-se condenar o colono a dar um salto concreto no desconhecido. Sejamos francos: o colono sabe perfeitamente que nenhuma fraseologia substitui o real.

O colonizado, portanto, descobre que sua vida, sua respiração, as batidas de seu coração são as mesmas que as do colono. Descobre que a pele do colono não vale mais que a pele do nativo. Tal descoberta introduz um abalo essencial no mundo. Dela decorre toda a nova e revolucionária segurança do colonizado. Se, com efeito, minha vida tem o mesmo peso que a vida do colono, seu olhar não me fulmina mais, não me imobiliza mais, sua voz não mais me petrifica. Não me altero mais em sua presença. Na prática, eu o irrito. Não só sua presença não me incomoda mais, como já estou preparando tamanhas emboscadas para ele que em breve só lhe restará fugir.

O contexto colonial, como já dissemos, caracteriza-se pela dicotomia que inflige ao mundo. A descolonização unifica esse mundo, apagando, por uma decisão radical, sua heterogeneidade, unificando-o com base na nação, por vezes com base na raça. Conhecemos a palavra feroz dos senegaleses quanto às manobras do presidente Senghor: "Demandamos a africanização dos quadros, e eis que Senghor africaniza os europeus". Isso significa que o colonizado tem total possibilidade de perceber de imediato se a descolonização aconteceu ou não — a exigência mínima é que os últimos se tornem os primeiros.

No entanto, o intelectual colonizado introduz variações nessa exigência, e, de fato, motivações não lhe parecem faltar: quadros administrativos, quadros técnicos, especialistas. O colonizado sabe interpretar esses favores ilícitos como manobras de sabotagem, e não é raro ouvir, aqui e ali, um deles declarar: "De que vale então sermos independentes...".

Nas regiões colonizadas onde se travou uma verdadeira luta de libertação, onde correu o sangue do povo e onde a duração da fase armada favoreceu o refluxo dos intelectuais às bases populares, assiste-se a uma efetiva erradicação da superestrutura haurida por esses intelectuais nos meios burgueses colonialistas. Em seu monólogo narcisista, a burguesia colonialista, por intermédio de seus acadêmicos, havia incutido fundo na mente do colonizado que as essências permanecem eternas, a despeito de todos os erros imputáveis aos homens. Essências ocidentais, bem entendido. O colonizado aceitava o fundamento dessas ideias, e podia-se divisar, numa parte recôndita do seu cérebro, uma sentinela alerta, encarregada de defender o alicerce greco-latino. Acontece que, durante a luta de libertação, no momento em que o colonizado restabelece contato com seu povo, essa sentinela artificial vira pó. Todos os valores mediterrâneos, triunfo da pessoa humana, da clareza e do belo, tornam-se bibelôs sem vida e sem cor. Todos esses discursos aparecem como conjuntos de palavras mortas. Os valores que deveriam enobrecer a alma se revelam inutilizáveis, porque não têm relação com a luta concreta na qual o povo se engajou.

E, em primeiro lugar, o individualismo. O intelectual colonizado aprendeu com seus mestres que o indivíduo tem de se afirmar. A burguesia colonialista enfiou na cabeça do colonizado, a golpes de pilão, a ideia de uma sociedade de indivíduos em que cada um se fecha em sua subjetividade, onde a riqueza é a riqueza do pensamento. O colonizado que tiver oportunidade de se juntar ao povo na luta de libertação descobrirá que essa teoria é falsa. As formas de organização da luta já lhe propõem um vocabulário insólito: "irmão", "irmã", "camarada" são palavras proscritas pela burguesia colonialista, pois para ela meu irmão é o meu bolso, meu camarada é o meu cúmplice. O intelectual colonizado assiste, numa espécie de auto de fé, à destruição de todos os seus ídolos: o egoísmo, a recriminação orgulhosa, a estupidez infantil de quem quer sempre ter a última palavra. Esse intelectual colonizado, atomizado pela cultura colonialista, descobrirá também a solidez das assembleias nos vilarejos, a densidade das comissões do povo, a extraordinária fecundidade das reuniões de bairro e de células. Os interesses de cada um, agora, já não deixarão mais de ser os interesses de todos, pois, concretamente, ou *todos* serão descobertos pelos legionários, e logo massacrados, ou *todos* serão salvos. O "salve-se quem puder", essa forma ateia de salvação, está proibido nesse contexto.

De uns tempos para cá, tem-se falado muito de autocrítica: mas por acaso alguém sabe que ela é antes de tudo uma instituição africana? Seja nas *djemaas** da África do Norte ou nas reuniões da África Ocidental, reza a tradição que os conflitos surgidos num vilarejo sejam discutidos em público. Autocrítica coletiva, é claro, porém temperada com uma nota de humor, porque todos se encontram descontraídos, porque, em última análise, todos queremos as mesmas coisas. O cálculo, os silên-

---

* Conselhos ou assembleias tradicionais de anciões nas comunas da Cabila, do Magreb. (N. T.)

cios insólitos, as segundas intenções, o espírito subterrâneo, o sigilo, tudo isso o intelectual abandona à medida que imerge no povo. E é verdade que se pode então dizer que a comunidade nesse nível já é vitoriosa, que ela gera sua própria luz, sua própria razão.

Mas pode acontecer que a descolonização ocorra em regiões ainda não suficientemente tocadas pela luta de libertação, e ali se encontrem aqueles mesmos intelectuais ardilosos, espertos, astutos. Neles permanecem intactas as condutas e as formas de pensamento acumuladas ao longo de sua convivência com a burguesia colonialista. Crianças mimadas ontem do colonialismo, hoje da autoridade nacional, eles organizam a pilhagem dos poucos recursos nacionais. Impiedosos, erguem-se acima da miséria agora nacional por meio de negociatas e roubos legais: importação-exportação, sociedades anônimas, especulação na bolsa de valores, troca de favores. Pedem com insistência a nacionalização das atividades comerciais, isto é, a reserva de mercado e de boas oportunidades apenas aos nacionais. Doutrinariamente, proclamam a necessidade imperiosa de nacionalizar o roubo da nação. Na aridez do período nacional, na chamada fase de austeridade, o sucesso de suas rapinas provoca rapidamente a cólera e a violência do povo. Esse povo miserável e independente, no atual contexto africano e internacional, alcança rapidamente uma consciência social. Essas pequenas individualidades não tardarão a compreender isso.

Para assimilar a cultura do opressor e nela se aventurar, o colonizado precisou oferecer garantias. Entre outras, fazer suas as formas de pensamento da burguesia colonial. Isso pode ser constatado na inaptidão do intelectual colonizado para dialogar, pois ele não sabe se fazer dispensável diante de um objeto ou ideia. Em compensação, quando milita junto ao povo, vai de um deslumbramento a outro. Fica literalmente desarmado pela boa-fé e pela honestidade do povo. O risco permanente que o espreita, então, é fazer populismo. Converte-se numa espécie de adulador que diz amém a cada frase do povo, por ele convertida em sentença. Mas o felá, o desempregado, o faminto não pretende a verdade. Não a proclama, porque ela está em seu próprio ser.

Nessa fase, o intelectual se comporta objetivamente como um vulgar oportunista. Suas manobras, na realidade, não cessaram. Para o povo, não se trata de rejeitá-lo ou de acuá-lo, jamais. O que o povo deseja é que se partilhe tudo. A inserção do intelectual colonizado na maré popular será protelada pelo fato de existir nele um curioso culto ao detalhe. Não que o povo seja refratário à análise. Gosta que lhe expliquem as coisas, gosta de compreender as articulações de um raciocínio, gosta de ver para onde vai. Mas o intelectual colonizado, no início de sua convivência com o povo, privilegia o detalhe a ponto de esquecer a derrota do colonialismo, verdadeiro objeto de sua luta. Arrastado no movimento multiforme da luta, tende a se fixar nas tarefas locais, desempenhadas com ardor, mas quase sempre por demais solenizadas. Nem sempre enxerga o todo. Introduz a noção de disciplinas, especialidades, áreas, nessa terrível máquina de misturar e triturar que é a revolução popular. Concentrado em pontos específicos da frente de combate, acaba perdendo de vista a unidade do movimento, e, em caso de fracasso total, deixa-se levar pela dúvida, quando não pelo desespero. Em compensação, o povo adota desde o início perspectivas gerais. A terra e o pão: o que fazer para ter a terra e o pão? E esse aspecto obstinado, aparentemente limitado, estreito, do povo, é definitivamente o modelo de operação mais enriquecedor e eficaz.

O problema da verdade também deve merecer nossa atenção. Desde sempre, no seio do povo, a verdade só brotou dos nacionais. Nenhuma verdade absoluta, nenhum discurso de transparência da alma pode corroer essa posição. À mentira da situação colonial o colonizado responde com uma mentira igual. A conduta é franca com os nacionais, tensa e ilegível com os colonos. Verdadeiro é o que precipita o desmantelamento do regime colonial, é o que favorece a emergência da nação. Verdadeiro é o que protege os nativos e arruína os estrangeiros. No contexto colonial não existe conduta de verdade. E o bem é simplesmente aquilo que *lhes* faz mal.

Vê-se, portanto, que o primeiro maniqueísmo que rege a sociedade colonial mantém-se intacto no período de descolonização. Isso porque o colono nunca deixa de ser o inimigo, o antagonista, mais precisamente o homem a ser eliminado. Em sua zona, o opressor faz existir o movimento, movimento de dominação, de exploração, de pilhagem. Na outra zona, a coisa colonizada, oprimida, pilhada, alimenta como pode esse movimento, que vai sem transição das margens do território aos palácios e às docas da "metrópole". Nessa zona inerte, a superfície é calma, a palmeira balança na frente das nuvens, as ondas do mar ricocheteiam nas pedras, as matérias-primas vão e vêm, legitimando a presença do colono, ao passo que, de cócoras, mais morto do que vivo, o colonizado se eterniza no mesmo sonho de sempre. O colono faz história. Sua vida é uma epopeia, uma odisseia, ele é o começo absoluto: "Esta terra fomos nós que a fizemos". Ele é a causa contínua: "Se nós partirmos, tudo estará perdido, esta terra retornará à

Idade Média". Diante dele, seres entorpecidos, minados interiormente pelas febres e os "costumes ancestrais", compõem um quadro quase mineral no dinamismo inovador do mercantilismo colonial.

O colono faz a história, e sabe que a faz. E como se refere constantemente à história de sua metrópole, indica claramente que ele é aqui o prolongamento dessa metrópole. A história que ele escreve não é, portanto, a história do país que ele saqueia, mas a história da sua nação, naquilo que ela explora, viola, esfaima. A imobilidade à qual o colonizado está condenado só poderá ser revertida se ele decidir pôr fim à história da colonização, à história da pilhagem, para fazer existir a história da nação, a história da descolonização.

Mundo compartimentado, maniqueísta, imóvel, mundo de estátuas: a estátua do general que logrou a conquista, a estátua do engenheiro que construiu a ponte. Mundo seguro de si, esmagando com suas pedras as costas esfoladas pelo chicote. Eis o mundo colonial. O nativo é um ser confinado, o apartheid nada mais é do que a compartimentação do mundo colonial. A primeira coisa que o nativo aprende é a ficar no seu lugar, a não ultrapassar os limites. Por isso, os sonhos do nativo são sonhos musculares, sonhos de ação, sonhos agressivos. Eu sonho que salto, que nado, que corro, que subo. Sonho que dou gargalhadas, que atravesso o rio de uma pernada, que sou perseguido por frotas de carros que nunca me alcançam. Durante a colonização, entre as nove da noite e as seis da manhã o colonizado não para de se libertar.

Essa agressividade sedimentada nos seus músculos, o colonizado vai manifestá-la primeiramente contra os seus. É o período em que os negros brigam entre si, em que policiais e juízes de instrução não sabem mais o que fazer diante da assustadora criminalidade norte-africana. Veremos mais adiante como se deve analisar esse fenômeno.[2] Frente ao arranjo colonial, o colonizado se encontra em um estado de tensão permanente. O mundo do colono é um mundo hostil, que rejeita, mas ao mesmo tempo é um mundo que causa inveja. Vimos que o colonizado sonha sempre em se instalar no lugar do colono. Não em se tornar um colono, mas em substituir o colono. Esse mundo hostil, pesado, agressivo, porque rejeita com todas as suas asperezas as massas colonizadas, representa não o inferno do qual todos desejam se afastar o mais rapidamente possível, mas um paraíso ao alcance da mão, protegido por terríveis cães de guarda.

O colonizado está continuamente em estado de alerta, pois, tendo dificuldade para decifrar os inúmeros sinais do mundo colonial, nunca sabe se ultrapassou ou não o limite. Diante do mundo criado pelo colonialista, o colonizado é sempre presumido culpado. A culpa do colonizado não é uma culpa assumida, mas uma espécie de maldição, de espada de Dâmocles. Porém, no mais profundo do seu ser, o colonizado não reconhece nenhuma instância. É dominado, mas não domesticado. É inferiorizado, mas não convencido de sua inferioridade. Espera pacientemente até o colono relaxar a vigilância para saltar em cima dele. Em seus músculos, o colonizado está constantemente em estado de espera. Não se pode dizer que esteja inquieto, que esteja aterrorizado. Na realidade, está sempre pronto a abandonar seu papel de caça para tomar o de caçador. O colonizado é um perseguido que sonha permanentemente em se tornar perseguidor. Os símbolos sociais — policiais, clarins tocando nas casernas, desfiles militares e a bandeira hasteada — servem ao mesmo tempo de inibição e estímulo. Não significam "Não se mexa", mas "Prepare bem o seu golpe". E, de fato, se o colonizado fosse propenso a adormecer e esquecer, a arrogância do colono e seu cuidado de testar a solidez do sistema colonial lhe lembrariam com frequência que o grande confronto não poderá ser indefinidamente adiado. Esse impulso de tomar o lugar do colono mantém um constante tônus muscular. Sabe-se, com efeito, que em determinadas condições emocionais a presença do obstáculo acentua a tendência ao movimento.

As relações colono-colonizado são relações de massa. Ao número o colono opõe sua força. O colono é um exibicionista. Sua preocupação com a segurança o faz lembrar em voz alta ao colonizado que "o senhor aqui sou eu". O colono alimenta a cólera no colonizado e a sufoca. O colono cai nas malhas apertadas do colonialismo. Mas vimos que, no seu íntimo, alcança apenas uma pseudopetrificação. A tensão muscular do colonizado é periodicamente liberada em explosões sanguinárias: lutas tribais, lutas de çofs,* lutas entre indivíduos.

No nível dos indivíduos, assiste-se a uma verdadeira negação do bom senso. Enquanto o colono ou o policial podem, a qualquer momento do dia, bater no colonizado, insultá-lo, colocá-lo de joelhos, veremos o colonizado sacar sua faca ao menor olhar hostil ou agressivo de outro colonizado, pois seu último recurso é defender sua personalidade diante de um congênere. As lutas tribais apenas perpetuam velhos rancores enterrados nas memórias. Ao se lançar com todas as forças em suas vinganças, o colonizado tenta se convencer de que o

---

* Partidos de um clã cabila. (N. T.)

colonialismo não existe, de que tudo se passa como antes, de que a história continua. Observamos aí, com toda clareza, no nível das coletividades, essas famosas condutas de evitamento, como se mergulhar no sangue fraterno permitisse não ver o obstáculo, adiar a opção, no entanto inevitável, que desemboca na luta armada contra o colonialismo. Autodestruição coletiva muito concreta nas lutas tribais: tal é, portanto, uma das vias por onde se libera a tensão muscular do colonizado. Todos esses comportamentos são reflexos de morte diante do perigo, atitudes suicidas que permitem ao colono, cuja vida e dominação encontram-se perfeitamente consolidadas, constatar na mesma hora que esses homens não são racionais. O colonizado também consegue, por meio da religião, não levar em conta o colono. Por meio do fatalismo, toda iniciativa é retirada do opressor; a causa dos males, da miséria, do destino, está em Deus. Assim, o indivíduo aceita a dissolução decidida por Deus, rebaixa-se perante o colono, prostra-se perante o colono e perante o destino, e, numa espécie de reequilíbrio interior, alcança uma serenidade de pedra.

Entretanto, a vida continua, e é através de mitos aterrorizantes, tão prolíficos nas sociedades subdesenvolvidas, que o colonizado vai buscar inibições para sua agressividade; gênios maléficos que intervêm sempre que se dá um passo em falso, homens-leopardo, homens-serpente, cães de seis patas, zumbis, toda uma gama inesgotável de animalejos ou de gigantes dispõe em torno do colonizado um mundo de proibições, de barragens, de inibições muito mais aterrorizantes do que o mundo colonialista. Essa superestrutura mágica que impregna a sociedade nativa cumpre funções precisas na dinâmica da economia libidinal. Com efeito, uma das características das sociedades subdesenvolvidas é que a libido é antes de tudo uma questão de grupo, de família. Conhecemos essa característica, bem descrita pelos etnólogos, de sociedades nas quais o homem que sonha com relações sexuais com outra mulher que não a sua deve confessar publicamente o sonho e pagar um tributo em espécie ou em dias de trabalho ao marido ou à família lesada. Isso prova, diga-se de passagem, que as chamadas sociedades pré-históricas atribuem uma grande importância ao inconsciente.

Ao me provocar medo, a atmosfera de mito e magia comporta-se como uma realidade indubitável. Ao me aterrorizar, integra-me às tradições, à história da minha região ou da minha tribo, mas ao mesmo tempo me tranquiliza, me dá um estatuto, um certificado de estado civil. O plano do segredo, nos países subdesenvolvidos, é um plano coletivo que depende exclusivamente da magia. Ao me enredar nessa teia inextricável em que os atos se repetem com uma permanência cristalina, é a perenidade de um mundo meu, de um mundo nosso que então se afirma. Os zumbis, creiam-me, são mais apavorantes do que o colono. O problema, então, não é mais seguir as regras do mundo blindado do colonialismo, mas ter de pensar três vezes antes de urinar, de cuspir ou de sair à noite.

As forças sobrenaturais, mágicas, revelam-se surpreendentemente egoicas. As forças do colono são infinitamente diminuídas, marcadas pela estraneidade. Na verdade, não é mais preciso lutar contra elas, pois o que importa é a terrível adversidade das estruturas míticas. Tudo se resolve, como se vê, no confronto permanente no plano da fantasia.

Todavia, na luta de libertação, esse povo outrora distribuído em círculos irreais, esse povo sujeito a um terror indizível mas feliz de perder-se numa tormenta onírica, se dispersa, se reorganiza, e engendra, com sangue e lágrimas, confrontos muito reais e imediatos. Dar de comer aos mujahidin,* postar sentinelas, ajudar as famílias privadas do necessário, fazer as vezes de marido assassinado ou preso: tais são as tarefas concretas que o povo é convidado a desempenhar na luta de libertação.

No mundo colonial, a afetividade do colonizado é mantida à flor da pele como uma chaga viva que foge do agente cáustico. E o psiquismo se retrai, se oblitera, se descarrega em manifestações musculares que levam homens de grande erudição a afirmar que o colonizado é um histérico. Essa afetividade excitada, vigiada por guardiões invisíveis, mas que se comunicam sem transição com o núcleo da personalidade, vai se comprazer eroticamente nas dissoluções motoras da crise.

Sob outro ângulo, veremos a afetividade do colonizado esgotar-se em danças que podem levar ao êxtase. Por essa razão, o estudo do mundo colonial deve forçosamente buscar compreender o fenômeno da dança e do transe. O relaxamento do colonizado consiste justamente nessa orgia muscular no decorrer da qual a agressividade mais aguda e a violência mais imediata são canalizadas, transformadas, escamoteadas. O círculo da dança é um círculo permissivo. Protege e autoriza. Em horas fixas, em datas fixas, homens e mulheres se reúnem num determinado lugar e, sob o olhar grave da tribo, se lançam numa pantomima de aspecto desordenado, mas na realidade bem sistematizada, na qual, por diversos meios — negativas com a cabeça, curvatura da coluna,

---

* *Mujahid* é o combatente muçulmano, também traduzido como guerreiro santo. (N. T.)

o corpo todo arqueado para trás —, se decifra abertamente o esforço grandioso de uma coletividade para se exorcizar, se libertar, se expressar. Tudo é permitido... dentro do círculo. O morro onde subiram como que para estar mais perto da lua, a ribanceira onde se deixam escorrer como que para manifestar a equivalência da dança e da ablução, da lavagem, da purificação, são lugares sagrados. Tudo é permitido, pois, na realidade, as pessoas se reúnem para deixar que a libido acumulada e a agressividade reprimida explodam vulcanicamente. Execuções simbólicas, cavalgadas figurativas, chacinas imaginárias, tudo isso precisa sair. Os maus humores extravasam, estrepitosos como torrentes de lava.

Um passo a mais e caímos em plena possessão. Na verdade, são organizadas sessões de possessão-despossessão: vampirismo, possessão por djins,* por zumbis, por Legbá, o deus ilustre do vodu. Essas fragmentações da personalidade, esses desdobramentos, essas dissoluções preenchem uma função econômica primordial na estabilidade do mundo colonizado. Na ida, os homens e mulheres estavam impacientes, agitados, "nervos à flor da pele". Na volta, a calma, a paz, a imobilidade voltam à aldeia.

Ao longo da luta de libertação, assistiremos a um curioso desprezo por essas práticas. Encostado contra a parede, com a faca na garganta ou, para ser mais exato, o eletrodo nas partes genitais, o colonizado vai ser intimado a não inventar histórias.

Depois de anos de irrealismo, depois de ter se deleitado nas fantasias mais surpreendentes, o colonizado, de metralhadora em punho, se defronta enfim com as únicas forças que negavam

---

* Espíritos sobrenaturais, muito comuns ao imaginário islâmico. (N. T.)

seu ser: as do colonialismo. E o jovem colonizado que cresceu numa atmosfera de ferro e fogo pode perfeitamente zombar — e ele não se priva disso — dos zumbis ancestrais, dos cavalos de duas cabeças, dos mortos que ressuscitam, dos djins que se aproveitam de um bocejo para entrar no corpo. O colonizado descobre o real e o transforma no movimento de sua práxis, no exercício da violência, no seu projeto de libertação.

Vimos que essa violência, durante todo o período colonial, embora à flor da pele, girava no vazio. Vimos como era canalizada pelas descargas emocionais da dança ou da possessão. Vimos como se esgotava em lutas fratricidas. Coloca-se agora o problema de perceber como está se reorientando. Enquanto antes ela se comprazia nos mitos e se dedicava a descobrir ocasiões de suicídio coletivo, agora novas condições vão permitir que mude de orientação.

No plano da tática política e da História, a libertação das colônias levanta um problema teórico de importância capital na época contemporânea: quando se pode dizer que a situação está madura para um movimento de libertação nacional? Qual deve ser sua vanguarda? Como as descolonizações assumiram formas múltiplas, a razão hesita e se priva de dizer o que é uma descolonização verdadeira e uma descolonização falsa. Veremos que, para o homem engajado, é urgente decidir os meios, a tática, ou seja, a conduta e a organização. Fora isso, não há senão voluntarismo cego, com os riscos terrivelmente reacionários que comporta.

Quais são as forças que, no período colonial, propõem à violência do colonizado novas vias, novos polos de investimento? Em primeiro lugar, são os partidos políticos e as elites intelectuais ou comerciais. Ora, o que caracteriza certas formações políticas é o fato de proclamarem princípios abstendo--se, no entanto, de lançar palavras de ordem. Toda a atividade desses partidos políticos nacionalistas, no período colonial, é uma atividade de tipo eleitoreiro, uma série de dissertações filosófico-políticas sobre o direito dos povos de disporem de si mesmos, o direito dos homens à dignidade e ao pão, a afirmação ininterrupta do princípio "um homem, um voto". Os partidos políticos nacionalistas jamais insistem na necessidade da prova de força, porque seu objetivo não é exatamente a mudança radical do sistema. Pacifistas, legalistas, na verdade partidários da ordem... da nova ordem, tais formações colocam cruamente à burguesia colonialista a questão essencial: "Queremos mais poder". Quanto ao problema específico da violência, as elites são mais ambíguas. São violentas nas palavras e reformistas nas atitudes. Quando os quadros políticos nacionalistas burgueses dizem uma coisa, querem dizer, sem rodeios, que não pensam nela realmente.

Essa característica dos partidos políticos nacionalistas deve ser interpretada pela qualidade de seus quadros tanto quanto pela de sua clientela. A clientela dos partidos nacionalistas é uma clientela urbana. Os operários, os professores primários, os pequenos artesãos e comerciantes que começaram — mesmo explorados, entenda-se — a se aproveitar da situação colonial têm interesses particulares. O que essa clientela reivindica é a melhoria de suas condições de vida, o aumento dos salários. O diálogo entre esses partidos e o colonialismo nunca se rompeu. Eles discutem arranjos políticos, representação eleitoral, liberdade de imprensa, liberdade de associação. Discutem reformas. Assim, não surpreende ver um grande número de nativos militando nas sucursais das formações políticas da metrópole. Esses nativos lutam com base numa palavra de ordem abstrata — "Poder ao proletariado" —, esquecendo que, na sua região, é preciso travar o combate seguindo primeiro as palavras de ordem nacionalistas. O intelectual colonizado investiu sua agressividade na vontade, maldisfarçada, de se assimilar ao mundo colonial. Colocou sua agressividade a serviço de seus próprios interesses, de seus interesses enquanto indivíduo. Assim nasce facilmente uma espécie de classe de escravos libertos individualmente, de escravos forros. O que o intelectual reivindica é a possibilidade de multiplicar os libertos, a possibilidade de organizar uma autêntica classe de libertos. As massas, porém, não tencionam ver aumentar as chances de sucesso dos indivíduos. O que exigem não é o status do colono, mas o lugar do colono. Em sua grande maioria, os colonizados querem a fazenda do colono. Não se trata para eles de competir com o colono. Querem o lugar dele.

O campesinato é sistematicamente posto de lado pela propaganda da maioria dos partidos nacionalistas. No entanto, é evidente que, nos países coloniais, só o campesinato é revolucionário. Não tem nada a perder e tudo a ganhar. O camponês, o desclassificado, o faminto é o explorado que mais rápido compreende que só a violência compensa. Para ele, não há acordo, não há possibilidade de arranjo. A colonização ou a descolonização é simplesmente uma relação de forças. O explorado se dá conta de que sua libertação supõe todos os meios e em primeiro lugar a força. Quando em 1956, após a capitulação do sr. Guy Mollet perante os colonos da Argélia, a Frente de Libertação Nacional (FLN), num panfleto célebre, observou que o colonialismo não cede senão com uma faca na garganta, nenhum argelino achou esses termos realmente violentos. O panfleto não fazia mais do que expressar o que todos os argelinos sentiam em seu âmago: o colonialismo não é uma máquina de pensar, não é um corpo dotado de razão. É a violência em estado puro, e só se curvará diante de uma violência maior.

No momento da explicação decisiva, a burguesia colonialista, que até então ficara quieta, entra em ação. E introduz essa nova noção, que é, rigorosamente falando, uma criação da situação colonial: a não violência. Em sua forma bruta, essa não violência significa, para as elites intelectuais e econômicas colonizadas, que a burguesia colonialista tem os mesmos interesses que elas, e que portanto é indispensável, urgente, chegar a um pacto para a salvação comum. A não violência é uma tentativa de resolver o problema colonial em torno de uma mesa de negociação, antes de qualquer gesto irreversível, de qualquer derramamento de sangue, de qualquer ato deplorável. No entanto, se as massas, sem esperar que as cadeiras sejam dispostas em torno da mesa, só ouvirem sua própria voz e derem início aos incêndios e atentados, veremos então as "elites" e os dirigentes dos partidos burgueses nacionalistas se precipitarem para os colonialistas e dizerem: "É gravíssimo! Não sabemos como tudo isso vai acabar, é preciso encontrar uma solução, é preciso chegar a um pacto".

Essa noção de pacto é muito importante no fenômeno da descolonização, pois está longe de ser algo simples. O pacto, na verdade, afeta ao mesmo tempo o sistema colonial e a jovem burguesia nacional. Os defensores do sistema descobrem o risco de as massas destruírem tudo. A sabotagem das pontes, a destruição das fazendas, as repressões, a guerra atingem duramente a economia. Pactos igualmente para a burguesia nacional, que, não discernindo muito bem as possíveis consequências desse tufão, teme no fundo ser varrida por essa formidável borrasca e diz incessantemente aos colonos: "Ainda somos capazes de estancar a carnificina, as massas ainda confiam em nós, ajam rápido, se não quiserem pôr tudo a perder". Um grau a mais e o dirigente do partido nacionalista toma distância dessa violência. Afirma enfaticamente que não tem nada a ver com esses Mau--Mau, com esses terroristas, com esses degoladores. No melhor dos casos, acantona-se num *no man's land* entre os terroristas e os colonos, apresentando-se de bom grado como "interlocutor". Isso significa que, não podendo os colonos discutirem com os Mau-Mau, ele se propõe a dar início às negociações. É assim que a retaguarda da luta nacional, essa parte do povo que nunca deixou de estar do outro lado da luta, se vê situada, por meio de uma espécie de ginástica, na vanguarda das negociações e pactos, visto que, precisamente, teve o cuidado de nunca romper o contato com o colonialismo.

Antes da negociação, a maioria dos partidos nacionalistas, no melhor dos casos, se contenta em explicar, em justificar a "selvageria". Não reivindicam a luta popular e não é raro vê--los, em círculos fechados, condenando tais atos espetaculares considerados odiosos pela imprensa e pela opinião pública da metrópole. A preocupação de encarar as coisas objetivamente constitui a desculpa legítima para essa política de imobilismo. Essa atitude clássica do intelectual colonizado e dos dirigentes dos partidos nacionalistas, porém, na realidade não é objetiva. Com efeito, eles não têm certeza de que essa violência impaciente das massas seja o meio mais eficaz de defender seus próprios interesses. Ocorre também que estão convencidos da ineficácia dos métodos violentos. Para eles, não resta a menor dúvida: qualquer tentativa de romper a opressão colonial pela força é uma atitude de desespero, uma conduta suicida. Isso porque, na cabeça deles, os tanques dos colonos e os aviões de caça ocupam um lugar enorme. Quando alguém lhes diz que é preciso agir, eles veem bombas caindo sobre suas cabeças, blindados avançando ao longo dos caminhos, a metralhadora, a polícia... e permanecem sentados. Desde o início consideram-se perdedores. Sua incapacidade de triunfar pela violência nem precisa ser demonstrada: eles a assumem na vida cotidiana e em suas manobras. Mantiveram-se na posição pueril adotada por Engels em sua célebre polêmica com aquela montanha de puerilidade que era o sr. Dühring:

> Assim como Robinson Crusoé conseguiu arranjar uma espada, podemos da mesma forma supor que Sexta-Feira um belo dia aparece empunhando um revólver carregado, e então toda a relação de "violência" se inverte: Sexta-Feira manda e Robinson vai ser obrigado a trabalhar pesado. [...] Logo, o revólver vence a espada e mesmo o mais ingênuo amador de axiomas compreenderá que a violência não é um simples ato de vontade, mas exige, para sua execução, condições prévias bem reais, notadamente instrumentos, dentre os quais o mais perfeito ganha do menos perfeito; que, ademais, esses instrumentos devem ser produzidos, e isso significa também que o produtor dos instrumentos de violência mais perfeitos — grosseiramente falando, de armas — suplanta o produtor dos menos perfeitos e que, numa palavra, a vitória da violência repousa na produção de armas, e esta, por sua vez, na produção em geral, logo, no "poder econômico", na "situação econômica", nos meios materiais que estão à disposição da violência.[3]

De fato, os dirigentes reformistas não dizem outra coisa: "Com o que vocês querem lutar contra os colonos? Com suas facas? Com suas espingardas de caça?".

É verdade que os instrumentos são importantes no campo da violência, visto que tudo reside, definitivamente, na distribuição desses instrumentos. Ocorre, porém, que, nesse campo, a libertação dos territórios coloniais traz uma nova luz. Vimos, por exemplo, que durante a campanha da Espanha, essa autêntica guerra colonial, Napoleão, apesar de seus efetivos, que durante as ofensivas da primavera de 1810 atingiram a enorme cifra de 400 mil homens, foi obrigado a recuar. E no entanto o exército francês fazia tremer toda a Europa com seus instrumentos de guerra, com o valor dos seus soldados, com o gênio militar de seus comandantes. Diante dos enormes recursos das tropas napoleônicas, os espanhóis, animados por uma fé nacional inabalável, descobriram a famosa guerrilha que, 25 anos antes, as milícias norte-americanas haviam usado contra as tropas inglesas. Mas a guerrilha do colonizado não seria nada enquanto instrumento de violência oposto a outros instrumentos de violência se não fosse um elemento novo no processo global da competição entre trustes e monopólio.

No início da colonização, uma coluna podia ocupar territórios imensos: o Congo, a Nigéria, a Costa do Marfim etc. Hoje, porém, a luta nacional do colonizado se inscreve numa situação absolutamente nova. O capitalismo, no seu período de florescimento, via nas colônias uma fonte de matérias-primas que, manufaturadas, podiam ser escoadas no mercado europeu. Após uma fase de acumulação do capital, hoje ele modificou sua concepção da rentabilidade de um negócio. As colônias se tornaram um mercado. A população colonial é uma clientela que compra.

A partir disso, se a guarnição deve ser eternamente reforçada, se o comércio diminui, isto é, se os produtos manufaturados e industrializados não podem mais ser exportados, verifica-se que a solução militar deve ser afastada. Uma dominação cega de tipo escravagista não é economicamente rentável para a metrópole. A fração monopolista da burguesia metropolitana não apoia um governo cuja política é unicamente a da espada. O que os industriais e banqueiros da metrópole esperam de seu governo não é que dizime as populações, mas que proteja, por meio de acordos econômicos, seus "interesses políticos".

Existe, portanto, uma cumplicidade objetiva do capitalismo com as forças violentas que brotam no território colonial. Além disso, o colonizado não se encontra sozinho frente ao opressor. Há, sem dúvida, ajuda política e diplomática dos países e povos progressistas. Mas há sobretudo a competição, a guerra implacável travada pelos grupos financeiros. A Conferência de Berlim retalhou a África numa partilha entre quatro ou cinco bandeiras. Atualmente, o que importa não é que essa ou aquela região africana seja território de soberania francesa ou belga: o que importa é que as zonas econômicas estejam protegidas. Os bombardeios e a política de terra arrasada deram lugar à sujeição econômica. Hoje não se faz mais guerra de repressão contra um sultão rebelde. Com modos mais elegantes, menos sanguinários, decide-se liquidar pacificamente o regime castrista. Tenta-se estrangular a Guiné, suprime-se Mossadegh. O dirigente nacional que receia a violência, portanto, está errado se imagina que o colonialismo vai "nos massacrar a todos". Os militares, logicamente, continuam brincando com bonecos que datam da época da conquista, mas os setores financeiros logo os trazem de volta à realidade.

Por essa razão, pede-se que os partidos políticos nacionalistas moderados exponham o mais claramente possível suas reivindicações e procurem junto ao parceiro colonialista, de forma calma e desapaixonada, uma solução que respeite os interesses de ambas as partes. Vê-se que, quando decide agir, esse reformismo nacionalista que se apresenta muitas vezes como uma caricatura do sindicalismo o faz por meios altamente pacíficos: paralisações nas poucas indústrias implantadas nas cidades, manifestações de massa para aclamação do líder, boicote dos ônibus ou das mercadorias importadas. Todas essas ações servem ao mesmo tempo para pressionar o colonialismo e permitir que o povo se desgaste. Essa prática de hibernoterapia, essa sonoterapia do povo, pode às vezes dar certo. Então, do debate em torno da mesa de negociação surge a promoção política que permite ao sr. M'Ba, presidente da República do Gabão, declarar solenemente em sua chegada a Paris para uma visita oficial: "O Gabão é independente, mas entre o Gabão e a França nada mudou, tudo continua como antes". De fato, a única mudança é que o sr. M'Ba é presidente da República gabonense e que é recebido pelo presidente da República francesa.

A burguesia colonialista é auxiliada, em seu esforço para tranquilizar os colonizados, pela inevitável religião. Todos os santos que deram a outra face, que perdoaram as ofensas, que receberam escarros e insultos sem se abalar, são expostos, dados como exemplos. As elites dos países colonizados, esses escravos forros, quando encabeçam o movimento acabam inelutavelmente por produzir um *Ersatz* de combate.* Usam a

---

* O termo alemão *Ersatz* indica um tipo de simulacro cuja função é compensar uma falta. (N. T.)

escravidão de seus irmãos para envergonhar os escravagistas e para fornecer um conteúdo ideológico de humanitarismo ridículo aos grupos financeiros concorrentes dos seus opressores. Na verdade, nunca fizeram realmente um apelo aos escravos, jamais os mobilizaram de maneira concreta. Muito pelo contrário: no momento da verdade — para eles, da mentira —, vão brandir a ameaça de uma *mobilização das massas* como a arma decisiva que provocaria, como por encanto, o "fim do regime colonial". Evidentemente, encontram-se nesses partidos políticos, entre os seus quadros, revolucionários que viram as costas resolutamente à farsa da independência nacional. Mas logo suas intervenções, suas iniciativas, seus acessos de raiva indispõem a máquina do partido. Pouco a pouco, esses elementos são isolados, e depois afastados de todo. Ao mesmo tempo, como se houvesse uma concomitância dialética, a polícia colonialista cai em cima deles. Sem segurança nas cidades, evitados pelos militantes, rejeitados pelas autoridades do partido, esses indesejáveis de olhar incendiário não vão ter sucesso no campo. É quando percebem, com uma espécie de vertigem, que as massas camponesas compreendem de imediato suas intenções e, sem rodeios, lhes fazem a pergunta cuja resposta não tinham preparado: "É para quando?".

Esse encontro entre os revolucionários vindos das cidades e os camponeses merecerá nossa atenção mais adiante. Por ora, convém retornar aos partidos políticos, para mostrar o caráter apesar de tudo progressista de sua ação. Em seus discursos, os dirigentes políticos "nomeiam" a nação. As reivindicações do colonizado recebem assim uma forma. Não há conteúdo, não há programa político e social. Há uma forma vaga, mas ainda assim nacional, um marco a que chamaríamos de exigência mínima. Os políticos que tomam a palavra, que escrevem nos jornais nacionalistas, fazem o povo sonhar. Evitam a subversão, mas, na realidade, introduzem terríveis fermentos de subversão na consciência dos ouvintes ou leitores. Muitas vezes usam a língua nacional ou tribal. Trata-se, também nesse caso, de alimentar o sonho, de deixar que a imaginação vagueie fora da ordem colonial. Às vezes, os políticos dizem "Nós, os negros; nós, os árabes", e essa denominação carregada de ambivalência durante o período colonial recebe uma espécie de sacralização. Os políticos nacionalistas brincam com fogo, pois, como revelou recentemente um dirigente africano a um grupo de jovens intelectuais: "Reflitam antes de falar para as massas, elas se inflamam rapidamente". Há, portanto, um ardil da história que atua terrivelmente nas colônias.

Quando o dirigente político convida o povo para um comício, pode-se dizer que há sangue no ar. No entanto, o dirigente muitas vezes se preocupa sobretudo em "exibir" suas forças... para não precisar utilizá-las. Mas a agitação assim mobilizada — ir, vir, ouvir discursos, ver o povo reunido, os policiais em volta, as demonstrações militares, as prisões, as deportações de líderes —, todo esse rebuliço dá ao povo a impressão de que é chegada a hora, para ele, de fazer alguma coisa. Nesses momentos de instabilidade, os partidos políticos multiplicam os apelos de calma à esquerda, enquanto, à direita, perscrutam o horizonte, tentando decifrar as intenções liberais do colonialismo.

O povo, para se manter em forma, para conservar sua capacidade revolucionária, se vale igualmente de certos episódios da vida da coletividade. Por exemplo, o bandido que domina o campo por dias seguidos com soldados no seu encalço, aquele que, num combate singular, sucumbe depois de abater quatro ou cinco policiais, aquele que se suicida para não "entregar" seus cúmplices representam, para o povo, modelos, esquemas de ação, "heróis". E de nada adianta, evidentemente, dizer que tal herói é um crápula ou um depravado. Se o ato que leva esse homem a ser perseguido pelas autoridades coloniais é um ato exclusivamente dirigido contra uma pessoa ou um bem colonial, a distinção então é nítida, flagrante. O processo de identificação é automático.

É preciso assinalar também o papel desempenhado, nesse fenômeno de maturação, pela história da resistência nacional à conquista do território. As grandes figuras do povo colonizado são sempre aquelas que dirigiram a resistência nacional à invasão. Beanzim, Sundiata, Samori, Abd al-Kader revivem com particular intensidade no período que precede a ação. É a prova de que o povo se apressa para novamente se pôr em marcha, para interromper o tempo morto introduzido pelo colonialismo, para fazer História.

O surgimento da nova nação, as demolições das estruturas coloniais são o resultado ou de uma luta violenta do povo independente ou da ação, inibidora para o regime colonial, da violência periférica assumida por outros povos colonizados.

O povo colonizado não está só. A despeito dos esforços do colonialismo, suas fronteiras continuam permeáveis às notícias, aos ecos. Ele descobre que a violência é atmosférica, que eclode aqui e ali, e aqui e ali derrota o regime colonial. Essa violência que dá resultado tem um papel não só informante como operacional para o colonizado. A grande vitória do povo vietnamita em Dien Bien Phu não é mais, estritamente falando, uma vitória vietnamita. Desde julho de 1954, o problema que os povos coloniais se colocaram foi o seguinte: "O que é preciso fazer para alcançarmos um Dien Bien Phu? Como proceder?". Nenhum colonizado podia mais duvidar que esse Dien Bien Phu fosse possível. A questão era distribuir forças, organizar, a data para entrar em ação. Essa violência ambiente não muda apenas os colonizados, mas igualmente os colonialistas, que tomam consciência de múltiplos Dien Bien Phu. Eis por que um verdadeiro pânico ordenado vai se apoderar dos governos coloniais. Sua intenção é tomar a dianteira, virar à direita o movimento de libertação, desarmar o povo: rápido, descolonizemos. Descolonizemos o Congo antes que se transforme numa Argélia. Votemos a *Loi-Cadre** para a África, criemos a Comunidade, renovemos essa Comunidade, mas, eu lhes imploro, descolonizemos, descolonizemos... Descoloniza-se a tal ritmo que a independência é imposta a Houphouët-Boigny. À estratégia de Dien Bien Phu, definida pelo colonizado, o colonialista responde com a estratégia do enquadramento... respeitando a soberania dos Estados.

Mas voltemos a essa violência atmosférica, a essa violência à flor da pele. Vimos no desenvolvimento de sua maturação que muitas correias a seguram e levam até a porta de saída. Apesar das metamorfoses impostas pelo regime colonial nas lutas tribais ou regionalistas, a violência avança, o colonizado identifica seu inimigo, dá nome a suas misérias e joga nesse novo rumo toda a força exacerbada de seu ódio e de sua cólera. Mas como passamos da atmosfera de violência à vio-

---

* Aprovada em junho de 1956 e conhecida como Loi-Cadre Defferre, estabeleceu, em termos ainda desfavoráveis às populações coloniais, as bases para a progressão das colônias francesas até a independência. (N. T.)

lência em ação? O que faz a panela de pressão explodir? Primeiramente, há o fato de que o desenvolvimento não deixa incólume a beatitude do colono. O colono que "conhece" os nativos se dá conta, por vários indícios, de que alguma coisa está mudando. Os bons nativos vão se tornando raros, ouve-se o silêncio quando o opressor se aproxima. Por vezes os olhares endurecem, as atitudes e as palavras são abertamente agressivas. Os partidos nacionalistas se agitam, os comícios se multiplicam, e, ao mesmo tempo, cresce o efetivo das forças policiais, chegam reforços de tropas. Os colonos, sobretudo os agricultores, isolados em suas fazendas, são os primeiros a se alarmar. Reclamam medidas enérgicas.

As autoridades de fato tomam medidas espetaculares, prendem um ou dois líderes, organizam desfiles militares, manobras, exibições aéreas. As demonstrações, os exercícios bélicos, o cheiro de pólvora que agora domina a atmosfera não fazem o povo desistir. Essas baionetas e os tiros de canhão aumentam sua agressividade. Instala-se uma atmosfera dramática, na qual cada um quer provar que está pronto para tudo. É nessas circunstâncias que o golpe explode sozinho, pois os nervos estão fragilizados, o medo se espalhou, os gatilhos estão sensíveis. Um incidente banal e as armas disparam: assim foi em Sétif, na Argélia; nas Carrières Centrales, no Marrocos; em Moramanga, em Madagascar.

As repressões, longe de arrefecerem o ímpeto, marcam o avanço da consciência nacional. Nas colônias, os banhos de sangue, a partir de um certo estágio de desenvolvimento embrionário da consciência, reforçam essa consciência, pois indicam que entre opressores e oprimidos tudo se resolve pela força. Assinale-se aqui que os partidos políticos não lançaram a palavra de ordem da insurreição armada, não prepararam essa insurreição. Todas essas repressões, todos esses atos suscitados pelo medo são indesejados para os dirigentes. Os acontecimentos os pegam desprevenidos. É assim que o colonialismo pode decidir prender os líderes nacionalistas. Mas hoje os governos dos países colonialistas sabem perfeitamente que é muito perigoso privar as massas de seu líder, porque, nessa situação, o povo, não sendo mais refreado, se lança em revoltas, motins e "massacres bestiais". As massas dão livre curso aos seus "instintos sanguinários" e impõem ao colonialismo a libertação dos líderes, aos quais caberá a árdua tarefa de restabelecer a calma. O povo colonizado, que havia espontaneamente investido sua violência no esforço colossal de destruição do sistema colonial, em pouco tempo vai se deparar com a palavra de ordem inerte, estéril: "Libertem x ou y".[4] O colonialismo então soltará esses homens e discutirá com eles. A hora dos bailes populares começou.

Em outras circunstâncias, o aparelho dos partidos políticos pode permanecer intacto. Mas, depois da repressão colonialista e da reação espontânea do povo, os partidos se veem inundados por seus militantes. A violência das massas se opõe vigorosamente às forças militares do ocupante, a situação se deteriora e apodrece. Os dirigentes em liberdade então ficam de fora. Subitamente considerados inúteis, com sua burocracia e seu programa moderado, podemos vê-los, longe dos acontecimentos, tentar a suprema impostura de "falar em nome da nação amordaçada". Via de regra, o colonialismo se joga com avidez sobre essa oportunidade rara, transforma esses inúteis em interlocutores e em quatro segundos lhes concede a independência, deixando-lhes o encargo de restaurar a ordem.

Fica, portanto, muito claro que todos estão conscientes dessa violência e que a questão nem sempre consiste em responder com uma violência maior, mas, ao contrário, em ver como debelar a crise.

O que é então, na verdade, essa violência? Como vimos, é a intuição que as massas colonizadas têm de que sua libertação deve se dar — e só pode se dar — pela força. Por qual aberração do espírito esses homens sem técnica, famintos e debilitados, inaptos para os métodos de organização, chegam a acreditar, diante do poderio econômico e militar do ocupante, que só a violência é capaz de libertá-los? Como podem ter esperança de sair vencedores?

Ocorre que a violência, e aí reside o escândalo, pode constituir, enquanto método, a palavra de ordem de um partido político. Os quadros podem convocar o povo à luta armada. É preciso refletir sobre essa problemática da violência. Que o militarismo alemão decida resolver seus problemas de fronteira pela força não é de surpreender, mas que o povo angolano, por exemplo, decida pegar em armas, que o povo argelino rejeite qualquer método que não seja violento, prova que alguma coisa aconteceu ou está acontecendo. Os homens colonizados, esses escravos dos tempos modernos, andam impacientes. Sabem que somente essa loucura pode salvá-los da opressão colonial. Um novo tipo de relação se estabeleceu no mundo. Os povos subdesenvolvidos arrebentam seus grilhões, e o extraordinário é que têm êxito. Podemos argumentar que é ridículo morrer de fome na era do *Sputnik*, mas as massas colonizadas não vivem no mundo da lua. A verdade é que nenhum país hoje é capaz de adotar a única forma de luta com chance de dar certo: a implantação prolongada de consideráveis forças de ocupação.

No plano interno, os países colonialistas enfrentam contradições e reivindicações operárias que exigem o emprego de suas forças policiais. Além disso, na atual conjuntura internacional, esses países necessitam de suas tropas para proteger o regime. Enfim, conhecemos o mito dos movimentos de libertação dirigidos a partir de Moscou. Na argumentação apavorada do regime, isso significa: "Se as coisas continuarem assim, os comunistas vão acabar se aproveitando desses tumultos para se infiltrar nessas regiões".

Na impaciência do colonizado, o fato de esgrimir a ameaça da violência prova que ele está consciente do caráter excepcional da situação contemporânea e que pretende dela tirar proveito. Contudo, também no plano da experiência imediata, o colonizado, que tem a oportunidade de ver o mundo moderno penetrar nos rincões mais distantes, toma uma consciência muito aguda do que não possui. As massas, por uma espécie de raciocínio... infantil, se convencem de que todas essas coisas lhes foram roubadas. É por isso que em certos países subdesenvolvidos as massas logo compreendem, dois ou três anos após a independência, que foram frustradas, que "não valeu a pena" ter lutado, se as coisas não iam realmente mudar. Em 1789, depois da Revolução burguesa, os pequenos camponeses franceses se beneficiaram substancialmente com essa reviravolta. No entanto, é banal constatar e afirmar que, na maioria dos casos, para 95% da população dos países subdesenvolvidos a independência não traz mudanças imediatas. O observador atento se dá conta da existência de uma espécie de descontentamento subjacente, tal como as brasas que, mesmo depois de apagado o incêndio, continuam ameaçando se inflamar.

Diz-se então que os colonizados querem ir depressa demais. Porém, não esqueçamos nunca, há bem pouco tempo declarava-se sua lentidão, sua indolência, seu fatalismo. Observa-se já que a violência, em caminhos bem precisos no momento da luta de libertação, não se extingue, num passe de mágica, depois da cerimônia das cores nacionais. Extingue-se ainda menos porque a construção nacional continua inscrita nos limites da competição decisiva entre capitalismo e socialismo.

Essa competição dá uma dimensão quase universal às reivindicações mais localizadas. Cada comício, cada ato de repressão ecoa na arena internacional. O massacre de Sharpeville abalou a opinião pública durante meses. Nos jornais, no rádio, nas conversas privadas, Sharpeville tornou-se um símbolo. Foi por meio de Sharpeville que homens e mulheres se inteiraram do problema do apartheid na África do Sul. E não se pode presumir que só a demagogia explica que os Grandes tenham subitamente se interessado pelos pequenos negócios das regiões subdesenvolvidas. Cada levante, cada sedição no Terceiro Mundo se insere no âmbito da Guerra Fria. Dois homens são espancados com cassetetes em Salisbury, e eis que todo um bloco se mobiliza, fala desses dois homens, e, a propósito dessa agressão, levanta o problema específico da Rodésia, relacionando-o ao conjunto da África e à totalidade dos homens colonizados. Mas o outro bloco também mede, pela amplitude da campanha empreendida, as fraquezas locais de seu sistema. Os povos colonizados se dão conta de que nenhuma facção perde o interesse pelos incidentes locais. Deixam de se limitar a seus horizontes regionais, envolvidos que estão nessa atmosfera de abalo universal.

Quando, de três em três meses, fica-se sabendo que a 6ª ou 7ª frota segue rumo a tal costa, quando Khruschóv ameaça salvar Castro recorrendo a mísseis, quando Kennedy se põe a considerar soluções extremas com relação ao Laos, o colonizado ou o recém-independente tem a impressão de que, bem ou mal, é arrastado numa espécie de marcha desenfreada. Na verdade, ele já está marchando. Tomemos, por exemplo, o caso dos governos de países recentemente libertados. Os homens que se encontram no poder passam dois terços de seu tempo vigiando o entorno, prevenindo-se contra algum perigo que os ameaça, e o outro terço trabalhando pelo país. Ao mesmo tempo, buscam apoios. Obedecendo à mesma dialética, as oposições nacionais se desviam com desprezo das vias parlamentares. Procuram aliados que aceitem respaldá-las em sua empresa brutal de sedição. A atmosfera de violência, depois de ter impregnado a fase colonial, continua a dominar a vida nacional, pois, como dissemos, o Terceiro Mundo não está excluído. Ao contrário, está no centro da tormenta. Eis por que, em seus discursos, os homens de Estado dos países subdesenvolvidos mantêm indefinidamente o tom de agressividade e exasperação que normalmente deveria ter desaparecido. Compreende-se igualmente a falta de polidez, tantas vezes assinalada, dos novos dirigentes. Mas o que menos se vê é a extrema cortesia desses mesmos dirigentes nos contatos com seus irmãos ou camaradas. A falta de polidez é, antes de tudo, uma atitude para com os outros, os ex-colonialistas que vêm observar e inquirir. O ex-colonizado tem muitas vezes a impressão de que a conclusão dessas investigações já está redigida. A viagem do jornalista é uma justificativa. As fotografias que ilustram o artigo fornecem as provas de que sabem do que estão falando, que estiveram lá. A investigação propõe-se a comprovar a evidência: tudo vai mal por lá desde que saímos. Os jornalistas se queixam frequentemente de serem mal recebidos, de não trabalharem em boas condições, de encontrarem um muro de indiferença e hostilidade. Tudo isso é normal. Os dirigentes nacionalistas sabem que a opinião internacional é forjada unicamente pela imprensa ocidental. Logo, quando um jornalista nos interroga, raramente é para nos prestar um favor. Na Guerra da Argélia, por exemplo, os repórteres franceses mais liberais não deixaram de usar epítetos ambíguos para caracterizar nossa luta. Quando reprovamos tal conduta, eles responderam com a maior boa-fé que estavam sendo objetivos. Para o colonizado, a objetividade é sempre dirigida contra ele. Compreende-se igualmente esse novo tom que submergiu a diplomacia internacional na Assembleia Geral das Nações Unidas em setembro de 1960. Os representantes dos países coloniais estavam agressivos, violentos, exaltados, mas os povos coloniais não acharam que eles estavam exagerando. O radicalismo dos porta-vozes africanos provocou a supuração do abscesso e permitiu enxergar o caráter inadmissível dos vetos, do diálogo dos Grandes, e, sobretudo, o papel ínfimo reservado ao Terceiro Mundo.

A diplomacia tal como foi inaugurada pelos povos recém-independentes não se faz mais com nuanças, subentendidos, gestos hipnóticos. Isso porque os porta-vozes são incumbidos por seus povos de defender ao mesmo tempo a unidade da nação, o progresso das massas rumo ao bem-estar e o direito dos povos à liberdade e ao pão.

Trata-se, portanto, de uma diplomacia em movimento, em fúria, que contrasta estranhamente com o mundo imóvel, petrificado da colonização. E quando o sr. Khruschóv tira o sapato e bate com ele na mesa na ONU nenhum colonizado, nenhum representante dos países subdesenvolvidos ri, pois o que o sr. Khruschóv mostra aos países colonizados que o observam é que ele, o mujique, que por outro lado possui mísseis, trata aqueles miseráveis capitalistas do jeito que eles merecem. Da mesma forma, Fidel Castro de uniforme militar na ONU não escandaliza os países subdesenvolvidos. O que Castro mostra é a consciência que ele tem do regime contínuo da violência. O espantoso é ele não ter entrado na ONU com sua metralhadora; mas será que alguém o teria impedido? As revoltas, os atos desesperados, os grupos armados com facões ou machados encontram sua nacionalidade na luta implacável que coloca capitalismo e socialismo um contra o outro.

Em 1945, os 45 mil mortos de Sétif podiam passar despercebidos; em 1947, os 90 mil mortos de Madagascar podiam ser objeto de uma simples nota nos jornais; em 1952, as 200 mil vítimas da repressão no Quênia podiam encontrar uma relativa indiferença. Isso porque as contradições internacionais não eram suficientemente nítidas. Já a Guerra da Coreia e a Guerra da Indochina inauguraram uma nova fase. Mas são sobretudo Budapeste e Suez que constituem os momentos decisivos dessa confrontação.

Fortalecidos com o apoio incondicional dos países socialistas, os colonizados se lançam com as armas de que dispõem contra a cidadela inexpugnável do colonialismo. Se essa cidadela é invulnerável às facas e aos punhos nus, deixa de sê-lo quando se decide pôr na conta o contexto da Guerra Fria.

Nessa nova conjuntura, os norte-americanos levam muito a sério seu papel de donos do capitalismo internacional. Num primeiro momento, aconselham os países europeus a fazer descolonizações amigáveis. Num segundo momento, não hesitam em proclamar primeiro o respeito e em seguida o apoio ao princípio "A África para os africanos". Os Estados Unidos não receiam hoje dizer oficialmente que são os defensores do direito dos povos a disporem de si mesmos. A última viagem do sr. Mennen-Williams é apenas uma ilustração da consciência que os norte-americanos têm de que o Terceiro Mundo não deve ser sacrificado. Compreende-se, por conseguinte, por que a violência do colonizado só é uma violência desesperada se comparada in *abstracto* com a máquina militar dos opressores. Em contrapartida, se a situarmos na dinâmica internacional, perceberemos que constitui uma terrível ameaça para o opressor. A persistência das revoltas e da agitação dos Mau-Mau desequilibra a vida econômica da colônia, mas não coloca em risco a metrópole. O que é mais importante aos olhos do imperialismo é a possibilidade de a propaganda socialista se infiltrar nas massas, contaminá-las. Isso já constitui um grave perigo no período frio do conflito; mas o que seria dessa colônia devastada por guerrilhas sanguinárias em caso de guerra quente?

O capitalismo compreende então que sua estratégia militar tem tudo a perder diante do desenvolvimento das guerras nacionais. Logo, numa perspectiva de coexistência pacífica, todas as colônias estão fadadas a desaparecer, e, no outro extremo, o neutralismo deve ser respeitado pelo capitalismo. O que é preciso evitar antes de tudo é a insegurança estratégica, a abertura das massas para uma doutrina inimiga, o ódio radical de dezenas de milhões de homens. Os povos colonizados têm plena consciência desses imperativos que dominam a vida política internacional. É por essa razão que mesmo aqueles que trovejam contra a violência tomam decisões e agem em função dessa violência planetária. Hoje, a coexistência pacífica entre os dois blocos alimenta e provoca a violência nos países coloniais. Amanhã talvez vejamos esse campo da violência deslocar-se, após a libertação integral dos territórios coloniais. Veremos, talvez, colocar-se a questão das minorias. Algumas delas já não hesitam mais em recomendar métodos violentos para solucionar seus problemas, e não é um acaso que, como nos dizem, extremistas negros nos Estados Unidos formem milícias e se armem em função delas. Tampouco é um acaso que, no mundo dito livre, haja comitês de defesa das minorias judaicas na URSS e que o general De Gaulle, num de seus discursos, tenha derramado algumas lágrimas pelos milhões de muçulmanos oprimidos pela ditadura comunista. O capitalismo e o imperialismo estão convencidos de que a luta contra o racismo e os movimentos de libertação nacional são pura e simplesmente agitações telecomandadas, fomentadas do "exterior". Por conseguinte, decidem usar essa tática eficaz: Rádio Europa Livre, comitê de apoio às minorias dominadas... Eles fazem anticolonialismo da mesma forma que os coronéis franceses na Argélia faziam guerra subversiva com as Seções Administrativas Especializadas ou com os serviços psicológicos. "Utilizavam o povo contra o povo." Sabemos o resultado disso.

Essa atmosfera de violência, de ameaça, de mísseis prontos a serem disparados, não assusta nem desorienta os colonizados. Vimos que toda a sua história recente os predispõe a "compreender" essa situação. Entre a violência colonial e a violência pacífica na qual o mundo contemporâneo está imerso há uma espécie de correspondência cúmplice, uma homogeneidade. Os colonizados estão adaptados a essa atmosfera. Pela primeira vez, fazem parte de seu tempo. Às vezes parece estranho que, em vez de dar um vestido de presente à esposa, comprem um transistor. Mas isso não deveria provocar estranhamento. Os colonizados estão convictos de que, agora, seu destino está em jogo. Vivem num clima de fim do mundo e acreditam que nada lhes deve escapar. Por isso compreendem muito bem Phouma e Phoumi, Lumumba e Tshombe, Ahidjo e Moumié, Kenyatta e aqueles que são periodicamente alçados para substituí-los. Compreendem muito bem todos esses homens, pois eles desmascaram as forças que se escondem por trás deles. O colonizado e o homem subdesenvolvido são hoje animais políticos no sentido mais global do termo.

A independência certamente trouxe aos homens colonizados a reparação moral, e consagrou sua dignidade. Mas eles ainda não tiveram tempo de elaborar uma sociedade, de construir e afirmar valores. O centro incandescente onde o cidadão e o homem se desenvolvem e se enriquecem em campos cada vez mais amplos ainda não existe. Colocados numa espécie de indeterminação, esses homens se convencem bastante rápido de que tudo será decidido em outro lugar, para todos, ao mesmo tempo. Quanto aos dirigentes, diante de tal conjuntura, hesitam e acabam escolhendo o neutralismo.

Muito haveria a dizer sobre o neutralismo. Alguns o assimilam a uma espécie de mercantilismo infecto que consistiria em tomar da direita e da esquerda. Entretanto, o neutralismo, essa criação da Guerra Fria, permite aos países subdesenvolvidos receber ajuda econômica das duas partes, não permite, efetivamente, que nenhuma dessas partes venha em auxílio das regiões subdesenvolvidas, como seria imprescindível. As somas literalmente astronômicas que são investidas em pesquisas militares, os engenheiros transformados em técnicos da guerra nuclear poderiam, em quinze anos, elevar o nível de vida dos países subdesenvolvidos em 60%. Vê-se, portanto, que o interesse real dos países subdesenvolvidos não reside nem no prolongamento nem no agravamento da Guerra Fria. Mas ocorre que ninguém pede a opinião deles. Logo, quando têm a possibilidade, eles se desobrigam de pactos. Mas podem realmente fazê-lo? Agora, por exemplo, a França faz testes na África com suas bombas atômicas. Excetuando-se as moções, os comícios e as ruidosas rupturas diplomáticas, não se pode dizer que os povos africanos tenham influído, nesse setor preciso, nas decisões francesas.

O neutralismo produz no cidadão do Terceiro Mundo um estado de espírito que se traduz, na vida cotidiana, por uma intrepidez e um orgulho hierático que estranhamente se assemelham a uma atitude de desafio. Essa recusa declarada do compromisso, essa vontade ferrenha de não se prender, lembra o comportamento de adolescentes altivos e despojados, sempre prontos a se sacrificar por uma palavra. Tudo isso desconcerta os observadores ocidentais, pois existe, na verdade, um escândalo entre o que esses homens pretendem ser e o que têm por trás de si. Esse país sem ferrovias, sem tropas, sem dinheiro, não justifica a bravata que eles fazem ostensivamente. Trata-se, sem dúvida alguma, de uma impostura. O Terceiro Mundo dá muitas vezes a impressão de se regozijar no drama e precisar de uma dose semanal de crises. Esses líderes de países vazios, que falam alto, são irritantes. Temos vontade de fazê-los se calar. Entretanto, eles são cortejados. Ganham flores. Recebem convites. Em uma palavra, são disputados. Isso é o neutralismo. Existe uma literatura colossal a respeito deles, apesar do índice de 98% de iletrados. Viajam muito. Os dirigentes dos países subdesenvolvidos, os estudantes dos países subdesenvolvidos são clientes de ouro para as companhias aéreas. Os responsáveis africanos e asiáticos têm a possibilidade de, no mesmo mês, fazer um curso sobre planejamento socialista em Moscou e outro sobre os benefícios da economia liberal em Londres ou na Universidade Columbia. Os sindicalistas africanos, por sua vez, progridem em ritmo acelerado. Mal recebem cargos em órgãos de direção e logo decidem ser centrais autônomas. Não têm os cinquenta anos de prática sindical que se verificam nos países industrializados, mas já sabem que o sindicalismo apolítico não tem sentido. Não enfrentaram a máquina burguesa, não desenvolveram sua consciência na luta de classes, mas talvez não seja necessário. Talvez. Veremos que essa vontade totalizante, que muitas vezes se caricatura em globalismo, é uma das características mais fundamentais dos países subdesenvolvidos.

Mas voltemos ao combate singular entre colonizado e colono. Trata-se, como se vê, de franca luta armada. Os exemplos históricos são a Indochina, a Indonésia e, obviamente, a África do Norte. Mas o que não se deve perder de vista é que ela poderia ter acontecido em qualquer lugar, na Guiné ou na Somália, e ainda hoje pode eclodir em toda parte onde o colonialismo ainda pretende perdurar; em Angola, por exemplo. A existência da luta armada revela que o povo decide confiar apenas em meios violentos. Esse povo, a quem sempre disseram que só compreendia a linguagem da força, decide se expressar pela força. O colono, a rigor, sempre indicou ao colonizado o caminho a seguir se quisesse ser libertado. O argumento escolhido pelo colonizado foi apontado pelo colono, e, por uma irônica inversão das coisas, é o colonizado quem agora afirma que o colonialista só entende a linguagem da força. O regime colonial legitima-se pela força e em nenhum momento tenta burlar essa natureza das coisas. Cada estátua, de Faidherbe ou de Lyautey, de Bugeaud ou do sargento Blandan, todos esses conquistadores empoleirados no solo colonial não se cansam de repetir uma só e única coisa: "Estamos aqui pela força das baionetas...". É fácil completar a sentença. Durante a fase insurrecional, cada colono raciocina a partir de uma aritmética precisa. Essa lógica não surpreende os demais colonos, mas é importante dizer que tampouco surpreende os colonizados. Antes de mais nada, a afirmação do princípio "ou eles ou nós" não foi um paradoxo, uma vez que o colonialismo, como vimos, é justamente a organização de um mundo maniqueísta, de um mundo compartimentado. E quando, indicando meios precisos, o colono pede a cada representante da minoria que oprime para matar trinta ou cem ou duzentos nativos, percebe então que ninguém se indigna e que, em última instância, todo o problema consiste em saber se podem fazer isso de uma só vez ou em etapas.[5]

Esse raciocínio que prevê aritmeticamente o desaparecimento do povo colonizado não suscita a indignação moral do colonizado. Este sempre soube que seus embates com o colono se dariam em campo fechado. Assim, o colonizado não perde tempo com lamentações e quase nunca espera que lhe façam justiça em situação colonial. Na verdade, se a argumentação do colono se depara com um colonizado inflexível, é porque este último colocou o problema de sua libertação praticamente em termos idênticos: "Vamos nos organizar em grupos de duzentos ou de quinhentos e cada grupo se encarregará de um colono". É nesse estado de espírito recíproco que cada um dos protagonistas começa a luta.

Para o colonizado, essa violência representa a práxis absoluta. O militante é, portanto, aquele que trabalha. As perguntas feitas ao militante pela organização trazem a marca dessa visão das coisas: "Onde você trabalhou? Com quem? O que já fez?". O grupo exige de cada indivíduo algum ato irreversível. Na Argélia, por exemplo, onde a quase totalidade dos homens que convocaram o povo à luta nacional estava condenada à morte ou era procurada pela polícia francesa, a confiança era proporcional ao caráter desesperado de cada um. Um novo militante era confiável quando não podia mais retornar ao sistema colonial. Esse mecanismo parece ter vigorado no Quênia entre os Mau-Mau, que exigiam que cada membro do grupo golpeasse a vítima. Cada um era, portanto, responsável pela morte dessa vítima. Trabalhar significa trabalhar pela morte do colono. A violência assumida permite àqueles que se extraviaram, aos que foram proscritos, retornar, reencontrar o seu lugar, se reintegrar. Dessa forma, a violência é compreendida como a mediação régia. O homem colonizado se liberta na e pela violência. Essa práxis ilumina o agente porque lhe indica os meios e o fim. A poesia de Césaire assume, na perspectiva precisa da violência, um significado profético. É sempre bom lembrar uma das páginas mais decisivas de sua tragédia, na qual o Rebelde (vejam só!) se explica:

O REBELDE (*duro*)
Meu sobrenome: ofendido; meu nome: humilhado; meu estado: revoltado; minha idade: a idade da pedra.

A MÃE
Minha raça: a raça humana. Minha religião: a fraternidade...

O REBELDE
Minha raça: a raça caída. Minha religião...
mas não serão os senhores quem a irão preparar com seu desarmamento...
sou eu com minha revolta e meus pobres punhos cerrados e minha cara hirsuta.
(muito calmo)
Eu me lembro de um dia de novembro; ele não tinha seis meses, e o mestre entrou na cabana fuliginosa como uma lua rosa e apalpou membros pequeninos e musculosos dele, era um bom mestre, e deslizou, numa carícia, seus dedos grossos no rostinho cheio de covas. Seus olhos azuis riam, e a boca o importunava com coisas açucaradas: há de ser uma boa peça, falou, olhando para mim, e dizia outras coisas amáveis, o mestre, que era preciso se ocupar bem cedo, que vinte anos não eram demais para fazer um bom cristão e um bom escravo, bom súdito e bem devotado, um bom feitor, olho vivo e braço firme. E esse homem enxergava no berço de meu filho um berço de feitor.
Nós rastejamos, facão em punho...

A MÃE
Ai de mim, você vai morrer.

O REBELDE
Matei... eu o matei com minhas próprias mãos...
Sim: de morte fecunda e planturosa...
era noite... rastejamos entre as canas-de-açúcar.
Os facões sorriam para as estrelas, mas nem ligávamos para as estrelas.

As canas-de-açúcar nos golpeavam o rosto em regatos de lâminas verdes.

A MÃE
Eu sonhava com um filho para cerrar os olhos de sua mãe.

O REBELDE
Eu escolhi abrir os olhos de meu filho para um outro sol.

A MÃE
... Oh, meu filho... de morte má e perniciosa.

O REBELDE
Mãe, de morte vivaz e suntuosa.

A MÃE
por ter odiado demais

O REBELDE
por ter amado demais.

A MÃE
Poupe-me, não consigo respirar. Estou sangrando com as suas feridas.

O REBELDE
E o mundo não me poupa... Não há no mundo um pobre-diabo linchado, um pobre homem torturado, em quem eu não seja assassinado e humilhado.

A MÃE
Deus do céu, livra-o.

O REBELDE
Meu coração, você não me livrará de minhas lembranças...

Foi numa noite de novembro...
E subitamente os clamores iluminaram o silêncio,
Nós havíamos dado um salto, nós, escravos; nós, o lixo; nós, os animais com casco de paciência.
Corríamos como loucos; os tiros ressoavam... Espancávamos... O suor e o sangue nos refrescavam. Espancávamos entre gritos, e os gritos se tornaram mais estridentes, e um grande clamor levantou-se a leste; eram as cubatas que queimavam, e a labareda projetou-se suavemente em nossa face.
Então tomamos de assalto a casa do mestre.
Atiravam das janelas.
Arrombamos as portas.
O quarto do mestre estava todo aberto. O quarto do mestre estava brilhantemente iluminado, e o mestre lá estava, muito calmo... e os nossos se detiveram... era o mestre. Entrei. É você, disse-me ele, bem calmo... Era eu, era eu, sim, respondi, o bom escravo, o fiel escravo, o escravo escravo, e de repente seus olhos se transformaram em duas baratas transtornadas em dias de chuva... Golpeei, o sangue esguichou: é o único batismo de que me recordo até hoje.[6]

Compreende-se que, nessa atmosfera, o cotidiano se torna simplesmente impossível. Não se pode ser felá, proxeneta ou alcoólatra como antes. A violência do regime colonial e a contraviolência do colonizado se equilibram e se respondem numa homogeneidade recíproca extraordinária. Esse reino da violência será ainda mais terrível quanto maior for o número de metropolitanos. O aumento da violência no seio do povo colonizado será proporcional à violência exercida pelo regime colonial contestado. Os governos metropolitanos estão na primeira fase desse período insurrecional, escravos dos colonos. Estes ameaçam tanto os colonizados quanto os seus governos. Empregarão os mesmos métodos contra ambos. O assassinato do prefeito de Évian, em seu mecanismo e motivações, se assemelha ao assassinato de Ali Boumendjel. Para os colonos, a alternativa não é entre uma Argélia argelina ou uma Argélia francesa, mas entre uma Argélia independente e uma Argélia colonial. Tudo o mais é literatura ou tentativa de traição. A lógica do colono é implacável, e a contralógica decifrada nas atitudes do colonizado só é desconcertante se não se tiver previamente trazido à tona os mecanismos do pensamento do colono. A partir do momento em que o colonizado opta pela violência, as represálias policiais atraem automaticamente as represálias das forças nacionais. Contudo, os resultados não são equivalentes, pois os ataques aéreos ou os canhoneios da frota ultrapassam em horror e importância as respostas do colonizado. Esse vaivém do terror esclarece definitivamente os colonizados mais alienados. Comprova efetivamente na prática que as pilhas de discursos sobre a igualdade da pessoa humana não encobrem o fato banal de que os sete franceses mortos ou feridos no desfiladeiro de Sakamody suscitaram a indignação das consciências civilizadas, enquanto "ninguém ligou a mínima" para o saque dos aduares* de Guergour, do vilarejo de Djerah, nem para o massacre das populações, mote para a emboscada. Terror, contraterror, violência, contraviolência... Eis o que registram com amargura os observadores, quando descrevem o círculo do ódio, tão manifesto e tão tenaz na Argélia.

---

* Circunscrições administrativas rurais da África do Norte. (N. T.)

Nas lutas armadas, ocorre o que se poderia chamar de ponto de não retorno. O que leva a ele é quase sempre uma repressão enorme, englobando todos os setores do povo colonizado. Esse ponto foi atingido na Argélia em 1955 com as 12 mil vítimas de Philippeville e, em 1956, com a instalação de milícias urbanas e rurais[7] por Lacoste. Assim, torna-se claro para todo o mundo, inclusive para os colonos, que "isso não podia mais recomeçar" como antes. Porém, o povo colonizado não faz contabilidade. Registra os imensos vazios em suas fileiras como um mal necessário. Uma vez que também decidiu responder através da violência, assume todas as consequências. Apenas exige que não lhe peçam para fazer contabilidade de mortes para os outros. À fórmula "Todos os nativos são iguais" o colonizado retorque: "Todos os colonos são iguais".[8] O colonizado, quando o torturam, quando matam sua mulher ou a estupram, não vai se queixar a ninguém. O governo que oprime poderá nomear comissões de inquérito e de informação a cada dia. Aos olhos do colonizado, tais comissões não existem. E, de fato, lá se vão quase sete anos de crimes na Argélia e nem um único francês foi levado a um tribunal da Justiça francesa pelo assassinato de um argelino. Na Indochina, em Madagascar, nas colônias, o nativo sempre soube que não podia esperar nada do outro lado. O trabalho do colono é tornar impossíveis quaisquer sonhos de liberdade do colonizado. O trabalho do colonizado é imaginar todas as combinações eventuais para aniquilar o colono. No plano do raciocínio, o maniqueísmo do colono produz o maniqueísmo do colonizado. À teoria do "nativo como mal absoluto" corresponde a teoria do "colono como mal absoluto".

O aparecimento do colono significou, sincreticamente, a morte da sociedade autóctone, letargia cultural, petrificação dos indivíduos. Para o colonizado, a vida só pode surgir do cadáver em decomposição do colono. Tal é, portanto, a correspondência termo a termo dos dois raciocínios.

Mas acontece que, para o povo colonizado, essa violência, por constituir seu único trabalho, reveste-se de traços positivos, formadores. Essa práxis violenta é totalizante, uma vez que cada um se converte em elo violento da grande corrente, do grande organismo violento surgido como reação à violência inicial do colonialista. Os grupos se reconhecem entre si e a nação futura já é indivisível. A luta armada mobiliza o povo, ou seja, lança-o numa única direção, de mão única.

A mobilização das massas, quando ocorre por ocasião da guerra de libertação, introduz em cada consciência a noção da causa comum, de destino nacional, de história coletiva. Assim, a segunda fase, a da construção da nação, vê-se facilitada pela existência desse morteiro moldado no sangue e na cólera. Então compreende-se melhor a originalidade do vocabulário usado nos países subdesenvolvidos. Durante o período colonial, convidava-se o povo a lutar contra a opressão. Depois da libertação nacional, ele é convidado a lutar contra a miséria, o analfabetismo, o subdesenvolvimento. A luta, como afirmam, continua. O povo percebe que a vida é um combate interminável.

A violência do colonizado, como dissemos, unifica o povo. Na verdade, em virtude de sua estrutura, o colonialismo é separatista e regionalista. O colonialismo não se contenta em constatar a existência de tribos, ele as reforça e diferencia. O sistema colonial alimenta as chefaturas e reativa as velhas confrarias de marabus. A violência, em sua prática, é totalizante, nacional. Por esse motivo, traz no seu íntimo o aniquilamento do regionalismo e do tribalismo. Da mesma forma, os partidos nacionalistas mostram-se particularmente impiedosos com os caides* e os chefes tradicionais. A eliminação de ambos é um pré-requisito para a unificação do povo.

No que se refere aos indivíduos, a violência desintoxica. Liberta o colonizado do seu complexo de inferioridade, de suas atitudes contemplativas ou desesperadas; torna-o intrépido, reabilita-o a seus próprios olhos. Mesmo que a luta armada tenha sido simbólica, e mesmo que seja desmobilizada por uma descolonização rápida, o povo tem tempo para se convencer de que a libertação foi uma questão de todos e de cada um, que o líder não tem mérito especial. A violência alça o povo à altura do líder. Daí essa espécie de reticência agressiva em relação à máquina protocolar que os jovens governos se apressam em montar. Quando participaram, com violência, da libertação nacional, as massas não permitem que ninguém se apresente como "libertador". Mostram-se ciumentas do resultado de sua ação e evitam entregar a um deus vivo seu futuro, seu destino, a sorte de sua pátria. Totalmente irresponsáveis ontem, desejam hoje tudo compreender e tudo decidir. Iluminada pela violência, a consciência do povo se rebela contra qualquer pacificação. Os demagogos, os oportunistas, os mágicos têm, doravante, uma tarefa difícil. A práxis que as lançou num corpo a corpo desesperado confere às massas um gosto voraz pelo concreto. A mistificação torna-se, a longo prazo, praticamente impossível.

---

* Pessoas locais em posição de chefia política, militar ou de outro tipo, também aplicado a líder de gangue. (N. T.)

Sobre a violência no contexto internacional

Nas páginas anteriores, ressaltamos muitas vezes que, nas regiões subdesenvolvidas, o responsável político está sempre convocando seu povo ao combate. Combate ao colonialismo, combate à miséria e ao subdesenvolvimento, combate às tradições esterilizantes. O vocabulário que ele usa em seus apelos é um vocabulário de chefe de Estado-maior: "mobilização das massas", "frente da agricultura", "frente do analfabetismo", "derrotas sofridas", "vitórias alcançadas". A jovem nação independente evolui durante os primeiros anos numa atmosfera de campo de batalha. Isso porque o dirigente político de um país subdesenvolvido espanta-se ao calcular o caminho imenso que seu país deve percorrer. Ele convoca o povo e diz: "Vamos arregaçar as mangas e trabalhar". O país, tenazmente tomado por uma espécie de loucura criadora, se atira num esforço gigantesco e desproporcional. O programa é não só vencer as dificuldades, mas alcançar as outras nações com os meios disponíveis. Se os povos europeus atingiram tal nível de desenvolvimento, pensam eles, foi graças a seus esforços. Provemos então ao mundo e a nós mesmos que somos capazes de realizações idênticas. Essa maneira de colocar o problema da evolução dos países subdesenvolvidos não nos parece nem justa nem razoável.

Os Estados europeus realizaram sua unidade nacional num momento em que as burguesias nacionais haviam concentrado em suas mãos a maior parte das riquezas. Comerciantes e artesãos, clérigos e banqueiros monopolizavam em âmbito nacional as finanças, o comércio e as ciências. A burguesia representava a classe mais dinâmica, mais próspera. Sua ascensão ao poder permitiu que se lançasse em operações decisivas: industrialização, desenvolvimento das comunicações e em seguida busca de mercados "ultramarinos".

Na Europa, com algumas poucas exceções (a Inglaterra, por exemplo, havia tomado uma certa dianteira), os diferentes Estados, no momento de realização de sua unidade nacional, viviam uma situação econômica relativamente uniforme. Na verdade, nenhuma nação *insultava* as outras pelas características de seu desenvolvimento e de sua evolução.

Hoje a independência nacional, a formação nacional nas regiões subdesenvolvidas, ganha aspectos totalmente novos. Nessas regiões, com exceção de algumas realizações espetaculares, os diferentes países apresentam a mesma ausência de infraestrutura. As massas lutam contra a mesma miséria, debatem-se com os mesmos gestos e desenham com seus estômagos minguados o que se chamou de geografia da fome. Mundo subdesenvolvido, mundo de miséria e desumano. E também mundo sem médicos, sem engenheiros, sem administradores. Diante desse mundo, as nações europeias se refestelam na opulência mais ostentatória. Essa opulência europeia é literalmente escandalosa, pois foi construída sobre as costas dos escravos, nutriu-se do sangue dos escravos, provém em linha direta do solo e do subsolo desse mundo subdesenvolvido. O bem-estar e o progresso da Europa foram edificados com o suor e os cadáveres dos negros, dos árabes, dos índios e dos amarelos. Isso nós decidimos nunca mais esquecer. Quando um país colonialista, incomodado pelas reivindicações de independência de uma colônia, proclama aos dirigentes nacionalistas: "Se querem a independência, peguem-na e voltem à Idade Média", o povo recém-independente tende a aquiescer e a aceitar o desafio. E efetivamente vê-se o colonialismo retirar o seu capital e os seus técnicos e instalar em torno do jovem Estado um dispositivo de pressão econômica.[9] A apoteose da independência transforma-se em maldição da independência. A potência colonial, utilizando meios enormes de coerção, condena a jovem nação ao retrocesso. A potência colonial diz com toda clareza: "Já que desejam a independência, peguem-na e morram". Logo, os dirigentes nacionalistas não têm alternativa a não ser se voltar para seu povo e lhe pedir um esforço gigantesco. Desses homens famintos exige-se um regime de austeridade, a esses músculos atrofiados pede-se um trabalho desmedido. Um regime autárquico é instituído, e cada Estado, com os meios miseráveis de que dispõe, tenta responder à grande fome nacional, à grande miséria nacional. Assistimos à mobilização de um povo que, a partir de então, se esfalfa e se exaure perante uma Europa farta e desdenhosa.

Outros países do Terceiro Mundo recusam essa prova e aceitam submeter-se às condições da antiga potência tutelar. Servindo-se de sua posição estratégica, posição que os privilegia na luta entre os blocos, esses países selam acordos, assumem compromissos. O antigo país dominado se transforma em país economicamente dependente. A antiga potência colonial, que manteve intactos, e por vezes reforçou, circuitos comerciais de tipo colonialista, concorda em alimentar o orçamento da nação independente através de pequenas injeções financeiras. Vê-se, portanto, que o acesso dos países coloniais à independência coloca o mundo diante de um problema capital: a libertação nacional dos países colonizados revela e torna mais insuportável sua real condição. O confronto fundamental que parecia existir entre colonialismo e anticolonialismo, até mesmo entre capitalismo e socialismo, logo perde importância. O que conta hoje, o problema que se delineia no horizonte, é a necessidade de redistribuição das riquezas. A humanidade precisará responder a essa questão, sob pena de se desestruturar.

De modo geral, imaginou-se que era chegada a hora, para o mundo e particularmente para o Terceiro Mundo, de escolher entre o sistema capitalista e o sistema socialista. Os países subdesenvolvidos, que se valeram da competição feroz entre os dois sistemas para garantir a vitória de suas lutas de libertação nacional, devem se negar a tomar parte nessa competição. O Terceiro Mundo não deve se contentar em se definir em relação a valores que o antecederam. Os países subdesenvolvidos, ao contrário, devem se esforçar para revelar valores próprios, métodos e um estilo que lhes sejam específicos. O problema concreto diante do qual nos encontramos não é o da escolha, a qualquer custo, entre socialismo e capitalismo, tal como foram definidos por homens de continentes e épocas diferentes. Sabemos, é claro, que o regime capitalista não nos permite, enquanto modo de vida, realizar nossa tarefa nacional e universal. A exploração capitalista, os trustes e os monopólios são os inimigos dos países subdesenvolvidos. Em compensação, a escolha de um regime socialista, de um regime inteiramente voltado para o conjunto do povo, fundado no princípio de que o homem é o bem mais precioso, nos permitirá ir mais depressa, mais harmoniosamente, tornando de fato impossível essa caricatura de sociedade em que alguns detêm o conjunto dos poderes econômicos e políticos, em detrimento da totalidade nacional.

Mas para que esse regime possa funcionar corretamente, para que possamos a todo instante respeitar os princípios em que nos inspiramos, precisamos de algo além do investimento humano. Certos países subdesenvolvidos envidam um esforço colossal nesse sentido. Homens e mulheres, jovens e idosos, movidos pelo entusiasmo, engajam-se num verdadeiro trabalho forçado e se proclamam escravos da nação. O dom de si e o desprezo por toda preocupação que não seja coletiva dão origem a uma moral nacional que reconforta o homem, restabelece sua confiança no destino do mundo e desarma os observadores mais reticentes. Acreditamos, porém, que tal esforço não poderá prosseguir por muito tempo nesse ritmo infernal. Esses jovens países se dispuseram a aceitar o desafio após a retirada incondicional do ex-colonizador. O país independente encontra-se nas mãos de uma nova equipe, mas na realidade é preciso recomeçar tudo, repensar tudo. Com efeito, o sistema colonial interessava-se por certas riquezas, certos recursos, precisamente aqueles que alimentariam suas indústrias. Nenhuma avaliação séria do solo e do subsolo fora feita até o presente momento. Assim, a jovem nação independente vê-se obrigada a continuar os circuitos econômicos implantados pelo regime colonial. Evidentemente, pode exportar para outros países, para outras zonas monetárias, mas a base de suas exportações não se modifica fundamentalmente. O regime colonial cristalizou circuitos, e, sob pena de viver uma catástrofe, as novas nações são forçadas a mantê-los. Seria necessário recomeçar tudo, alterar os tipos de exportação, e não só seu destino, reexaminar o solo, o subsolo, os rios e, por que não, o sol. No entanto, para fazê-lo, é preciso mais do que investimento humano. É preciso dispor de capital, técnicos, engenheiros, mecânicos etc. Falando francamente, acreditamos que o esforço colossal ao qual os povos subdesenvolvidos são conclamados por seus dirigentes não produzirá os resultados esperados. Se as condições de trabalho não forem transformadas, serão necessários séculos para humanizar esse mundo tornado animal pelas forças imperialistas.[10]

A verdade é que não devemos aceitar essas condições. Devemos recusar categoricamente a situação à qual os países ocidentais desejam nos condenar. O colonialismo e o imperialismo não ficaram quites conosco ao retirar suas bandeiras e forças policiais de nossos territórios. Durante séculos os capitalistas se comportaram no mundo subdesenvolvido como verdadeiros criminosos de guerra. As deportações, os massacres, o trabalho forçado e o escravismo foram os principais meios utilizados pelo capitalismo para aumentar suas reservas de ouro e de diamantes, suas riquezas, e para estabelecer seu poderio. Há pouco tempo, o nazismo transformou toda a Europa em uma verdadeira colônia. Os governos das diferentes nações europeias exigiram reparações e reclamaram a restituição em dinheiro e em gêneros das riquezas que lhes foram roubadas: obras culturais, quadros, esculturas, vitrais foram devolvidos aos seus proprietários. Logo após 1945, ouvia-se da boca dos europeus uma única frase: "A Alemanha vai pagar". O sr. Adenauer, por sua vez, assim que se iniciou o julgamento de Eichmann, pediu perdão mais uma vez ao povo judeu em nome do povo alemão. O sr. Adenauer renovou o compromisso assumido por seu país de continuar pagando ao Estado de Israel as enormes quantias que devem servir de compensação pelos crimes nazistas.[11]

Do mesmo modo, afirmamos que os Estados imperialistas cometeriam um grave erro e uma injustiça inqualificável caso se limitassem a retirar de nosso solo as tropas militares, os serviços administrativos e de intendência cuja função era descobrir riquezas, extraí-las e enviá-las para as metrópoles. A reparação moral da independência nacional não nos deixa cegos, não nos alimenta. A riqueza dos países imperialistas também é nossa riqueza. No plano do universal, essa afirmação, como se pode presumir, não significa absolutamente que nós nos sentimos tocados pelas criações das técnicas ou das artes ocidentais. Muito concretamente, a Europa inflou-se de maneira desmedida com o ouro e as matérias-primas dos países coloniais: na América Latina, na China, na África. De todos esses continentes, ante os quais a Europa ergue hoje sua opulenta torre, partem há séculos, em direção dessa mesma Europa, os diamantes e o petróleo, a seda e o algodão, as madeiras e os produtos exóticos. A Europa é, literalmente, a criação do Terceiro Mundo. As riquezas que a sufocam são as que foram roubadas dos povos subdesenvolvidos. Os portos da Holanda, as docas de Bordeaux e de Liverpool especializados no tráfico negreiro devem seu renome aos milhões de escravos deportados. E quando ouvimos um chefe de Estado europeu declarar, com a mão no coração, que tem o dever de ajudar os infelizes povos subdesenvolvidos, não estremecemos de gratidão. Ao contrário, dizemos a nós mesmos: "É uma reparação justa". Logo, não aceitaremos que a ajuda aos países subdesenvolvidos seja um programa de "irmãs de caridade". Essa ajuda deve ser a consagração de uma dupla conscientização, conscientização por parte dos colonizados de que isso *lhes é devido* e, por parte das potências capitalistas, de que efetivamente *elas têm que pa-*

gar.[12] E se, por falta de inteligência — não falemos de ingratidão —, os países capitalistas se recusassem a pagar, então a dialética implacável do seu próprio sistema se encarregaria de asfixiá-los. As jovens nações, é fato, pouco atraem capitais privados. Inúmeras razões legitimam e explicam essa reserva dos monopólios. Assim que os capitalistas ficam sabendo, e eles logicamente são os primeiros a saber, que seu governo se prepara para descolonizar, apressam-se em retirar da colônia a totalidade dos seus capitais. A fuga espetacular de capitais é um dos fenômenos mais constantes da descolonização.

Para investir nos países independentes, as empresas privadas exigem condições que se revelam, com a experiência, inaceitáveis ou irrealizáveis. Fiéis ao princípio de rentabilidade imediata de quando vão a "além-mar", os capitalistas mostram-se reticentes em relação a qualquer investimento de longo prazo. São insubmissos e com frequência abertamente hostis aos pretensos programas de planejamento das jovens equipes que se encontram no poder. A rigor, aceitariam de bom grado emprestar dinheiro aos jovens Estados, sob a condição, no entanto, de que esse dinheiro servisse para comprar produtos manufaturados, máquinas, isto é, para fazer as fábricas da metrópole funcionarem.

Na verdade, a desconfiança dos grupos financeiros ocidentais explica-se pela sua preocupação de não correr risco algum. Por isso, eles exigem uma estabilidade política e um clima social sereno impossíveis de alcançar, quando se leva em conta a situação lamentável da população global no alvorecer da independência. Então, em busca dessa garantia que a ex-colônia não pode assegurar, impõem a permanência de algumas tropas militares ou a entrada do jovem Estado em pactos econômicos ou militares. As empresas privadas fazem pressão sobre seu próprio governo, para que ao menos bases militares sejam instaladas nesses países, tendo como missão proteger seus interesses. Em última instância, essas empresas pedem a seus governos para garantir os investimentos que decidam fazer nesta ou naquela região subdesenvolvida.

Ocorre que poucos países preenchem os requisitos exigidos pelos trustes e monopólios. Dessa forma, os capitais, desprovidos de alternativas seguras, ficam bloqueados na Europa e se imobilizam. E imobilizam-se tanto mais porque os capitalistas se recusam a investir em seu próprio território. A rentabilidade nesse caso é efetivamente irrisória, e o controle fiscal desanima os mais audaciosos.

A situação a longo prazo é catastrófica. Os capitais não circulam mais ou veem sua circulação consideravelmente diminuída. Os bancos suíços os recusam, a Europa sufoca. Apesar dos enormes recursos absorvidos nas despesas militares, o capitalismo internacional encontra-se em apuros.

Mas um outro perigo o ameaça. Com efeito, à medida que o Terceiro Mundo for abandonado e condenado ao retrocesso, e em todo caso à estagnação, pelo egoísmo e pela imoralidade das nações ocidentais, os povos subdesenvolvidos preferirão evoluir em autarquia coletiva. As indústrias ocidentais se verão rapidamente privadas de seus mercados ultramarinos. As máquinas ficarão amontoadas em galpões e, no mercado europeu, uma luta inexorável se desencadeará entre os grupos financeiros e os trustes. Fechamento de fábricas, abandono do trabalho e desemprego levarão o proletariado europeu a iniciar uma luta aberta contra o regime capitalista. Os monopólios perceberão, portanto, que, bem compreendido, seu interesse consiste em ajudar — e ajudar maciçamente, sem demasiadas condições — os países subdesenvolvidos. Vemos que as jovens nações do Terceiro Mundo estão erradas em sorrir amavelmente para os países capitalistas. Somos fortes em virtude de nosso pleno direito e da justeza de nossas posições. Devemos, pelo contrário, dizer e explicar aos países capitalistas que o problema fundamental da era contemporânea não é a guerra entre eles e o regime socialista. Temos de pôr fim a essa guerra fria que não leva a lugar algum, suspender os preparativos de nuclearização do mundo, investir generosamente e auxiliar tecnicamente as regiões subdesenvolvidas. O destino do mundo depende da resposta que se der a essa questão.

E não tentem os regimes capitalistas fazer com que os regimes socialistas se interessem pelo "destino da Europa" diante das multidões de cor e famintas. A façanha do comandante Gagarin, apesar de ter desagradado ao general De Gaulle, não é uma vitória que "honre a Europa". De uns tempos para cá, os chefes de Estado dos regimes capitalistas e os homens de cultura têm tido uma atitude ambivalente em relação à União Soviética. Depois de terem coligado todas as suas forças para aniquilar o regime socialista, compreendem agora que é necessário contar com ele. Então se mostram amáveis, multiplicam as manobras de sedução e lembram constantemente ao povo soviético que ele "pertence à Europa".

Agitando o Terceiro Mundo como uma maré que ameaçasse submergir toda a Europa não se logrará dividir as forças progressistas que pretendem conduzir a humanidade rumo à felicidade. O Terceiro Mundo não pretende organizar uma imensa cruzada da fome contra toda a Europa. O que espera daqueles que o mantiveram durante séculos na escravidão é que o ajudem a reabilitar o homem, a fazer triunfar o homem por toda parte, de uma vez por todas.

É claro, porém, que não somos ingênuos a ponto de acreditar que isto se fará com a cooperação e a boa vontade dos governos europeus. Esse trabalho colossal que consiste em reintroduzir o homem no mundo, o homem total, há de ser feito com o auxílio decisivo das massas europeias que, como elas mesmas precisam reconhecer, muitas vezes se alinharam às posições de nossos senhores comuns em relação aos problemas coloniais. Para isso, é preciso primeiro que as massas europeias decidam despertar, sacudir o cérebro e parar de tomar parte no jogo irresponsável da Bela Adormecida.

2.
Grandezas e fraquezas da espontaneidade

As reflexões sobre a violência nos levaram a tomar consciência de que frequentemente existe uma defasagem, uma diferença de ritmo, entre os quadros dos partidos nacionalistas e as massas. Em toda organização política ou sindical há classicamente um fosso entre as massas, que exigem a melhoria imediata e total da sua situação, e os quadros, que, avaliando as dificuldades que o patronato poderia criar, limitam e restringem as reivindicações. Por essa razão, constata-se muitas vezes um descontentamento tenaz das massas com os quadros. Após cada jornada de reivindicação, enquanto os quadros celebram a vitória as massas têm a nítida impressão de terem sido traídas. É a multiplicação das manifestações reivindicativas, a multiplicação dos conflitos sindicais que provocará a politização dessas massas. O sindicalista politizado é aquele que sabe que um conflito local não é uma confrontação decisiva entre ele e o patronato. Os intelectuais colonizados que estudaram em suas respectivas metrópoles o funcionamento dos partidos políticos criam formações semelhantes, a fim de mobilizar as massas e pressionar a administração colonial. O surgimento de partidos nacionalistas nos países colonizados coincide com a formação de uma elite intelectual e mercantil. As elites atribuirão uma importância fundamental à organização enquanto tal, e o fetichismo da organização muitas vezes suplantará o estudo racional da sociedade colonial. A noção de partido é uma noção importada da metrópole. Esse instrumento das lutas modernas é aplicado tal qual numa realidade proteiforme, desequilibrada, onde coexistem a escravidão, a servidão, o escambo, o artesanato e as operações da bolsa de valores.

A fraqueza dos partidos políticos não reside apenas no uso mecânico de uma organização que conduz a luta do proletariado no seio de uma sociedade capitalista altamente industrializada. No plano limitado do tipo de organização, inovações e adaptações deveriam ter sido criadas. O grande erro, o vício congênito da maioria dos partidos políticos nas regiões subdesenvolvidas, foi, segundo o esquema clássico, terem se dirigido prioritariamente aos elementos mais conscientes: o proletariado das cidades, os artesãos e os funcionários públicos, ou seja, uma parte ínfima da população, que não representa mais do que 1%.

Embora esse proletariado compreendesse a propaganda do partido e lesse a literatura produzida por esse órgão, estava muito menos preparado para seguir as eventuais palavras de ordem da luta implacável pela libertação nacional. Apontamos inúmeras vezes que, nos territórios coloniais, o proletariado é o núcleo do povo colonizado mais adulado pelo regime colonial. O proletariado embrionário das cidades é relativamente privilegiado. Nos países capitalistas, o proletariado não tem nada a perder, é eventualmente aquele que teria tudo a ganhar. Nos países colonizados, ele tem tudo a perder. Na verdade, ele representa a fração do povo colonizado necessária e insubstituível para o bom andamento da máquina colonial: condutores de bonde, motoristas de táxi, mineradores, estivadores, intérpretes, enfermeiros etc. São esses elementos que constituem a clientela mais fiel dos partidos nacionalistas e que, pelo lugar privilegiado que ocupam no sistema colonial, constituem a fração "burguesa" do povo colonizado.

Compreende-se, portanto, que a clientela dos partidos seja sobretudo urbana: supervisores, operários, intelectuais e comerciantes que residem essencialmente nas cidades. Sua maneira de pensar já traz, em inúmeros pontos, a marca do meio técnico e relativamente confortável em que vivem. Aqui, o "modernismo" impera. São esses mesmos meios que vão lutar contra as tradições obscurantistas, que vão reformar os costumes, entrando assim em luta aberta contra o velho alicerce de pedra que constitui o fundamento nacional.

Os partidos nacionalistas, em sua imensa maioria, sentem uma grande desconfiança em relação às massas rurais. Essas massas lhes dão, na verdade, a impressão de se afundarem na inércia e na esterilidade. Os membros dos partidos nacionalistas (operários urbanos e intelectuais) logo começam a manifestar o mesmo julgamento pejorativo dos colonos sobre o campo. Mas, se tentarmos compreender as razões dessa desconfiança dos partidos políticos contra as massas rurais, devemos lembrar que o colonialismo em geral reforçou ou assentou sua dominação organizando a petrificação do campo. Cercadas por marabus, bruxos e chefes tradicionais, as massas rurais vivem ainda em situação feudal, sendo essa estrutura medieval todo-poderosa alimentada pelos agentes administrativos ou militares colonialistas.

A jovem burguesia nacional, sobretudo comerciante, vai entrar em competição com esses senhores feudais em vários setores: marabus e feiticeiros que obstruem o caminho de doentes que poderiam consultar um médico, *djemaas* que julgam, dispensando a necessidade de advogados, caides que usam seu poder político e administrativo para lançar um comércio ou uma linha de transportes, chefes tradicionais que, em nome da religião e da tradição, se opõem à introdução de novos negócios e produtos.

A jovem classe de comerciantes e de negociantes colonizados precisa que essas proibições e barreiras desapareçam para se desenvolver. A clientela nativa que representa a reserva dos senhores feudais e à qual é mais ou menos proibida a compra de produtos novos constitui, portanto, um mercado disputado.

Os quadros feudais formam uma barreira entre os jovens nacionalistas ocidentalizados e as massas. Cada vez que as elites fazem um esforço na direção das massas rurais, os chefes tribais, os chefes de confrarias, as autoridades tradicionais multiplicam os alertas, as ameaças, as excomunhões. Essas autoridades tradicionais, que foram legitimadas pela potência ocupante, veem com desagrado as tentativas de infiltração das elites no campo. Sabem que as ideias que esses elementos vindos das cidades podem introduzir contestam o próprio princípio de perenidade dos feudos. Assim, seu inimigo não é a potência ocupante, com a qual, no fim das contas, têm boa relação, mas os elementos modernos que tencionam desarticular a sociedade autóctone e, dessa forma, retirar-lhes o pão da boca.

Os elementos ocidentalizados experimentam em relação às massas camponesas sentimentos que lembram aqueles encontrados no seio do proletariado dos países industrializados. A história das revoluções burguesas e a história das revoluções proletárias mostraram que as massas camponesas quase sempre constituem um freio à revolução. As massas camponesas nos países industrializados em geral são elementos menos conscientes, menos organizados e também os mais anarquistas. Apresentam um conjunto de características — individualismo, indisciplina, amor ao lucro, aptidão para grandes cóleras e profundos desalentos — que definem um comportamento objetivamente reacionário.

Vimos que os partidos nacionalistas imitam os métodos e as doutrinas dos partidos ocidentais. Logo, na maioria dos casos, não dirigem sua propaganda para as massas. Na realidade, a análise racional da sociedade colonizada, se tivesse sido praticada, lhes mostraria que os camponeses colonizados vivem num meio tradicional cujas estruturas permaneceram intactas, enquanto nos países industrializados esse meio tradicional é que foi rompido pelo avanço da industrialização. É no seio do proletariado embrionário das colônias que encontramos comportamentos individualistas. Abandonando o campo onde a demografia coloca problemas insolúveis, os camponeses sem terra, que constituem o lumpemproletariado, fogem para os centros urbanos, amontoam-se em favelas e tentam infiltrar-se nos portos e cidades nascidos da dominação colonial. As massas camponesas continuam vivendo numa situação de imobilidade, e o número excessivo de bocas não tem outro recurso a não ser emigrar para as cidades. O camponês que não se desloca defende obstinadamente suas tradições e, na sociedade colonizada, representa o elemento disciplinado, cuja estrutura social permanece comunitária. É verdade que essa vida imóvel, contraída em estruturas rígidas, pode dar origem episodicamente a movimentos baseados em fanatismo religioso, em guerras tribais. Mas, em sua espontaneidade, as massas rurais continuam disciplinadas, altruístas. O indivíduo se apaga diante da comunidade.

Os camponeses desconfiam do homem da cidade. Vestido como o europeu, falando sua língua, trabalhando com ele, morando às vezes no seu bairro, o homem da cidade é considerado pelos camponeses como um trânsfuga que abandonou tudo o que constitui o patrimônio nacional. As pessoas das cidades são "traidores, vendidos" que parecem entender-se bem com o ocupante e se esforçam para ter sucesso no âmbito do sistema colonial. É por isso que os camponeses estão sempre dizendo que as pessoas das cidades não têm moral. Encontramo-nos aqui diante da clássica oposição entre campo e cidade. É a oposição entre o colonizado excluído das vantagens do colonialismo e aquele que se arranja para tirar proveito da exploração colonial.

Aliás, os colonialistas usam essa oposição em sua luta contra os partidos nacionalistas. Eles mobilizam os habitantes das montanhas, dos vilarejos isolados, contra os moradores das cidades. Instigam o interior contra a faixa litorânea, reativam as tribos, e que ninguém se espante ao ver Kalonji ser coroado rei do Cassai, como ninguém se espantou, há alguns anos, ao ver a assembleia dos chefes de Gana fazer frente a N'Krumah.

Os partidos políticos não conseguem implantar sua organização no campo. Em vez de aproveitar as estruturas existentes para lhes dar um conteúdo nacionalista ou progressista, optam por revolucionar a realidade tradicional dentro do sistema colonial. Acreditam ter capacidade de fazer a nação deslanchar, enquanto as malhas do sistema colonial ainda pesam. Não vão ao encontro das massas. Não colocam seus conhecimentos teóricos a serviço do povo, mas procuram enquadrar as massas segundo um esquema a priori. Por conseguinte, enviados pela capital, caem de paraquedas nas aldeias dirigentes desconhecidos ou muitos jovens que, empossados pela autoridade central, tentam administrar o aduar ou a aldeia como um departamento de empresa. Os chefes tradicionais são ignorados, às vezes menosprezados. A história da futura nação pisoteia, com singular desenvoltura, as pequenas histórias locais, ou seja, a única atualidade nacional, quando seria imprescindível incluir harmoniosamente a história do vilarejo, a história dos conflitos tradicionais dos clãs e das tribos na ação decisiva para a qual o povo é convocado. Os mais velhos, cercados de respeito nas sociedades tradicionais, em geral revestidos de uma autoridade moral indiscutível, são ridicularizados publicamente. Os serviços do ocupante não deixam de usar esses rancores e se mantêm a par das mínimas decisões adotadas por essa caricatura de autoridade. A repressão policial, certeira por se basear em informações precisas, é feroz. Os dirigentes que caíram de paraquedas e os membros importantes na nova assembleia são presos.

Os fracassos confirmam "a análise teórica" dos partidos nacionalistas. A experiência desastrosa de tentativa de arregimentação das massas rurais reforça sua desconfiança e cristaliza sua agressividade contra essa parte do povo. Depois da vitória da luta de libertação nacional, os mesmos erros se repetem, alimentam as tendências descentralizadoras e autonomistas. O tribalismo colonial dá lugar ao regionalismo da fase nacional, com sua expressão institucional: o federalismo.

Ocorre, porém, que as massas rurais, apesar da pouca influência que os partidos nacionalistas exercem sobre elas, intervêm de maneira decisiva, seja no processo de maturação da consciência nacional, seja para revezar-se na ação dos partidos nacionalistas, seja, mais raramente, para substituir pura e simplesmente a esterilidade desses partidos.

A propaganda dos partidos nacionalistas sempre encontra eco no seio das massas camponesas. A recordação do período anticolonial permanece viva nas aldeias. As mulheres ainda murmuram no ouvido das crianças os cantos que acompanharam os guerreiros que resistiram à conquista. Aos doze, treze anos, os pequenos aldeões sabem o nome dos anciãos que assistiram à última insurreição, e os sonhos nos aduares, nas aldeias, não são os mesmos sonhos de luxo ou de sucesso nas provas que as crianças das cidades têm, mas sonhos de identificação com esse ou aquele combatente, cuja narrativa de morte heroica ainda hoje faz brotar lágrimas abundantes.

No momento em que os partidos nacionalistas tentam organizar a classe operária embrionária das cidades, observam-se no campo explosões absolutamente inexplicáveis. É o caso, por exemplo, da famosa insurreição de 1947 em Madagascar. Os serviços colonialistas são formais: é uma revolta camponesa. Na verdade, hoje sabemos que as coisas, como sempre, foram muito mais complicadas. Ao longo da Segunda Guerra Mundial, as grandes companhias coloniais estenderam o seu poder e se apoderaram da totalidade das terras ainda livres. Na mesma época, falou-se na implantação eventual, na ilha, de refugiados judeus, cabilas, antilhanos. Correu igualmente o boato sobre a iminente invasão da ilha por parte dos brancos da África do Sul, com a cumplicidade dos colonos. Assim, após a guerra, os candidatos da lista nacionalista triunfaram nas eleições. Imediatamente depois, organizou-se a repressão contra as células do partido MDRM (Movimento Democrático da Renovação Malgaxe). Para atingir seus fins, o colonialismo serviu-se dos meios mais clássicos: prisões em massa, propaganda racista intertribal e criação de um partido com os elementos desorganizados do lumpemproletariado. Esse partido, dito dos Deserdados de Madagascar (Padesm), daria à autoridade colonial, por suas provocações decisivas, a garantia para a manutenção da ordem. Porém, essa operação banal para aniquilar um partido, preparada de antemão, toma aqui proporções gigantescas. As massas rurais, na defensiva há três ou quatro anos, sentem-se repentinamente em perigo de morte e decidem se opor ferozmente às forças colonialistas. Armado de azagaias e amiúde de pedras e bastões, o povo se lança na insurreição generalizada, em prol da libertação nacional. Sabemos o que vem em seguida.

Essas insurreições armadas representam apenas um dos meios utilizados pelas massas rurais para interferir na luta nacional. Algumas vezes os camponeses assumem o lugar da agitação urbana, quando o partido nacional nas cidades se torna alvo da repressão policial. As notícias chegam ao campo ampliadas, desmedidamente ampliadas: líderes detidos, ataques em série com metralhadoras; o sangue negro inunda as cidades, os pequenos colonos banham-se no sangue árabe. Então o ódio acumulado, o ódio exacerbado, acaba por explodir. O posto policial mais próximo é atacado, os policiais são estraçalhados, o professor da escola é massacrado, o médico só se salva porque não estava lá etc. Colunas de pacificação são despachadas ao local, a Aeronáutica bombardeia. O estandarte da revolta é desfraldado, as velhas tradições guerreiras ressurgem, as mulheres aplaudem, os homens se organizam e tomam posição nas montanhas, a guerrilha começa. Espontaneamente os camponeses criam uma insegurança generalizada, o colonialismo se assusta, entra na guerra ou negocia.

Como reagem os partidos nacionalistas a essa irrupção decisiva das massas camponesas na luta nacional? Vimos que a maioria deles não inscreveu em sua propaganda a necessidade da ação armada. Eles não se opõem à persistência da insurreição, porém contentam-se em confiar na espontaneidade das populações rurais. Grosso modo, comportam-se em relação a esse elemento novo como se se tratasse de um maná caído do céu, pedindo ao destino para que aquilo continue. Eles exploram esse maná sem, contudo, tentar organizar a insurreição. Não enviam quadros ao campo para politizar as massas, esclarecer as consciências, subir o nível do combate. Esperam que, levada por seu movimento, a ação dessas massas não desacelere. Não há contaminação do movimento rural pelo movimento urbano. Cada um evolui conforme sua dialética própria.

Os partidos nacionalistas não tentam introduzir palavras de ordem nas massas rurais, que nesse momento estão inteiramente disponíveis. Não lhes propõem um objetivo, apenas esperam que esse movimento se perpetue indefinidamente e que os bombardeios não se esgotem. Vê-se, pois, que mesmo nessas circunstâncias os partidos nacionalistas não exploram a possibilidade que lhes é oferecida de integrar as massas rurais, de politizá-las, de elevar o nível de sua luta. Mantém-se a posição criminosa de desconfiança em relação ao campo.

Os quadros políticos se escondem nas cidades, dão a entender ao colonialismo que não têm relação com os revoltosos ou então partem para o exterior. Raramente juntam-se ao povo nas montanhas. No Quênia, por exemplo, durante a revolta dos Mau-Mau, nenhum nacionalista conhecido reivindicou pertencer ao movimento ou tentou defender aqueles homens.

Não há discussão fecunda, nem confronto entre as diferentes camadas da nação. No momento da independência, que ocorre depois da repressão exercida contra as massas rurais e os acordos entre o colonialismo e os partidos nacionalistas, verificamos que essa incompreensão se acentua. Os camponeses se mostraram reticentes em relação às reformas de estruturas propostas pelo governo, e também às inovações sociais, mesmo sendo objetivamente progressistas, visto que, justamente, os responsáveis atuais do regime não explicaram ao povo como um todo, durante o período colonial, os objetivos do partido, a orientação nacional, os problemas internacionais etc.

À desconfiança que os camponeses e os donos de feudos sentiam em relação aos partidos nacionalistas durante o período colonial segue-se, no período nacional, uma hostilidade semelhante. Os serviços secretos colonialistas, que não depuseram as armas depois da independência, fomentam o descontentamento e chegam inclusive a criar graves dificuldades aos jovens governos. Em suma, o governo não faz senão pagar sua indolência do período de libertação e seu constante desprezo pelos camponeses. A nação poderá ter uma cabeça racional, até progressista, mas o corpo imenso continuará débil, indócil, não cooperativo.

A tentação será, portanto, de quebrar esse corpo, centralizando a administração e enquadrando firmemente o povo. Essa é uma das razões pelas quais se ouve frequentemente dizer, nos países subdesenvolvidos, que uma certa dose de ditadura é necessária. Os dirigentes desconfiam das massas rurais. É o caso, por exemplo, de certos governos que, muito tempo depois da independência nacional, consideram o interior do país uma região não pacificada, onde o chefe de Estado e os ministros só se aventuram quando há manobras do Exército nacional. Esse interior é na prática assimilado a algo desconhecido. Paradoxalmente, o governo nacional, em seu comportamento em relação às massas rurais, assemelha-se, em certos aspectos, ao poder colonial. "Não sabemos muito bem como essas massas vão reagir", e os jovens dirigentes não hesitam em dizer: "É preciso muita paulada se quisermos tirar esse país da Idade Média". Porém, como já vimos, a desfaçatez com que os partidos políticos agiram em relação às massas rurais durante a fase colonial só podia ser prejudicial à unidade nacional, ao impulso acelerado da nação.

O colonialismo tenta às vezes diversificar, desarticular o ímpeto nacionalista. Em vez de incitar os xeiques e os chefes contra os "revolucionários" das cidades, os serviços ligados a assuntos nativos organizam as tribos e as confrarias em partidos. Diante do partido urbano que começava a "encarnar a vontade nacional" e a se tornar um perigo para um regime colonial, surgem pequenos grupos, tendências, partidos de base étnica ou regionalista. É a tribo inteira que se converte em partido político, aconselhado de perto pelos colonialistas. A mesa-redonda pode começar. O partido unitário se afogará na aritmética das tendências. Os partidos tribais se opõem à centralização, à unidade, e denunciam a ditadura do partido unitário.

Mais tarde, essa tática será utilizada pela oposição nacional. Dentre os dois ou três partidos nacionalistas que lideraram a luta de libertação, o ocupante fez sua escolha. As mutualidades dessa escolha são clássicas: quando um partido reuniu a unanimidade nacional e se impôs ao ocupante como único interlocutor, o ocupante multiplica as manobras e protela ao máximo as negociações. Esse atraso será usado para reduzir as exigências desse partido a migalhas, ou então para obter da direção o afastamento de certos elementos "extremistas".

Se, ao contrário, nenhum partido se impõe de fato, o ocupante contenta-se em privilegiar aquele que lhe parece o mais "razoável". Os partidos nacionalistas que não participaram das negociações passam, então, a denunciar o acordo firmado entre o outro partido e o ocupante. O partido que recebe o poder do ocupante, consciente do perigo que são as posições estritamente demagógicas e confusas do partido rival, tenta dissolvê-lo e o condena à ilegalidade. O partido perseguido não tem outro recurso a não ser refugiar-se na periferia das cidades e no campo. Procura levantar as massas rurais contra os "vendidos da costa e os corrompidos da capital". São utilizados, então, todos os pretextos: argumentos religiosos, disposições inovadoras adotadas pela nova autoridade nacional, que rompem com a tradição. Explora-se a tendência obscurantista das massas rurais. A doutrina supostamente revolucionária repousa de fato no caráter retrógado, passional e espontaneísta do campo. Aqui e ali se murmura que a montanha está se mobilizando, que no campo estão descontentes. Afirma-se que em tal rincão policiais abriram fogo contra os camponeses, que reforços foram enviados, que o regime está prestes a ruir. Os partidos de oposição, sem programa claro, tendo como único objetivo suceder a equipe dirigente, entregam seu destino às mãos espontâneas e obscuras das massas camponesas.

Inversamente, pode acontecer de a oposição não mais se apoiar nas massas rurais, mas sim nos elementos progressistas, nos sindicatos da jovem nação. Nesse caso, o governo faz um apelo para que as massas resistam às reivindicações dos trabalhadores, denunciadas como manobras de aventureiros antitradicionalistas. As mesmas constatações que tivemos a oportunidade de fazer com relação aos partidos políticos encontram-se, mutatis mutandis, no que se refere aos sindicatos. De início, as formações sindicais nos territórios coloniais são muitas vezes ramificações locais dos sindicatos metropolitanos e as palavras de ordem ecoam as da metrópole.

Definindo-se com mais precisão a fase decisiva da luta de libertação, alguns sindicalistas nativos decidirão criar sindicatos nacionais. A antiga associação, importada da metrópole, será maciçamente abandonada pelos autóctones. Essa criação sindical é um novo elemento de pressão sobre o colonialismo por parte das populações urbanas. Dissemos que o proletariado nas colônias é embrionário e representa a fração mais favorecida do povo. Os sindicatos nacionais nascidos na luta organizam-se nas cidades e seu programa é antes de tudo um programa político, um programa nacionalista. Porém esse sindicato nacional nascido no decorrer da fase decisiva do combate pela independência é, na verdade, a arregimentação legal dos elementos nacionalistas conscientes e dinâmicos.

As massas rurais, desdenhadas pelos partidos políticos, continuam sendo postas de lado. Haverá, logicamente, um sindicato dos trabalhadores agrícolas, mas tal criação limita-se a atender à necessidade formal de "apresentar uma frente unida contra o colonialismo". Os responsáveis sindicais que se formaram no âmbito das entidades sindicais da metrópole não sabem organizar as massas urbanas. Perderam todo o contato com o campesinato e se preocupam em primeiro lugar com a arregimentação dos metalúrgicos, dos estivadores, dos funcionários das empresas de gás e eletricidade.

Durante a fase colonial, as formações sindicais nacionalistas constituem uma força de ataque espetacular. Nas cidades, os sindicatos podem a qualquer momento imobilizar ou pelo menos travar a economia colonialista. Como a população europeia costuma estar concentrada nas cidades, as repercussões psicológicas das manifestações sobre essa população são consideráveis: falta eletricidade, falta gás, o lixo não é recolhido, as mercadorias apodrecem nas docas.

Essas pequenas ilhas metropolitanas formadas pelas cidades no contexto colonial se ressentem profundamente da ação sindical. A fortaleza do colonialismo representada pela capital tem dificuldade para suportar essas invectivas. Porém "o interior" (as massas rurais) fica alheio a esse confronto.

Assim, como se vê, há uma desproporção do ponto de vista nacional entre a importância dos sindicatos e o resto da nação. Depois da independência, os operários arregimentados nos sindicatos têm a impressão de agir no vazio. O objetivo limitado que haviam fixado revela-se, no exato momento em que é atingido, muito precário diante da enormidade da tarefa de construção nacional. Perante a burguesia nacional, cujas relações com o poder são frequentemente muito estreitas, os dirigentes sindicais descobrem que não podem mais se limitar à agitação operária. Congenitamente isolados das massas rurais, incapazes de difundir palavras de ordem para além dos subúrbios, os sindicatos adotam posições cada vez mais políticas. Na verdade, são candidatos ao poder. Tentam por todos os meios encurralar a burguesia: protesto contra a permanência de bases estrangeiras em território nacional, denúncia de acordos comerciais, posicionamentos contra a política externa do governo nacional. Os operários agora "independentes" giram no vazio. Os sindicatos percebem, no dia seguinte à independência, que, se fossem expressas, as reivindicações sociais escandalizariam o resto da nação. Os operários são efetivamente os favorecidos do regime. Representam a fração mais abastada do povo. Uma agitação que se propusesse obter à força a melhoria das condições de vida para os operários e estivadores não somente seria impopular como ainda correria o risco de provocar a hostilidade das massas deserdadas do campo. Os sindicatos, aos quais todo sindicalismo é proibido, caem na estagnação.

Esse mal-estar traduz a necessidade objetiva de um programa social que interesse, por fim, ao conjunto da nação. Os sindicatos descobrem subitamente que o interior precisa igualmente ser esclarecido e organizado. Porém, visto que em nenhum momento se preocuparam em instalar correias de transmissão entre eles e as massas camponesas, e como, justamente, essas massas constituem as únicas forças espontaneamente revolucionárias do país, os sindicatos vão dar mostras de sua ineficácia e descobrir o caráter anacrônico de seu programa.

Os dirigentes sindicais, mergulhados na agitação político-operária, chegam mecanicamente à preparação de um golpe de Estado. Mas, ainda assim, o interior é excluído. É uma discussão limitada entre a burguesia nacional e o obreirismo sindical. A burguesia nacional, retomando as velhas tradições do colonialismo, ostenta suas forças militares e policiais, enquanto os sindicatos organizam comícios, mobilizam dezenas de milhares de filiados. Os camponeses, diante dessa burguesia nacional e desses operários que, no final das contas, têm o que comer, olham dando de ombros. Eles dão de ombros porque percebem que tanto uns quanto os outros os consideram como força secundária. Os sindicatos, os partidos ou o governo, numa espécie de maquiavelismo moral, usam as massas camponesas como força de manobra inerte, cega. Como força bruta.

Em certas circunstâncias, ao contrário, as massas camponesas vão intervir de forma decisiva, tanto na luta de libertação nacional quanto nas perspectivas que a futura nação escolher para si. Esse fenômeno assume importância fundamental para os países desenvolvidos; por essa razão, nos propomos a estudá-lo detalhadamente.

Vimos que, nos partidos nacionalistas, a vontade de derrubar o colonialismo convive tranquilamente com outra vontade: a de se entender amigavelmente com ele. Dentro desses partidos, por vezes dois processos se produzem. Primeiro, elementos intelectuais, tendo procedido a uma análise fundamentada da realidade colonial e da situação internacional, começarão a criticar o vazio ideológico do partido nacional e sua indigência tática e estratégica. Começam a fazer incansavelmente perguntas cruciais aos dirigentes — "O que é o nacionalismo? O que vocês colocam por trás dessa palavra? O que contém esse vocábulo? A independência para quê? E, antes de tudo, como esperam alcançá-la?" —, exigindo ao mesmo tempo que os problemas metodológicos sejam abordados com vigor. Aos meios eleitoreiros vão sugerir que se acrescente "qualquer outro meio". Nas primeiras escaramuças, os dirigentes logo se desvencilham dessa efervescência que, sem hesitar, qualificam de juvenil. No entanto, como essas reivindicações não são nem a expressão de uma efervescência, nem a marca da juventude, os elementos revolucionários que defendem essas posições serão logo isolados. Os dirigentes, imbuídos de sua experiência, rechaçarão implacavelmente "esses aventureiros, esses anarquistas".

A máquina do partido se mostra insubmissa a qualquer inovação. A minoria revolucionária encontra-se sozinha, ante uma direção amedrontada e angustiada com a ideia de talvez ser arrastada numa tormenta, cujos aspectos, força ou orientação nem sequer imagina.

O segundo processo diz respeito aos quadros dirigentes ou subalternos que, em virtude de suas atividades, ficaram à mercê das perseguições policiais colonialistas. O que é interessante frisar é que esses homens chegaram às esferas dirigentes do partido por seu trabalho obstinado, espírito de sacrifício e patriotismo exemplar. Vindos da base, são muitas vezes operários não qualificados, trabalhadores sazonais e até mesmo, eventualmente, autênticos desempregados. Para eles, militar num partido nacional não é fazer política, é escolher o único meio de passar do estado animal ao estado humano. Esses homens, incomodados pelo legalismo exacerbado do partido, vão revelar, nos limites das atividades que lhes são confiadas, um espírito de iniciativa, uma coragem e um senso de luta que quase mecanicamente os apontam como alvo das forças de repressão do colonialismo. Presos, condenados, torturados, anistiados, eles aproveitam o período da detenção para confrontar suas ideias e reforçar sua determinação. Nas greves de fome, na solidariedade violenta das valas comuns dos cárceres, vivem sua libertação como uma oportunidade que lhes será dada para desencadear a luta armada. Porém, ao mesmo tempo, do lado de fora, o colonialismo, que começa a ser fustigado por todos os lados, faz acenos aos nacionalistas moderados.

Assiste-se, portanto, a uma divisão próxima da ruptura entre a tendência ilegalista e a tendência legalista do partido. Os ilegalistas se sentem indesejáveis. São evitados. Com infinitas precauções os legalistas do partido vêm em seu auxílio, mas eles já se sentem estranhos. Esses homens vão, então, entrar

Grandezas e fraquezas da espontaneidade

em contato com os elementos intelectuais cujas posições puderam avaliar alguns anos antes. Um partido clandestino, paralelo ao partido legal, consagra esse encontro. Mas a repressão contra esses elementos irrecuperáveis se intensifica, à medida que o partido legal se aproxima do colonialismo, tentando modificá-lo "de dentro". A equipe ilegal vê-se, portanto, num impasse histórico.

Repelidos pelas cidades, esses homens se juntam, num primeiro momento, nos subúrbios periféricos. Porém, a malha policial os descobre e os obriga a deixar definitivamente as cidades, a se retirar dos locais da luta política. Eles buscam refúgio no campo, nas montanhas, junto às massas camponesas. De início, as massas se fecham em torno deles, escondendo-os da busca policial. O militante nacionalista que em vez de brincar de esconde-esconde com os policiais nos centros urbanos decide colocar seu destino nas mãos das massas camponesas nunca perde. O manto camponês o encobre com uma ternura e um vigor impensáveis. Exilados do interior, cortados do meio urbano no seio do qual elaboraram as noções de nação e de luta política, esses homens se tornaram verdadeiros guerrilheiros. Obrigados o tempo todo a se deslocar para fugir da polícia, caminhando de madrugada para não chamar atenção, eles vão ter oportunidade de percorrer, de conhecer o país. Acabaram-se os cafés, as discussões sobre as próximas eleições e a maldade de tal policial. Seus ouvidos ouvem a verdadeira voz do país e seus olhos veem a grande, a infinita miséria do povo. Eles de repente se dão conta do tempo precioso que foi perdido em comentários vãos sobre o regime colonial. Compreendem, enfim, que a mudança não será uma reforma, não será uma melhoria. Compreendem, numa espécie de vertigem que nunca mais cessará de habitá-los, que a agitação política nas cidades será sempre impotente para modificar, para derrubar o regime colonial.

Esses homens se acostumam a falar com os camponeses. Descobrem que as massas rurais nunca deixaram de colocar o problema de sua libertação em termos de violência, de terras a serem resgatadas de mãos estrangeiras, *de luta nacional*, de insurreição armada. Tudo é muito simples. Esses homens descobrem um povo coerente que se perpetua numa espécie de imobilidade, mas que conserva intactos os seus valores morais, o seu apego à nação. Descobrem um povo generoso, pronto para o sacrifício, desejoso de se dar, impaciente e com um orgulho pétreo. Compreende-se que o encontro desses militantes perseguidos pela polícia com essas massas agitadas e rebeldes por natureza possa resultar numa mistura destoante, de inabitual potência. Os homens vindos das cidades vão para a escola do povo e, ao mesmo tempo, abrem cursos de formação política e militar destinados ao povo. O povo lustra suas armas. Na realidade, as aulas não duram muito tempo, pois as massas, ao retomarem contato com a própria intimidade de seus músculos, levam os dirigentes a apressar as coisas. Desencadeia-se a luta armada.

A insurreição desorienta os partidos políticos. Na realidade, sua doutrina sempre afirmou a ineficácia de qualquer prova de força, e sua própria existência é uma constante condenação de toda insurreição. Secretamente, alguns partidos políticos partilham do otimismo dos colonos e se regozijam por estarem fora dessa loucura, da qual se diz que será reprimida com banho de sangue. Porém o fogo aceso, como uma epidemia galopante, se propaga para todo o país. Os carros blindados e os aviões não alcançam o êxito esperado. Diante da extensão do dano, o colonialismo começa a refletir. No seio do próprio povo que o oprime, algumas vozes se fazem ouvir, chamando a atenção para a gravidade da situação.

Quanto ao povo, nas suas cabanas e nos seus sonhos entra em comunicação com o novo ritmo nacional. Em voz baixa, em seu foro íntimo, canta hinos intermináveis aos gloriosos combatentes. A insurreição invadiu a nação. Agora são os partidos que estão isolados.

No entanto, os líderes da insurreição conscientizam-se da necessidade de estendê-la às cidades. Essa conscientização não é fortuita. Ela consagra a dialética que preside ao desenvolvimento de uma luta armada de libertação nacional. Embora o campo represente reservas inesgotáveis de energia popular e os grupos armados ali façam reinar a insegurança, o colonialismo não duvida realmente da solidez do seu sistema. Não se sente fundamentalmente em perigo. O líder da insurreição decide, então, levar a guerra à casa do inimigo, ou seja, às cidades tranquilas e grandiloquentes.

A deflagração da insurreição nas cidades coloca problemas difíceis para a direção. Vimos que a maioria dos dirigentes, nascidos ou criados nas cidades, havia fugido de seu meio natural, perseguidos pela polícia colonialista e, em geral, incompreendidos pelos quadros prudentes e razoáveis dos partidos políticos. Retirar-se para o campo foi ao mesmo tempo uma fuga da repressão e uma desconfiança em relação às velhas formações políticas. As antenas urbanas naturais desses dirigentes são os nacionalistas conhecidos dentro dos partidos políticos. Mas vimos precisamente que sua história recente se desenrolou de forma paralela a esses dirigentes timoratos e crispados em uma reflexão ininterrupta sobre os malefícios do colonialismo.

Aliás, as primeiras tentativas que os homens da guerrilha farão em direção a seus antigos amigos, aqueles que, justamente, imaginavam estar mais à esquerda, confirmarão seus receios e lhes farão perder até mesmo o desejo de rever velhos conhecidos. Na verdade, a insurreição, que partiu do campo, vai penetrar nas cidades pela fração do campesinato bloqueado na periferia urbana, aquela que ainda não conseguiu encontrar no sistema colonial um osso para roer. Os homens que foram obrigados, pela crescente população rural e a expropriação colonial, a abandonar a terra da família orbitam incansavelmente as diferentes cidades, na esperança de mais cedo ou mais tarde terem permissão para entrar. É nessa massa, é nesse povo das favelas, no seio do lumpemproletariado, que a insurreição vai encontrar sua ponta de lança urbana. O lumpemproletariado constitui uma das forças mais espontâneas e radicalmente revolucionárias de um povo colonizado.

No Quênia, nos anos que antecederam a revolta dos Mau-Mau, vimos as autoridades coloniais britânicas multiplicarem as medidas de intimidação contra o lumpemproletariado. Forças policiais e missionários coordenaram seus esforços, nos anos de 1950-1, para responder como convinha ao enorme afluxo de jovens quenianos vindos do campo e das florestas e que, não conseguindo se colocar no mercado de trabalho, roubavam, entregavam-se a vidas dissolutas, ao alcoolismo etc. A delinquência juvenil nos países colonizados é produto direto da existência do lumpemproletariado. De forma semelhante, no Congo foram tomadas medidas draconianas em 1957 para devolver ao campo os "jovens bandidos" que perturbavam a ordem estabelecida. Campos de reinserção foram abertos e entregues às missões evangélicas sob a proteção, obviamente, do Exército belga.

A formação de um lumpemproletariado é um fenômeno que obedece a uma lógica própria, e nem a atividade intensa dos missionários, nem as portarias do poder central podem entravar sua progressão. Esse lumpemproletariado, como um bando de ratos, apesar dos pontapés, apesar das pedradas, continua roendo as raízes da árvore.

A favela consagra a decisão biológica do colonizado de invadir, a qualquer preço, e se necessário pelas vias mais subterrâneas, a cidadela inimiga. O lumpemproletariado constituído e pressionando, com todas as suas forças, a "segurança" da cidade significa o apodrecimento irreversível, a gangrena instalada no cerne da dominação colonial. Assim, os cafetões, os bandidos, os desempregados e os presos comuns, convocados, se engajam na luta de libertação como robustos trabalhadores. Esses desocupados, esses desclassificados vão, através do canal da ação militante e decisiva, encontrar o caminho da nação. Não se reabilitam perante a sociedade colonial ou perante a moral do dominador. Ao contrário, assumem sua incapacidade de entrar na cidade de outra forma a não ser pela força da granada ou do revólver. Esses desempregados e esses sub-homens se reabilitam perante si mesmos e perante a história. Até as prostitutas, as criadas de 2 mil francos, as desesperadas, todos aqueles e todas aquelas que transitam entre a loucura e o suicídio vão se reequilibrar, vão novamente se pôr em marcha e participar, de modo decisivo, da grande procissão da nação que desperta.

Os partidos nacionalistas não compreendem esse fenômeno novo que precipita sua desagregação. A eclosão da insurreição nas cidades altera a fisionomia da luta. As tropas nacionalistas se encontravam totalmente voltadas para o campo, mas agora refluem precipitadamente para as cidades, a fim de garantir a segurança das pessoas e dos bens. A repressão dispersa suas forças, o perigo está presente em toda parte. É o solo nacional, é a colônia inteira que entra em transe. Os grupos armados camponeses veem o cerco militar se amenizar. A insurreição nas cidades é um inesperado balão de oxigênio.

Os dirigentes da insurreição, que veem o povo entusiasmado e fervoroso desferir golpes decisivos na máquina colonialista, reforçam sua desconfiança em relação à política tradicional. Cada vitória obtida legitima sua hostilidade contra o que chamam de conversa fiada, verborreia, "palavrório", agitação estéril. Sentem ódio da "política", da demagogia. É por isso que, de início, assistimos a um verdadeiro triunfo do culto da espontaneidade.

As múltiplas revoltas surgidas no campo comprovam, em todo lugar onde eclodiram, a presença ubíqua e geralmente densa da nação. Cada colonizado em armas é um pedaço da nação doravante viva. Essas revoltas põem em perigo o regime colonial, mobilizam suas forças, dispersando-as, ameaçando a todo instante asfixiá-las. Obedecem a uma doutrina simples: façam com que a nação exista. Não há programa, não há discurso, não há resoluções, não há tendências. O problema é claro: é preciso que os estrangeiros vão embora. Vamos criar uma frente comum contra o opressor e reforçar essa frente pela luta armada.

Enquanto dura a inquietação do colonialismo, a causa nacional avança e se torna a causa de cada um. Delineia-se a empreitada de libertação, que já diz respeito ao conjunto do país. Nesse período, a espontaneidade impera. A iniciativa está localizada. No alto de cada morro, um governo em miniatura se forma e assume o poder. Nos vales e nas florestas, na selva e nos vilarejos, em todo lugar, encontra-se uma autoridade nacional. Cada qual, por sua ação, faz a nação existir e se compromete em fazê-la vencer localmente. Estamos lidando com uma estratégia de imediatismo totalitária e radical. A meta, o programa, de cada grupo espontaneamente formado é a libertação local. Se a nação está em toda parte, então ela está aqui. Um passo a mais e ela só estará aqui. A tática e a estratégia se confundem. A arte política transforma-se simplesmente em arte militar. O militante político é o combatente. Fazer a guerra e fazer política são uma única e mesma coisa.

Esse povo deserdado, acostumado a viver no círculo estreito das lutas e das rivalidades, vai proceder, numa atmosfera solene, à limpeza e à purificação da fisionomia local da nação. Num verdadeiro êxtase coletivo, famílias inimigas decidem apagar tudo, tudo esquecer. As reconciliações se multiplicam. Os ódios tenazes e ocultos são despertados a fim de serem extirpados com mais segurança. A ascensão da nação faz a consciência avançar. A unidade nacional é, primeiramente, a unidade do grupo, o desaparecimento das velhas querelas e a liquidação definitiva das reticências. Ao mesmo tempo, a purificação abarcará os poucos autóctones que, por suas atividades, por sua cumplicidade com o ocupante, desonraram o país. Em compensação, os traidores e os vendidos serão julgados e castigados. O povo, nessa marcha contínua que empreendeu, legisla, se descobre e deseja ser soberano. Cada ponto despertado do sono colonial ferve. Uma efusão permanente reina nos vilarejos, uma generosidade espetacular, uma bondade tocante, uma vontade jamais desmentida de morrer pela "causa".

Tudo isso evoca ao mesmo tempo uma confraria, uma igreja, uma mística. Nenhum autóctone pode ficar indiferente a esse novo ritmo que impulsiona a nação. Emissários são enviados para as tribos vizinhas. Eles constituem o primeiro sistema de ligação da insurreição e levam cadência e movimento às regiões ainda inertes. Tribos historicamente rivais fazem as pazes e, com alegria e lágrimas, prometem se socorrer e se ajudar. No ombro a ombro fraterno, na luta armada, os homens se juntam aos inimigos de ontem. O círculo nacional se amplia e novas emboscadas celebram a entrada em cena de novas tribos. Cada vilarejo descobre-se agente e intermediário. A solidariedade intertribal, a solidariedade entre os vilarejos, a solidariedade nacional se revelam primeiramente na multiplicação dos golpes contra o inimigo. Cada novo grupo que se forma, cada nova salva de tiros disparada indica que cada um persegue o inimigo, que cada um o enfrenta.

Essa solidariedade vai se manifestar muito mais claramente durante o segundo período, que se caracteriza pela deflagração da ofensiva inimiga. As forças coloniais, depois da explosão, reagrupam-se, reorganizam-se e inauguram métodos de combate correspondentes à natureza da insurreição. Essa ofensiva vai colocar em xeque a atmosfera eufórica e paradisíaca do primeiro período. O inimigo lança o ataque e concentra numerosas forças em pontos precisos. O grupo local rapidamente se vê sobrecarregado. Isso acontece tanto mais porque no início ele tende a aceitar o combate frontal. O otimismo que reinou no primeiro período torna o grupo intrépido ou até mesmo temerário. O grupo que se convenceu de que o pico de seu morro é a nação não aceita desistir da luta, não suporta bater em retirada. As baixas são numerosas e a dúvida se infiltra com força nas mentes. O grupo sofre a investida local como uma prova decisiva. Comporta-se literalmente como se o destino do país estivesse ali, naquela hora.

Porém, já o compreendemos, essa impetuosidade voluntarista, que deseja decidir de imediato o destino do sistema colonial, está condenada, enquanto doutrina do instantaneísmo, a negar a si mesma. O realismo mais cotidiano, mais prático, dá lugar às efusões de ontem e substitui a ilusão de eternidade. A lição dos fatos, os corpos ceifados pela metralha provocam uma reinterpretação global dos acontecimentos. O simples instinto de sobrevivência requer uma atitude mais movediça, mais móvel. Essa modificação na técnica de combate é característica dos primeiros meses da guerra de libertação do povo angolano. Lembremos que, no dia 15 de março de 1961, os camponeses angolanos se lançaram em grupos de 2 mil ou 3 mil pessoas contra as posições portuguesas. Homens, mulheres e crianças, armados ou não, com sua coragem, seu entusiasmo, invadiram em massas compactas, ou em ondas sucessivas, regiões nas quais dominavam o colono, o soldado e a bandeira portuguesa. Vilas e aeródromos foram cercados e sofreram múltiplos ataques, mas milhares de angolanos foram igualmente ceifados pelas balas colonialistas. Não demorou muito para os chefes da insurreição angolana compreenderem que precisavam encontrar outra coisa, se quisessem realmente libertar seu país. Assim, há alguns meses o líder Holden Roberto tem reorganizado o exército nacional angolano, levando em conta diversas guerras de libertação e usando técnicas de guerrilha.

Na guerrilha, efetivamente, a luta já não é mais onde estamos, mas aonde vamos. Cada combatente leva em seus pés nus a pátria em guerra. O exército de libertação nacional não é o que luta de uma vez por todas com o inimigo, mas o que vai de vilarejo em vilarejo, se refugia nas matas e exulta de alegria quando avista no vale a nuvem de poeira levantada pelas colunas adversárias. As tribos se mobilizam, os grupos se deslocam, mudando de terreno. As pessoas do norte movem-se para o oeste, as da planície sobem para as montanhas. Nenhuma posição estratégica é privilegiada. O inimigo imagina estar nos perseguindo, mas sempre encontramos um jeito de ficar na sua retaguarda, de golpeá-lo no preciso momento em que acreditava ter nos liquidado. Daí em diante nós é que o perseguimos. Com toda a sua técnica e seu poder de fogo, o inimigo dá a impressão de patinar e afundar na lama. E nós cantamos.

Nesse ínterim, porém, os dirigentes da insurreição compreendem que é preciso dar explicações aos grupos, instruí-los, doutriná-los, criar um exército, centralizar a autoridade. O esfacelamento da nação, que revelava a nação em armas, urge ser corrigido e superado. Os dirigentes, que haviam fugido do clima de política inútil das cidades, redescobrem a política, não mais como técnica de entorpecimento ou mistificação, mas como único meio de intensificar a luta e preparar o povo para a direção lúcida do país. Os dirigentes da insurreição se apercebem de que as revoltas camponesas, mesmo grandiosas, precisam ser controladas e orientadas. Veem-se forçados a negar o movimento enquanto revolta camponesa, transformando-o, assim, em guerra revolucionária. Descobrem que o sucesso da luta pressupõe clareza dos objetivos, limpidez na metodologia e sobretudo conhecimento, por meio das massas, da dinâmica temporal de seus esforços. Suportamos três dias, se preciso três meses, servindo-nos da dose de ressentimento contida nas massas, mas não vencemos uma guerra nacional, não derrotamos a terrível máquina do inimigo, não transformamos os homens se nos esquecermos de elevar a consciência do combatente. Nem a coragem obstinada, nem a beleza dos slogans serão suficientes.

O desenvolvimento da guerra de libertação se encarrega de desferir um golpe decisivo na fé dos dirigentes. O inimigo, na verdade, modifica sua tática. À política brutal de repressão ele alia oportunamente os gestos espetaculares de distensão, as manobras de divisão, "a ação psicológica". Tenta aqui e ali, e com sucesso, reacender as guerras tribais, usando os provocadores, fazendo o que se chama de contrassubversão. A fim de realizar seus objetivos, o colonialismo se servirá de duas categorias de autóctones. Em primeiro lugar, os colaboradores tradicionais: chefes, caides, feiticeiros. As massas camponesas, mergulhadas, como vimos, na repetição sem história de uma existência imóvel, continuam venerando os chefes religiosos, os descendentes das velhas famílias. A tribo, como se fosse um único homem, toma o caminho que lhe é indicado pelo chefe tradicional. Graças a prebendas, a preço de ouro, o colonialismo contará com os serviços desses homens de confiança.

O colonialismo vai igualmente encontrar no lumpemproletariado uma massa de manobra considerável. Por isso, todo movimento de libertação deve prestar o máximo de atenção nesse lumpemproletariado. Este sempre responde ao chamado da insurreição, mas se a insurreição acredita poder prosperar ignorando-o, o lumpemproletariado, essa massa de famintos e desclassificados, se lançará na luta armada, participará do conflito, dessa vez ao lado do opressor. Este, que nunca perde uma oportunidade de jogar os negros uns contra os outros, se servirá, com rara felicidade, da inconsciência e da ignorância que são as deficiências do lumpemproletariado. Essa reserva humana disponível, se não for imediatamente organizada pela insurreição, acabará como grupo de mercenários ao lado das tropas colonialistas. Na Argélia, foi o lumpemproletariado que forneceu os harkis e os messalistas; em Angola, foi ele quem produziu os homens que abrem as estradas que precedem hoje as colunas armadas portuguesas; no Congo, encontra-se o lumpemproletariado nas manifestações regionalistas do Cassai e do Katanga, enquanto em Leopoldville ele foi usado pelos inimigos do Congo para organizar comícios "espontâneos" contra Lumumba.

O adversário, que analisa as forças da insurreição, que estuda cada vez melhor o inimigo global constituído pelo povo colonizado, se dá conta da fraqueza ideológica, da instabilidade espiritual de certas camadas da população. O adversário descobre, ao lado de uma vanguarda insurrecional rigorosa e bem estruturada, uma massa de homens cujo engajamento corre constantemente o risco de ser posto em xeque pelo hábito por demais arraigado da miséria fisiológica, das humilhações e da irresponsabilidade. O adversário usará essa massa, sob pena de pagar caro. Criará espontaneidade a golpes de baioneta ou de castigos exemplares. Derramam-se dólares e francos belgas no Congo, enquanto em Madagascar se multiplicam as exações contra o povo hova e, na Argélia, alistam-se nas forças francesas recrutas que são verdadeiros reféns. O dirigente da insurreição vê a nação literalmente se afundar. Tribos inteiras se convertem em harkis e, munidas de armas modernas, enveredam pelo caminho da guerra, invadindo a tribo rival, que as circunstâncias rotularam de nacionalistas.

A unanimidade no combate, tão fecunda e tão grandiosa nas primeiras horas da insurreição, se altera. A unidade nacional se esboroa, a insurreição encontra-se num ponto de inflexão decisivo. A politização das massas é então reconhecida como necessidade histórica.

Esse voluntarismo espetacular que pretendia conduzir de um só golpe o povo colonizado à soberania absoluta, essa certeza que cada um tinha de carregar consigo no mesmo passo e sob a mesma luz todos os pedaços da nação, essa força que fundamentava a esperança se revela, com a experiência, uma grande fraqueza. Enquanto imaginava poder passar sem transição do estado de colonizado para o estado de cidadão soberano de uma nação independente, enquanto se agarrava à miragem do imediatismo de seus músculos, o colonizado não fazia progressos verdadeiros na via do conhecimento. Sua consciência continuava sendo rudimentar. O colonizado se engaja na luta com paixão, como já vimos, sobretudo na luta armada. Os camponeses se lançaram na insurreição com entusiasmo ainda maior porque não haviam deixado de se apegar a um modo de vida praticamente anticolonial. Desde sempre e após inúmeros artifícios, de reequilíbrios que remetem às proezas de um prestidigitador, eles haviam preservado, relativamente, sua subjetividade diante da imposição colonial. Chegavam a crer que o colonialismo não era verdadeiramente vencedor. O orgulho do camponês, sua reticência em descer para as cidades, em conviver com o mundo edificado pelo estrangeiro, seus perpétuos movimentos de recuo diante da aproximação dos representantes da administração colonial não deixavam de significar que ele opunha à dicotomia do colono sua própria dicotomia.

O racismo antirracista, a vontade de defender a própria pele que caracteriza a resposta do colonizado à opressão colonial representam, é claro, razões suficientes para se engajar nessa luta. Mas não se apoia uma guerra, não se suporta uma repressão enorme, não se assiste ao desaparecimento de toda a sua família para que o ódio ou o racismo triunfe. O racismo, o ódio, o ressentimento, o "desejo legítimo de vingança" não podem alimentar uma guerra de libertação. Esses lampejos na consciência que jogam o corpo em caminhos tumultuosos, que o lançam num onirismo quase patológico, em que a face do outro me convida à vertigem, em que meu sangue chama o sangue do outro, em que minha morte por simples inércia chama a morte do outro, essa grande paixão das primeiras horas se desloca, caso pretenda alimentar-se de sua própria substância. É verdade que as intermináveis exigências das forças colonialistas reintroduzem elementos emocionais na luta, dão ao militante novos motivos de ódio, novas razões para partir em busca do "colono para matar". Porém o dirigente se dá conta, dia após dia, de que o ódio não poderia constituir um programa. Não se pode, a não ser por perversão, confiar num adversário que evidentemente sempre deu um jeito de multiplicar seus crimes, de aprofundar o "fosso", empurrando assim o povo em geral para o lado da insurreição. Seja como for, o adversário, como já apontamos, tenta ganhar a simpatia de certos grupos da população, de certas regiões, de certos chefes. No decorrer da luta, dão-se instruções aos colonos e às forças policiais. O comportamento ganha sutilezas, "se humaniza". Vai-se chegar inclusive a introduzir, nas relações colono-colonizado, fórmulas de tratamento como "senhor" e "senhora". Multiplicam-se as cortesias, as gentilezas. Concretamente, o colonizado tem a impressão de testemunhar uma mudança.

O colonizado que pegou em armas não só porque morria de fome e assistia à desagregação de sua sociedade, mas também porque o colono o considerava um animal, o tratava como um animal, mostra-se muito sensível a essas medidas. O ódio é neutralizado por esses achados psicológicos. Os tecnólogos e os sociólogos elucidam as manobras e multiplicam os estudos sobre os "complexos": complexo de frustração, complexo belicoso, complexo de colonizabilidade. Promove-se o nativo, tenta-se desarmá-lo por meio da psicologia e, naturalmente, de alguns tostões. Essas medidas miseráveis, essas reparações de fachada, sabiamente dosadas, aliás, chegam a obter algum sucesso. A fome do colonizado é tamanha, sua fome de qualquer coisa que o humanize — mesmo rebaixando-o — é a tal ponto irreprimível, que essas esmolas conseguem, pontualmente, sensibilizá-lo. Sua consciência é de tal precariedade, de tal opacidade, que se comove com a mínima centelha. A grande sede indiferenciada de luz do início é a todo instante ameaçada pela mistificação. As exigências violentas e globais que riscavam o céu se abrandam, tornam-se modestas. O lobo impetuoso que queria devorar tudo, a borrasca que queria realizar uma revolução autêntica corre o risco — se a luta se prolongar, e ela se prolonga — de se tornar irreconhecível. A todo momento o colonizado pode se deixar desarmar por qualquer concessão.

Os dirigentes da insurreição descobrem com pavor essa instabilidade do colonizado. De início desorientados, compreendem, por esse novo meio, a necessidade de esclarecer e tirar a consciência do atoleiro radical, pois a guerra se prolonga, o inimigo se organiza, se fortalece, adivinha a estratégia do colonizado. A luta de libertação nacional não consiste em transpor um espaço numa única passada. A epopeia é cotidiana, difícil, e os sofrimentos suportados ultrapassam todos os do período colonial. Embaixo, nas cidades, parece que os colonos mudaram. Os nossos são mais felizes. *São respeitados*. Os dias se sucedem, e o colonizado engajado na luta, o povo que deve continuar dando seu apoio não pode se abater. Não devem imaginar que o objetivo foi atingido. Não devem, quando lhes são explicados os propósitos reais da luta, imaginar que não é possível alcançá-los. Uma vez mais, é preciso esclarecer, é preciso que o povo enxergue para onde vai e como ir. A guerra não é uma batalha, mas uma sucessão de combates locais, e a bem da verdade nenhum deles é decisivo.

Há, portanto, a necessidade de poupar forças, de não jogar tudo na balança de uma vez. As reservas do colonialismo são mais ricas, mais importantes que as do colonizado. A guerra se prolonga. O adversário se defende. A grande revelação não é nem para hoje, nem para amanhã. Na realidade, ela começou no primeiro dia e não se encerrará porque não haverá mais adversário, mas simplesmente porque este último, por inúmeras razões, perceberá que é de seu interesse terminar a luta e reconhecer a soberania do povo colonizado. Os objetivos da luta não devem permanecer na indiferença dos primeiros dias. Se não houver cautela, corre-se o risco de, a todo instante, ver o povo se perguntar, diante da menor concessão feita pelo inimigo, as razões do prolongamento da guerra. Habituamo-nos a tal ponto ao desprezo do ocupante, à sua firme vontade de manter sua opressão a qualquer preço, que toda iniciativa que aparente ser generosa, toda boa disposição manifestada é saudada com admiração e júbilo. O colonizado, assim, tende a louvar. É preciso multiplicar as explicações e fazer com que o militante compreenda que as concessões do adversário não devem cegá-lo. Essas concessões não são nada mais do que concessões, não tocam no essencial, e na perspectiva do colonizado pode-se afirmar que uma concessão não toca no essencial quando não atinge o âmago do regime colonial.

Justamente, as formas brutais de presença do ocupante podem perfeitamente desaparecer. Na realidade, esse desaparecimento espetacular representa uma redução das despesas do ocupante e uma medida positiva contra a dispersão das forças, mas é negociado a um alto preço. Mais exatamente, ao preço de um enquadramento mais coercitivo do destino do país. Serão evocados exemplos históricos graças aos quais o povo poderá se convencer de que a farsa da concessão, de que a aplicação do princípio de concessão a qualquer preço resultaram, para certos países, numa servidão mais discreta, porém mais total. O povo, o conjunto dos militantes deverá conhecer essa lei histórica que estipula que certas concessões são, na verdade, um fardo. Quando o trabalho de esclarecimento não é feito, causa espanto a facilidade com que os dirigentes de certos partidos políticos assumem compromissos inomináveis com o antigo colonizador. O colonizado deve se persuadir de que o colonialismo não lhe dá nada de graça. O que o colonizado obtém por meio da luta política ou da luta armada não é o resultado da boa vontade ou do bom coração do colono, e sim traduz a impossibilidade de se protelar as concessões. Mais do que isso, o colonizado precisa saber que não é o colonialismo que faz essas concessões, mas ele próprio. Quando o governo britânico decide outorgar à população africana alguns assentos a mais na Assembleia do Quênia, é preciso muito cinismo ou ignorância para presumir que o governo britânico fez concessões. Ninguém vê que é o povo queniano quem faz concessões?

É preciso que os povos colonizados, que os povos que foram espoliados abandonem a mentalidade que os caracterizou até agora. O colonizado pode no máximo aceitar um compromisso com o colonialismo, mas nunca um comprometimento.

Todas essas explicações, esses esclarecimentos sucessivos da consciência, essa caminhada na via do conhecimento da história das sociedades, só são possíveis no âmbito de uma organização, de um enquadramento do povo. Essa organização é montada usando os elementos revolucionários vindos das cidades no início da insurreição e aqueles que se juntam ao campo à medida que a luta se desenrola. É esse núcleo que constitui o organismo político embrionário da insurreição. No entanto, por sua vez, os camponeses que elaboram seus conhecimentos em contato com a experiência se revelarão aptos a dirigir a luta política. Cria-se uma corrente de edificação e enriquecimento recíproco entre a nação em pé de guerra e seus dirigentes. As instituições tradicionais são reforçadas, aprofundadas e às vezes literalmente transformadas. O tribunal dos conflitos, as *djemaas*, as assembleias dos vilarejos se transformam em tribunal revolucionário, em comitê político-militar. Em cada grupo de combate, em cada vilarejo, surgem legiões de comissários políticos. O povo, que começa a se chocar com ilhas de incompreensão, será esclarecido por eles. É por esse motivo que os comissários não terão receio de abordar os problemas que, se não fossem explicitados, contribuiriam para desorientar o povo. O militante armado, na verdade, irrita-se ao ver que muitos nativos continuam tocando a vida nas cidades como se estivessem alheios ao que acontece nas montanhas, como se ignorassem que o movimento essencial já começou. O silêncio das cidades, o prosseguimento da rotina cotidiana dão ao camponês a impressão amarga de que todo um setor da nação se contenta em computar os pontos. Tais constatações revoltam os camponeses e reforçam sua tendência a desprezar e condenar os habitantes das cidades como um todo. O comissário político terá de levá-los a atenuar essa posição, conscientizando-os de que certas frações da população possuem interesses particulares que nem sempre abrangem o interesse nacional. O povo compreende então que a independência nacional expõe realidades diversas, por vezes divergentes e antagônicas. O esclarecimento, nesse exato momento da luta, é decisivo, pois faz o povo passar do nacionalismo global e indiferenciado a uma consciência social e econômica. O povo, que no início da luta havia adotado o maniqueísmo primitivo do colono — brancos e negros; árabes e rumes —, percebe ao longo do caminho que acontece de alguns negros serem mais brancos do que os brancos, e que, na eventualidade de uma bandeira nacional, a possibilidade de uma nação independente não leva certas camadas da população a renunciar de forma automática aos seus privilégios ou interesses. O povo percebe que nativos como ele não estão desorientados e sim, ao contrário, parecem se aproveitar da guerra para incrementar sua condição material e seu nascente poder. Os nativos traficam e lucram com a guerra às expensas do povo, que, como sempre, se sacrifica sem restrições e irriga com seu sangue o solo nacional. O militante que com meios rudimentares enfrenta a máquina de guerra colonialista se dá conta de que, ao mesmo tempo que desmonta a opressão colonial, ajuda indiretamente a construir um outro aparelho de exploração. Essa descoberta é desagradável, penosa e revoltante. Tudo parecia simples: de um lado os maus, do outro, os bons. A clareza idílica e irreal do início é substituída por uma penumbra que desagrega a consciência. O povo descobre que o fenômeno iníquo da exploração pode se apresentar sob a aparência de um negro ou de um árabe. Grita diante da traição, mas tem de corrigir esse grito. A traição não é nacional, é uma traição social, é preciso ensinar o povo a bradar contra o ladrão. Em sua caminhada laboriosa rumo ao conhecimento racional, o povo precisará igualmente abandonar o simplismo que caracterizava sua percepção do dominador. A espécie se fragmenta diante de seus olhos. À sua volta, ele constata certos colonos que não participam da histeria criminosa, que se diferenciam da espécie. Esses homens, que eram rejeitados e jogados indiferentemente no bloco monolítico da presença estrangeira, condenam a guerra colonial. O escândalo explode verdadeiramente quando protótipos dessa espécie passam para o outro lado, fazem-se negros ou árabes, aceitam os sofrimentos, a tortura, a morte.

Esses exemplos desmontam o ódio global que o colonizado sentia em relação à população estrangeira. O colonizado cerca esses poucos homens de calorosa afeição e tende, numa espécie de exagero afetivo, a confiar neles de modo absoluto. Na metrópole, tida como uma madrasta implacável e sanguinária, inúmeras vozes — por vezes, de pessoas ilustres — tomam posição, condenam sem reservas a política de guerra do governo e o aconselham a levar em consideração, afinal, a vontade nacional do povo colonizado. Soldados desertam das fileiras colonialistas, outros se recusam explicitamente a lutar contra a liberdade do povo, são presos, sofrem em nome do direito desse povo à independência e à gestão de seus próprios negócios.

O colono não é mais simplesmente o homem a abater. Os membros da massa colonialista revelam estar mais próximos, infinitamente mais próximos, da luta nacionalista do que certos filhos da nação. O nível racial e racista é ultrapassado nos dois sentidos. Ninguém mais concede certificado de autenticidade a todo negro ou a todo muçulmano. Ninguém mais procura o fuzil ou a machadinha quando um colono aparece. A consciência desemboca laboriosamente em verdades parciais, limitadas, instáveis. Tudo isso, não resta dúvida, é extremamente difícil. A tarefa de amadurecer o povo será facilitada tanto pelo rigor da organização quanto pelo nível ideológico de seus dirigentes. O poder do nível ideológico se elabora e se fortalece à medida que se desenrolam a luta, as manobras do adversário, as vitórias e os reveses. A direção revela sua força e sua autoridade denunciando os erros, aproveitando cada recuo da consciência para tirar uma lição, para garantir novas condições de progresso. Cada refluxo local será usado para retomar a questão na escala de todos os vilarejos, de todas as redes. A insurreição prova a si mesma sua racionalidade, expressa sua maturidade a cada vez que, a partir de um único caso, faz avançar a consciência do povo. A despeito do círculo mais próximo, por vezes inclinado a pensar que as nuances constituem perigos e introduzem fraturas no bloco popular, a direção mantém-se firme nos princípios estabelecidos na luta nacional e na luta geral travada pelo homem em busca da libertação. Há uma brutalidade e um desprezo pelas sutilezas e pelos casos individuais que são tipicamente revolucionários, porém existe outra espécie de brutalidade que se assemelha de modo surpreendente à primeira e que é tipicamente contrarrevolucionária, aventureira e anarquista. Essa brutalidade pura, total, se não for combatida de imediato, provoca infalivelmente o fracasso do movimento ao cabo de algumas semanas.

O militante nacionalista que havia fugido das cidades, mortificado pelas manobras demagógicas e reformistas dos dirigentes, decepcionado com a "política", descobre na práxis concreta uma nova política que não se assemelha em nada à antiga. É uma política de responsáveis, de dirigentes inseridos na história, que assumem com seus músculos e seus cérebros a orientação da luta de libertação. Essa política é nacional, revolucionária, social. Essa nova realidade que o colonizado agora vai conhecer só existe através da ação. É a luta que, ao fazer a antiga realidade colonial explodir, revela facetas desconhecidas, traz à tona novos significados e põe o dedo nas contradições camufladas por essa realidade. O povo que luta, o povo que, graças à luta, estabelece essa nova realidade e a conhece, avança, liberto do colonialismo, prevenido de antemão contra todas as tentativas de mistificação, contra todos os hinos à nação. Só a violência exercida pelo povo, violência organizada e aclarada pela direção, permite que as massas decifrem a realidade social, lhes dá a chave para essa decifração. Sem essa luta, sem esse conhecimento na práxis, há apenas carnaval e estribilhos; um mínimo de readaptação, algumas reformas na cúpula, uma bandeira e, na base, a massa indivisa, sempre "medieval", que continua seu movimento perpétuo.

3.
Desventuras da consciência nacional

A HISTÓRIA NOS ENSINA que o combate anticolonialista não se inscreve de imediato numa perspectiva nacionalista. Por muito tempo o colonizado dirige seus esforços para a supressão de determinadas iniquidades: trabalho forçado, sanções corporais, desigualdade salarial, restrições dos direitos políticos etc. Esse combate em prol da democracia contra a opressão do homem vai progressivamente afastar-se da confusão neoliberal universalista para desembocar, por vezes com muito esforço, na reivindicação nacional. Ora, o despreparo das elites, a ausência de ligação orgânica entre elas e as massas, sua indolência e, digamos também, a covardia no momento decisivo da luta estarão na origem de desventuras trágicas.

A consciência nacional, em vez de ser a cristalização coordenada das aspirações mais íntimas do conjunto do povo, em vez de ser o produto imediato mais palpável da mobilização popular, será sempre apenas uma forma sem conteúdo, frágil, grosseira. As falhas que aí são descobertas explicam amplamente a facilidade com que, nos jovens países independentes, passa-se da nação à etnia, do Estado à tribo. São essas fissuras que demonstram os recuos tão penosos e tão prejudiciais ao desenvolvimento nacional, à unidade nacional. Veremos que essas fragilidades e os graves perigos que elas encerram são o resultado histórico da incapacidade da burguesia nacional dos países subdesenvolvidos para racionalizar a práxis popular, ou seja, para extrair sua razão.

A fragilidade clássica, quase congênita, da consciência nacional dos países subdesenvolvidos não é apenas consequência da mutilação do homem colonizado pelo regime colonial, mas também o resultado da indolência da burguesia nacional, de sua indigência, da formação profundamente cosmopolita de sua mentalidade.

A burguesia nacional que assume o poder ao final do regime colonial é uma burguesia subdesenvolvida. Sua capacidade econômica é quase nula e, de qualquer forma, não se compara à da burguesia metropolitana que ela deseja substituir. Em seu narcisismo voluntarista, a burguesia nacional convenceu-se facilmente de que podia substituir com vantagens a burguesia metropolitana. Mas a independência, que a coloca literalmente contra a parede, vai desencadear nela reações catastróficas e obrigá-la a enviar apelos angustiados à antiga metrópole. Os quadros universitários e comerciais que formam o segmento mais esclarecido do novo Estado se caracterizam pelo número reduzido, pela concentração na capital e pelo tipo de atividades: comércios, explorações agrícolas, profissões liberais. No cerne dessa burguesia nacional não se encontram nem industriais nem financistas. A burguesia nacional dos países subdesenvolvidos não é orientada para a produção, a invenção, a construção, o trabalho. Está totalmente canalizada para atividades de tipo intermediário. Estar no circuito, nas negociatas, parece ser sua vocação profunda. A burguesia nacional tem a psicologia dos homens de negócios, não a dos capitães da indústria. Mas é bem verdade que a avidez dos colonos e o sistema de embargo instalado pelo colonialismo não lhe deixaram muita escolha.

No sistema colonial, uma burguesia que acumula capital é uma impossibilidade. Ora, precisamente, parece que a vocação histórica de uma burguesia nacional autêntica num país subdesenvolvido é negar-se enquanto burguesia, negar-se enquanto instrumento do capital e se fazer totalmente escrava do capital revolucionário constituído pelo povo.

Num país subdesenvolvido, caberia a uma burguesia nacional autêntica ter como dever imperioso trair a vocação para a qual estava destinada, integrar-se na escola do povo, isto é, colocar à disposição do povo o capital intelectual e técnico que ela conseguiu a duras penas obter, quando de sua passagem pelas universidades coloniais. Infelizmente veremos que, com bastante frequência, a burguesia nacional se desvia dessa via heroica e positiva, fecunda e justa, para se afundar, com a alma em paz, na via horrível, quase antinacional, de uma burguesia clássica, de uma burguesia burguesa, mediocremente, estupidamente, cinicamente burguesa.

O objetivo dos partidos nacionalistas, a partir de determinada época, é, como vimos, estritamente nacional. Eles mobilizam o povo com a palavra de ordem da independência e, quanto ao resto, confiam no futuro. Quando questionados sobre o programa econômico do Estado que reivindicam, sobre o programa que se propõem a instaurar, esses partidos se mostram incapazes de responder, precisamente porque desconhecem tudo o que diz respeito à economia de seu próprio país.

Essa economia sempre se desenvolveu longe deles. Têm um conhecimento apenas livresco, aproximativo, dos recursos atuais e potenciais do solo e do subsolo de seu país. Só podem falar sobre isso, portanto, num plano abstrato, geral. Após a independência, essa burguesia subdesenvolvida, numericamente reduzida, sem capitais, que recusa a via revolucionária, vai estagnar miseravelmente. Ela não pode dar livre curso à sua capacidade, sobre a qual poderia dizer, um pouco levianamente, que estava tolhida pela dominação colonial. A precariedade de seus meios e a escassez de seus quadros obrigam-na, durante anos, a uma economia de tipo artesanal. Em sua perspectiva inevitavelmente muito limitada, uma economia nacional é uma economia baseada naquilo que se chama de produtos locais. Haverá grandes discursos sobre o artesanato. Na impossibilidade de implantar fábricas mais rentáveis para o país e para si mesma, a burguesia vai cercar o artesanato de um carinho chauvinista que vai no sentido da nova dignidade nacional e que, por outro lado, lhe trará lucros substanciais. Esse culto dos produtos locais, essa impossibilidade de inventar novas diretivas vão se manifestar também no envolvimento da burguesia nacional na produção agrícola característica do período colonial.

A economia nacional do período da independência não é reorientada. Trata-se sempre da colheita de amendoim, da colheita de cacau, da colheita de azeitonas. Também não há nenhuma modificação no comércio dos produtos de base. Nenhuma indústria é instalada no país. Continua-se a exportar matérias-primas, continuam sendo os pequenos agricultores da Europa os especialistas em produtos brutos.

A burguesia nacional, no entanto, exige sem cessar a nacionalização da economia e dos setores comerciais. Isso porque, para ela, nacionalizar não significa pôr a totalidade da economia a serviço da nação, satisfazer todas as necessidades da nação. Para ela, nacionalizar não significa organizar o Estado em função de novas relações sociais cuja eclosão se decidiu facilitar. Nacionalização, para essa burguesia, significa justamente transferir para os nativos os custos dos privilégios do período colonial.

Como não dispõe de meios materiais ou intelectuais suficientes (engenheiros, técnicos), a burguesia nacional limitará suas pretensões à retomada dos escritórios de negócios e casas de comércio outrora dominados pelos colonos. Ela passa a ocupar o lugar do antigo povoamento europeu: médicos, advogados, comerciantes, representantes, agentes gerais, agentes marítimos. Avalia que, para a dignidade do país e sua própria salvaguarda, tem de ocupar todos esses cargos. Daí por diante, vai exigir que as grandes empresas estrangeiras passem por ela quando quiserem permanecer no país ou pretenderem nele se instalar. A burguesia nacional descobre a missão histórica de servir de intermediário. Como se vê, não se trata de uma vocação para transformar a nação, mas prosaicamente de servir de correia de transmissão a um capitalismo forçado à camuflagem e que ostenta hoje a máscara do neocolonialismo. Sem complexos e com toda a dignidade, a burguesia nacional vai gostar do papel de agente de negócios da burguesia ocidental. Esse papel lucrativo, essa função medíocre, essa estreiteza de visão, essa ausência de ambição simbolizam sua incapacidade de assumir seu papel histórico de burguesia. O aspecto dinâmico e pioneiro, o aspecto inventor e descobridor de mundos que é encontrado em toda burguesia nacional lamentavelmente está ausente aqui. No cerne da burguesia nacional dos países coloniais prevalece a mentalidade usufruidora. Isso porque, no plano psicológico, a burguesia nacional se identifica com a ocidental, cujos ensinamentos absorveu integralmente. Ela acompanha a burguesia ocidental em seu lado negativo e decadente sem ter ultrapassado as primeiras etapas de exploração e de invenção que, em qualquer circunstância, caracterizam essa burguesia ocidental. Nos seus primórdios, a burguesia dos países coloniais se identifica com os últimos estágios da burguesia ocidental. Não se deve considerar que ela queima etapas. Na verdade, começa pelo fim. Já é senil, sem ter vivido nem a petulância, nem a intrepidez, nem o voluntarismo da juventude e da adolescência.

Em seu aspecto decadente, a burguesia nacional será consideravelmente ajudada pelas burguesias ocidentais, que se apresentam como turistas amantes do exotismo, das caçadas, dos cassinos. A burguesia nacional organiza centros de repouso e de lazer e terapias de prazer destinados à burguesia ocidental. Essa atividade adotará o nome de turismo e será equiparada, nesse caso, a uma indústria nacional. Se quisermos uma prova dessa eventual transformação dos elementos da burguesia ex--colonizada em organizadores de festas para a burguesia ocidental, vale a pena evocar o que aconteceu na América Latina. Os cassinos de Havana, da Cidade do México, as praias do Rio, as garotas brasileiras, as garotas mexicanas, as mestiças de treze anos, Acapulco, Copacabana são estigmas dessa depravação da burguesia nacional. Por não ter ideias, por estar fechada em si mesma, apartada do povo, minada pela incapacidade congênita de pensar o conjunto dos problemas em função da totalidade da nação, a burguesia nacional vai assumir o papel de gerente das empresas do Ocidente e praticamente organizar seu país como lupanar da Europa.

Mais uma vez, é preciso ter diante dos olhos o espetáculo lamentável de determinadas repúblicas da América Latina. Depois de um voo rápido, os homens de negócios dos Estados

Unidos, os grandes banqueiros, os tecnocratas desembarcam "nos trópicos" e de oito a dez dias mergulham na doce depravação que suas "reservas" lhes oferecem.

O comportamento dos proprietários de terras nacionais praticamente se identifica com o da burguesia das cidades. Os grandes agricultores exigiram, a partir da proclamação da independência, a nacionalização das propriedades agrícolas. Com o auxílio de uma série de negociatas, conseguiram se apropriar das fazendas antes pertencentes aos colonos, reforçando assim seu domínio sobre a região. Mas eles não tentam renovar a agricultura, intensificá-la ou integrá-la numa economia de fato nacional.

Na verdade, os proprietários de terras nacionais vão exigir do poder público que multiplique, em proveito deles, as facilidades e os privilégios que antes beneficiavam os colonos estrangeiros. A exploração dos trabalhadores agrícolas será reforçada e legitimada. Manipulando dois ou três slogans, esses novos colonos vão exigir dos trabalhadores agrícolas uma labuta enorme, evidentemente em nome do esforço nacional. Não haverá modernização da agricultura, nem plano de desenvolvimento, nem iniciativas, pois as iniciativas, que implicam um mínimo de risco, provocam pânico nesses meios e desnorteiam a burguesia fundiária, hesitante, prudente, que submerge cada vez mais nos circuitos instaurados pelo colonialismo. Nessas regiões, as iniciativas são próprias do governo. O governo é que as decide, estimula, financia. A burguesia agrícola recusa-se a assumir o menor risco. É contra a aposta, a aventura. Não quer trabalhar na incerteza. Exige o sólido, o rápido. Os lucros que embolsa, enormes, considerando a renda nacional, não são reinvestidos. Uma poupança economizada domina a psicologia desses proprietários de terras. Por vezes, sobretudo nos anos que se seguem à independência, a burguesia não hesita em confiar a bancos estrangeiros os lucros que aufere do solo nacional. Por outro lado, grandes quantias são utilizadas para fins de ostentação, em carros, em casas suntuosas, em todas as coisas bem descritas pelos economistas como características da burguesia subdesenvolvida.

Dissemos que a burguesia colonizada que ascende ao poder emprega sua agressividade de classe para se apossar dos cargos anteriormente ocupados pelos estrangeiros. De fato, logo após a independência, ela se choca com as sequelas humanas do colonialismo: advogados, comerciantes, proprietários rurais, médicos, funcionários de alto escalão. Vai lutar impiedosamente contra essa gente "que insulta a dignidade nacional". Acena energicamente com as noções de nacionalização dos quadros, de africanização dos quadros. Com efeito, seu comportamento vai se caracterizar cada vez mais pelo racismo. Brutalmente, ela apresenta ao governo um problema claro: precisamos desses cargos. E só deixará de manifestar seu ressentimento quando tiver ocupado todos eles.

Por sua vez, o proletariado das cidades, a massa dos desempregados, os pequenos artesãos, aqueles que exercem os chamados pequenos ofícios se situam a favor dessa atitude nacionalista, mas sejamos justos: eles apenas copiam a atitude da burguesia. Se a burguesia nacional entra em competição com os europeus, então os artesãos e os pequenos ofícios começam a lutar contra os africanos não nacionais. Na Costa do Marfim, são insurreições propriamente racistas contra os daomeanos e os voltaicos, que, se antes ocupavam setores importantes em pequenos comércios, logo depois da independência são objeto de manifestações de hostilidade por parte dos marfinenses. Do nacionalismo passamos para o ultranacionalismo, do chauvinismo ao racismo. Exige-se a saída desses estrangeiros, queimam-se suas lojas, derrubam-se suas barracas; eles são linchados e o governo marfinense intima-os a ir embora, concordando, portanto, com os nacionais. No Senegal são as manifestações contra os sudaneses que farão com que Mamadou Dia declare:

> Na verdade, o povo senegalês só adotou a mística do Mali por fidelidade a seus líderes. Sua adesão ao Mali não teve outro valor a não ser o de um novo ato de fé na política deles. O território senegalês não deixava de estar vivo, já que a presença sudanesa em Dacar se manifestava com indiscrição demais para que pudesse ser esquecida. É esse fato que explica que, longe de suscitar pesar, a fragmentação da Federação tenha sido acolhida pelas massas populares com alívio, e que não tenha havido em lugar algum qualquer manifestação de apoio a favor de mantê-la.[13]

Enquanto certas camadas do povo senegalês se aproveitam da oportunidade oferecida por seus dirigentes para se livrar dos sudaneses que as incomodavam tanto no setor comercial como no da administração, os congoleses, que assistiam incrédulos à partida maciça dos belgas, decidem fazer pressão sobre os senegaleses instalados em Leopoldville e em Elizabethville e forçar sua partida.*

Como se vê, o mecanismo é idêntico nas duas ordens de fenômenos. Se os europeus limitam a voracidade dos intelec-

---

* Leopoldville e Elizabethville são hoje, respectivamente, Kinshasa e Lubumbashi. (N. T.)

tuais e da burguesia comercial da jovem nação, para a massa do povo das cidades a concorrência é representada sobretudo por africanos de uma nação diferente. Na Costa do Marfim são os daomeanos; em Gana, os nigerianos; no Senegal, os sudaneses. Quando a exigência de negrificação ou de arabização dos quadros apresentada pela burguesia não procede de um empreendimento autêntico de nacionalização, mas corresponde simplesmente à preocupação de confiar à burguesia o poder detido até então pelo estrangeiro, as massas apresentam em seu nível a mesma reivindicação, porém restringindo a noção de negro ou de árabe aos limites territoriais. Entre as afirmações vibrantes sobre a unidade do continente e esse comportamento inspirado às massas pelos quadros, múltiplas atitudes podem ser descritas. Assiste-se a um vaivém permanente entre a unidade africana que cada vez mais se esvai e o retorno desesperador ao chauvinismo mais odioso, mais intratável.

> Do lado senegalês, os líderes que foram os principais teóricos da unificação africana, e que, em diferentes situações, sacrificaram suas organizações políticas locais e suas posições pessoais a essa ideia, têm — de boa-fé, é verdade — inegáveis responsabilidades. O erro deles, o nosso erro, foi, sob o pretexto de evitar a balcanização, não levar em conta o fato pré-colonial que é o territorialismo. Nosso erro foi não ter dado muita atenção, em nossas análises, a esse fenômeno, fruto do colonialismo, e também fato sociológico, que uma teoria sobre a unidade, por mais louvável e simpática que seja, não pode abolir. Nós nos deixamos seduzir pela miragem da construção mais satisfatória para o espírito, e, considerando nosso ideal como uma realidade, acreditamos que bastava condenar o territorialismo e seu produto natural, o mi-

cronacionalismo, para vencê-los e garantir o sucesso de nosso empreendimento quimérico.[14]

Do chauvinismo senegalês ao tribalismo uólofe a distância não poderia ser grande. De fato, em todos os lugares em que a burguesia nacional, por seu comportamento mesquinho e pela imprecisão de suas posições doutrinárias, não conseguiu esclarecer o conjunto do povo, apresentar os problemas primeiramente em função do povo, em todos os lugares em que essa burguesia nacional se revelou incapaz de dilatar suficientemente sua visão do mundo, assiste-se a um refluxo de posições tribalistas; assiste-se, com raiva no coração, ao triunfo exacerbado das etnias. Uma vez que a única palavra de ordem da burguesia é "Substituir os estrangeiros", e ela se apressa em todos os setores a fazer justiça a si mesma e a ocupar os lugares, os pequenos nacionais — motoristas de táxi, vendedores de comida, engraxates — vão igualmente exigir que os daomeanos voltem para suas casas ou, indo mais longe, que os fulbes e os peúlas voltem para a brousse ou para as montanhas. É nessa perspectiva que é preciso interpretar o fato de que, nos jovens países independentes, triunfe aqui e ali o federalismo. Como se sabe, a dominação colonial privilegiou determinadas regiões. A economia das colônias não está integrada ao conjunto da nação, está sempre disposta em relações de complementaridade com as diferentes metrópoles. Quase nunca o colonialismo explora a totalidade do país. Ele se contenta em adequar os recursos naturais que extrai e exporta para as indústrias metropolitanas, permitindo assim uma relativa riqueza territorial, enquanto o resto da colônia mantém, ou aprofunda, seu subdesenvolvimento e sua miséria.

Logo depois da independência, os nacionais que residem nas regiões prósperas tomam consciência da própria sorte e por um reflexo visceral e primário recusam-se a sustentar os demais nacionais. As regiões ricas em amendoim, em cacau, em diamantes destacam-se claramente diante do panorama vazio formado pelo resto da nação. Os nacionais dessas regiões olham com ódio para os outros, em quem descobrem inveja, ganância, impulsos homicidas. As velhas rivalidades pré-coloniais, os velhos ódios interétnicos ressuscitam. Os balubas recusam-se a alimentar os luluas. Katanga passa a ser um Estado e Albert Kalonji é coroado rei do Cassai do Sul.

A unidade africana — fórmula vaga, mas à qual os homens e as mulheres da África estavam passionalmente ligados e cujo valor operatório consistia em fazer enorme pressão sobre o colonialismo — revela sua verdadeira face e se fragmenta em regionalismos, no interior de uma mesma realidade nacional. A burguesia nacional, centrada nesses interesses imediatos, não vendo mais longe do que a ponta dos dedos, revela-se incapaz de realizar a simples unidade nacional, incapaz de edificar a nação em bases sólidas e fecundas. A frente nacional que havia feito o colonialismo recuar desloca-se e consuma sua derrota.

Essa luta implacável a que se entregam as etnias e as tribos, essa preocupação agressiva de ocupar os cargos que ficaram livres pela saída dos estrangeiros, vão também originar competições religiosas. No campo e na brousse, as pequenas confrarias, as religiões locais, os cultos dos marabutos vão recuperar sua vitalidade e retomar o ciclo das excomunhões. Nas grandes cidades, no nível dos quadros administrativos, vamos assistir ao confronto entre as duas grandes religiões reveladas: o islã e o catolicismo.

O colonialismo, que havia tremido nas bases diante do nascimento da unidade africana, retoma suas dimensões e tenta agora quebrar essa vontade utilizando toda a fragilidade do movimento. O colonialismo vai mobilizar os povos africanos revelando-lhes a existência de rivalidades "espirituais". No Senegal, é o jornal *Afrique Nouvelle* que vai destilar toda semana o ódio contra o islã e os árabes. Os libaneses, que possuem na costa ocidental a maioria dos pequenos comércios, são designados para a vingança nacional. Os missionários lembram oportunamente às massas que grandes impérios negros, bem antes da chegada do colonialismo europeu, foram desmantelados pela invasão árabe. Não hesitam em dizer que foi a ocupação árabe que preparou a vinda do colonialismo europeu; fala-se de imperialismo árabe e denuncia-se o imperialismo cultural do islã. Os muçulmanos geralmente são mantidos afastados dos cargos de direção. Em outras regiões produz-se o fenômeno inverso e os nativos cristianizados é que são considerados os inimigos objetivos e declarados da independência nacional.

O colonialismo se utiliza sem constrangimento de todas essas artimanhas, muito contente de pôr uns contra os outros os africanos que anteriormente tinham se unido contra ele. A ideia de São Bartolomeu* toma corpo em certas mentes e o colonialismo faz chacota despreocupado quando ouve as magníficas declarações sobre a unidade africana. No interior de uma mesma nação, a religião divide o povo e opõe as co-

---

* Referência à "Noite de São Bartolomeu", ocorrida na França em agosto de 1572, quando os católicos assassinaram milhares de protestantes por ordem do rei Carlos IX. (N. T.)

munidades espirituais mantidas e incentivadas pelo colonialismo e seus instrumentos. Fenômenos totalmente inesperados explodem aqui e ali. Em países de predominância católica ou protestante, veem-se minorias muçulmanas lançarem-se numa devoção inabitual. As festas islâmicas são reativadas, a religião muçulmana defende-se palmo a palmo contra o absolutismo violento da religião católica. Ministros são ouvidos dizendo a determinados indivíduos que, se não estão contentes, devem ir para o Cairo. Por vezes, o protestantismo norte-americano transporta para o solo africano seus preconceitos anticatólicos e mantém, através da religião, as rivalidades tribais.

Na escala do continente, essa tensão religiosa pode assumir o aspecto do racismo mais vulgar. Divide-se a África em uma parte branca e uma parte negra. As denominações de substituição — África ao sul ou ao norte do Saara — não conseguem ocultar esse racismo latente. Aqui, diz-se que a África branca tem uma tradição cultural milenar, que é mediterrânea, um prolongamento da Europa, que participa da cultura greco-latina; a África negra é vista como uma região inerte, brutal, não civilizada... selvagem. Ali, ouvem-se ao longo do dia reflexões odiosas sobre o véu das mulheres, sobre a poligamia, sobre o suposto desprezo dos árabes pelo sexo feminino. Todas essas reflexões lembram, por sua agressividade, aquelas que foram tão frequentemente descritas em relação ao colono. A burguesia nacional de cada uma dessas duas grandes regiões, que assimilou até as raízes mais podres do pensamento colonialista, dá continuidade aos europeus e instala no continente uma filosofia racista terrivelmente prejudicial ao futuro da África. Por sua indolência e seu mimetismo, ela favorece a implantação e o reforço do racismo que caracterizava a era colonial. Assim, não é surpreendente, num país que se diz africano, ouvir reflexões nada menos que racistas e constatar a existência de comportamentos paternalistas que deixam a amarga impressão de que se está em Paris, Bruxelas ou Londres.

Em certas regiões da África, o paternalismo tolo em relação ao negro, a ideia obscena retomada da cultura ocidental de que o negro é impermeável à lógica e às ciências reinam em sua nudez. Por vezes tem-se até a oportunidade de constatar que as minorias negras são confinadas numa semiescravidão que legitima essa espécie de circunspecção, e até de desconfiança, que os países da África negra sentem em relação aos países da África branca. Não é raro que um cidadão da África negra, passeando numa grande cidade da África branca, ouça as crianças o chamarem de "preto", ou funcionários públicos dirigirem-se a ele em *petit nègre*.*

Não, infelizmente não é impossível que estudantes da África negra matriculados em colégios ao norte do Saara ouçam seus colegas de liceu lhes perguntar se onde eles moram existem casas, se eles sabem o que é eletricidade, se em sua família pratica-se a antropofagia. Não, infelizmente não é impossível que, em determinadas regiões ao norte do Saara, africanos vindos de países ao sul encontrem compatriotas que lhes supliquem que os levem para "qualquer lugar, contanto que haja negros". Da mesma forma, em alguns Estados jovens da África negra, parlamentares e até mesmo ministros afirmam com toda seriedade que o perigo não está na reocupação de seus países pelo

---

* Nas colônias francesas, nome dado a uma versão rudimentar e simplificada do francês ensinada nas escolas e no exército aos nativos. Atitude considerada racista por Fanon, em *Pele negra, máscaras brancas*, por infantilizar e estigmatizar o colonizado. (N. T.)

colonialismo, mas na eventual invasão dos "vândalos árabes vindos do norte".

Como vemos, as carências da burguesia não se manifestam unicamente no plano econômico. Tendo chegado ao poder em nome de um nacionalismo limitado, em nome da raça, a burguesia, a despeito de declarações muito bonitas na forma, mas completamente desprovidas de conteúdo, manejando numa completa irresponsabilidade frases que saem em linha direta dos tratados de moral e de filosofia política da Europa, vai demonstrar sua incapacidade de fazer triunfar um catecismo humanista mínimo. A burguesia, quando é forte, quando dispõe o mundo em função de seu poderio, não hesita em afirmar ideias democráticas de pretensão universalizante. É preciso que essa burguesia economicamente sólida sofra condições excepcionais para ser forçada a não respeitar sua ideologia humanista. A burguesia ocidental, embora seja fundamentalmente racista, consegue, na maioria das vezes, mascarar esse racismo ao multiplicar suas nuances, o que lhe permite conservar intacta sua proclamação da eminente dignidade humana.

A burguesia ocidental instalou barreiras e grades suficientes para não temer de fato a competição daqueles que ela explora e despreza. O racismo burguês ocidental em relação ao negro e ao *bicot* é um racismo de desprezo; é um racismo que minimiza. Mas a ideologia burguesa, que é a proclamação de uma igualdade de essência entre os homens, empenha-se em permanecer lógica consigo mesma, convidando os sub-homens a se humanizarem por meio do tipo de humanidade ocidental que ela encarna.

O racismo da jovem burguesia nacional é um racismo de defesa, um racismo baseado no medo. Não difere essencialmente do tribalismo vulgar, e até das rivalidades entre *çofs* e confrarias. Compreende-se que os observadores internacionais perspicazes não tenham levado muito a sério os grandes arroubos sobre a unidade africana. Pois o número de fissuras perceptíveis a olho nu é tal que se pressente, com bastante clareza, que todas essas contradições deverão primeiramente ser resolvidas, antes que chegue a hora dessa unidade.

Os povos africanos se descobriram recentemente e decidiram, em nome do continente, pesar de maneira radical sobre o regime colonial. Ora, as burguesias nacionais, que se apressam, região após região, em fazer seu próprio pé de meia e implantar um sistema nacional de exploração, multiplicam os obstáculos para a realização dessa "utopia". As burguesias nacionais perfeitamente esclarecidas quanto a seus objetivos estão decididas a barrar o caminho a essa unidade, a esse esforço coordenado de 250 milhões de homens para fazer triunfar, ao mesmo tempo, a tolice, a fome e a desumanidade. É por isso que precisamos saber que a unidade africana só poderá se realizar sob o impulso e sob a direção dos povos, isto é, contrariamente aos interesses da burguesia.

No plano interno e no âmbito institucional, a burguesia nacional também vai demonstrar sua incapacidade. Num certo número de países subdesenvolvidos, o jogo parlamentar é fundamentalmente deturpado. Economicamente impotente, não podendo expor relações sociais coerentes, fundadas no princípio de sua dominação enquanto classe, a burguesia nacional escolhe a solução que lhe parece mais fácil, a do partido único. Ela ainda não possui essa boa consciência e essa tranquilidade que só o poder econômico e o controle do sistema estatal poderiam lhe conferir. Não cria um Estado que tranquiliza o cidadão, mas um que o inquieta.

O Estado, que deveria, por sua robustez e ao mesmo tempo sua discrição, inspirar confiança, desarmar e acalmar, impõe-se, pelo contrário, espetacularmente, exibe-se, desorganiza, brutaliza, mostrando assim ao cidadão que ele está em perigo permanente. O partido único é a forma moderna da ditadura burguesa sem máscara, sem disfarce, sem escrúpulos, cínica.

O fato é que essa ditadura não vai muito longe. Ela não para de produzir sua própria contradição. Como a burguesia não possui os meios econômicos para assegurar sua dominação e distribuir algumas migalhas ao conjunto do país, e como, por outro lado, está preocupada em encher os bolsos o mais depressa possível, e também o mais prosaicamente, o país se afunda ainda mais no marasmo. E, para ocultar esse marasmo, para mascarar essa regressão, para se tranquilizar e ter pretextos para se orgulhar, a burguesia não tem outro recurso senão erguer, na capital, construções grandiosas, fazer aquilo que se chama despesas de prestígio.

Cada vez mais a burguesia nacional dá as costas para o interior, para as realidades do país abandonado, e olha para a antiga metrópole, para os capitalistas estrangeiros que garantem seus serviços. Como não divide seus lucros com o povo e não lhe permite de forma alguma aproveitar as prebendas que lhe oferecem as grandes empresas estrangeiras, ela vai descobrir a necessidade de um líder popular ao qual competirá o duplo papel de estabilizar o regime e perpetuar a dominação da burguesia. A ditadura burguesa dos países subdesenvolvidos retira sua solidez da existência de um líder. Nos países desenvolvidos, como se sabe, a ditadura burguesa é o produto do poder econômico da burguesia. Nos países subdesenvolvidos, por outro lado, o líder representa o poder moral sob cuja proteção a burguesia da jovem nação, magra e empobrecida, decide enriquecer.

O povo que durante anos o viu ou ouviu falar, que, de longe, numa espécie de sonho, acompanhou as disputas do líder com o poder colonial, confia espontaneamente nesse patriota. Antes da independência, o líder encarnava em geral as aspirações do povo: independência, liberdades políticas, dignidade nacional. Mas, logo após a independência, longe de encarnar concretamente as necessidades do povo, longe de se fazer o promotor da real dignidade do povo, aquela que passa pelo pão, pela terra, por entregar o país nas mãos sagradas do povo, o líder vai revelar sua função íntima: ser o presidente geral da sociedade de aproveitadores impacientes que constitui a burguesia nacional.

A despeito de sua frequente honestidade e apesar de suas declarações sinceras, o líder é objetivamente o defensor obstinado dos interesses, agora conjugados, da burguesia nacional e das ex-empresas coloniais. Sua honestidade, que é uma pura disposição da alma, desfaz-se, aliás, progressivamente. O contato com as massas é de tal maneira irreal que o líder chega a se convencer de que não gostam de sua autoridade e põem em dúvida os serviços que prestou à pátria. O líder julga duramente a ingratidão das massas e se coloca cada dia um pouco mais decididamente no campo dos exploradores. Transforma-se então, com conhecimento de causa, em cúmplice da nova burguesia, que deita e rola na corrupção e no gozo de vantagens.

Os circuitos econômicos do jovem Estado mergulham irreversivelmente na estrutura neocolonialista. A economia nacional, outrora protegida, hoje é literalmente dirigida. O orçamento é alimentado por empréstimos e doações. Todos os trimestres, os próprios chefes de Estado ou as delegações governamentais vão às antigas metrópoles e a outros lugares em busca de capitais.

A antiga potência colonial multiplica as exigências, acumula concessões e garantias, tomando cada vez menos precauções para mascarar a sujeição na qual mantém o poder nacional. O povo estagna lamentavelmente numa miséria insuportável e aos poucos toma consciência da traição inqualificável de seus dirigentes. Essa consciência é ainda mais aguda porque a burguesia é incapaz de se constituir como classe. A repartição das riquezas que ela organiza não é diferenciada em setores múltiplos, não é escalonada, não se hierarquiza por semitons. A nova casta insulta e revolta ainda mais na medida em que a imensa maioria, 90% da população, continua morrendo de fome. O enriquecimento escandaloso, rápido, insensível dessa casta é acompanhado por um despertar decisivo do povo, por uma conscientização que promete um futuro violento. A casta burguesa, essa parte da nação que anexa em seu proveito a totalidade das riquezas do país, por uma espécie de lógica, inesperada aliás, vai se referir a outros negros e a outros árabes com julgamentos pejorativos que lembram, em mais de um aspecto, a doutrina racista dos antigos representantes da potência colonial. São ao mesmo tempo a miséria do povo, o enriquecimento desordenado da casta burguesa e seu desprezo explícito pelo resto da nação que vão radicalizar as reflexões e as atitudes.

Porém, as ameaças que eclodirem vão provocar o endurecimento da autoridade e o surgimento da ditadura. O líder, que tem um passado de militante e patriota dedicado, porque afiança o empreendimento dessa casta e fecha os olhos para a insolência, a mediocridade e a imoralidade inata desses burgueses, constitui um anteparo entre o povo e a burguesia voraz. Ele contribui para frear a tomada de consciência do povo. Socorre a casta, oculta do povo suas manobras, tornando-se dessa forma o artífice mais ardente do trabalho de mistificação e de entorpecimento das massas. Cada vez que se dirige ao povo, lembra-lhe sua vida, que frequentemente foi heroica, os combates que travou em nome do povo, as vitórias que obteve em seu nome, declarando assim às massas que elas devem continuar a confiar nele. São inúmeros os exemplos de patriotas africanos que introduziram na prudente luta política de seus antecessores um estilo resoluto de caráter nacionalista. Esses homens vieram do interior. Disseram, para grande escândalo do dominador e grande vergonha dos nacionais da capital, que vinham do interior e falavam em nome dos negros. Esses homens que cantaram a raça, que assumiram todo o passado, a degenerescência e a antropofagia, hoje infelizmente se encontram à frente de uma equipe que dá as costas para o interior e declara que a vocação de seu povo é seguir, seguir de novo e sempre.

O líder apazigua o povo. Anos após a independência, incapaz de convidar o povo para uma obra concreta, incapaz de abrir realmente o futuro para o povo, de lançar o povo na via da construção da nação, portanto de sua própria construção, vê-se o líder repetir continuamente a história da independência, lembrar-se da união sagrada da luta de libertação. O líder, porque se recusa a destruir a burguesia nacional, pede ao povo que retroceda ao passado e se orgulhe da epopeia que levou à independência. O líder — objetivamente — detém o povo e se empenha ou em expulsá-lo da história ou em impedi-lo de nela se estabelecer. Durante a luta de libertação, o líder despertava o povo e prometia-lhe uma marcha heroica e radical. Hoje ele multiplica os esforços para adormecê-lo e, três ou quatro vezes por ano, pede-lhe que se recorde da época colonial e avalie o imenso caminho percorrido.

Ora, é preciso dizer que as massas demonstram uma total incapacidade de apreciar o caminho percorrido. O camponês que continua a cultivar a terra, o desempregado que continua sem emprego não conseguem se convencer, apesar das festas, apesar das novas bandeiras, de que alguma coisa mudou de fato em suas vidas. Embora a burguesia no poder multiplique as demonstrações, as massas não conseguem se iludir. As massas têm fome e os comissários de polícia, atualmente africanos, não as tranquilizam muito. As massas começam a se mostrar descontentes, a se afastar, a se desinteressar por essa nação que não lhes dá nenhum espaço.

De vez em quando, porém, o líder se mobiliza, fala na rádio, faz uma turnê para apaziguar, acalmar, mistificar. O líder é ainda mais necessário porque não existe partido. Durante o período de luta pela independência, existia de fato um partido que era dirigido pelo líder atual. Mas, desde então, lamentavelmente esse partido se desagregou. Apenas subsiste o partido formal, a denominação, o emblema e a divisa. O partido orgânico, que deveria tornar possível a livre circulação de um pensamento elaborado a partir das reais necessidades das massas, transformou-se em um sindicato de interesses individuais. Desde a independência, não auxilia mais o povo a formular suas reivindicações, a melhor tomar consciência de suas necessidades e a melhor consolidar seu poder. O partido, hoje, tem como missão fazer chegar ao povo as instruções que emanam da cúpula. Não há mais aquele vaivém fecundo da base à cúpula e da cúpula à base que fundamenta e garante a democracia em um partido. Muito pelo contrário, o partido constituiu-se em anteparo entre as massas e a direção. Não há mais vida de partido. As células implantadas durante o período colonial estão hoje num estado de desmobilização total.

O militante contém a impaciência com dificuldade. É então que se percebe a justeza das posições tomadas por certos militantes durante a luta pela libertação. De fato, no momento do combate, vários militantes haviam pedido aos organismos dirigentes que elaborassem uma doutrina, que definissem objetivos, que propusessem um programa. Mas, sob o pretexto de salvaguardar a unidade nacional, os dirigentes haviam se recusado categoricamente a começar essa tarefa. Repetia-se que a doutrina era a união nacional contra o colonialismo. E, armado com um slogan impetuoso erigido em doutrina, toda a atividade ideológica limitando-se a uma sequência de variantes sobre o direito dos povos à autodeterminação, caminhava-se na direção do vento da história, que, irreversivelmente, levaria embora o colonialismo. Quando os militantes pediam que o vento da história fosse um pouco mais bem analisado, os dirigentes opunham-lhes a esperança, a descolonização necessária e inevitável etc.

Depois da independência, o partido mergulha numa letargia espetacular. Os militantes não são mobilizados a não ser quando das manifestações ditas populares, conferências internacionais, festas da independência. Os quadros locais do partido são designados para cargos administrativos, o partido transforma-se em administração, os militantes entram nas fileiras e recebem o título inútil de cidadão.

Agora que cumpriram sua missão histórica que era levar a burguesia ao poder, são firmemente convidados a se retirar, a fim de que a burguesia possa calmamente cumprir sua própria missão. Ora, vimos que a burguesia nacional dos países subdesenvolvidos é incapaz de cumprir qualquer missão. Ao fim de alguns anos, a desagregação do partido torna-se evidente, e qualquer observador, mesmo superficial, pode perceber que o antigo partido, que agora se tornou esquelético, só serve para imobilizar o povo. O partido que durante o combate havia atraído para si o conjunto da nação está se decompondo. Os intelectuais, que pouco antes da independência tinham se aliado ao partido, confirmam, por seu comportamento atual, que essa aliança não tinha outro objetivo a não ser entrar na distribuição do bolo da independência. O partido torna-se um meio de sucesso individual.

No entanto, existe no interior do novo regime uma desigualdade no enriquecimento e na monopolização. Alguns tiram proveito de todas as situações e revelam-se brilhantes especialistas do oportunismo. Os privilégios se multiplicam, a corrupção triunfa, os costumes se degradam. Os tubarões são hoje numerosos demais e vorazes demais para o magro butim nacional. O partido, verdadeiro instrumento do poder nas mãos da burguesia, reforça o aparelho de Estado e determina o enquadramento do povo, sua imobilização. O partido ajuda o poder a conter o povo. É cada vez mais um instrumento de coerção e nitidamente antidemocrático. O partido é objetivamente, e por vezes subjetivamente, cúmplice da burguesia mercantil. Da mesma forma que escamoteia sua fase de construção para se lançar no gozo de suas regalias, no plano institucional a burguesia nacional salta a fase parlamentar e escolhe uma ditadura de tipo nacional-socialista. Sabemos hoje que esse fascismo do dia a dia, que triunfou durante meio século na América Latina, é o resultado dialético do Estado semicolonial do período de independência.

Nesses países pobres, subdesenvolvidos, nos quais, segundo a regra, a maior riqueza está ao lado da maior miséria, o Exército e a polícia são os pilares do regime. Um Exército e uma polícia que, mais uma regra a ser lembrada, são assessorados por especialistas estrangeiros. A força dessa polícia, o poder desse Exército são proporcionais ao marasmo em que está mergulhado o resto da nação. A burguesia nacional se vende cada vez mais abertamente às grandes empresas estrangeiras. Por meio de prebendas, as concessões são obtidas pelo estrangeiro, os escândalos se multiplicam, os ministros enriquecem, suas mulheres transformam-se em cocotes, os deputados vão se ajeitando e, do policial ao agente alfandegário, todos participam dessa grande caravana da corrupção.

A oposição torna-se mais agressiva e o povo capta nas entrelinhas sua propaganda. A partir de então, a hostilidade em relação à burguesia é manifesta. A jovem burguesia que parece acometida de senilidade precoce não leva em conta os conselhos que lhe são dados e se revela incapaz de compreender que seria de seu interesse encobrir, ainda que ligeiramente, sua exploração.

É o jornal cristão *La Semaine Africaine*, de Brazzaville, que escreve, dirigindo-se aos príncipes do regime:

> Homens no poder, e também suas esposas, hoje os senhores são ricos com seu conforto, com sua instrução talvez, com sua bela casa, com suas relações, com as múltiplas missões que lhes são

outorgadas e lhes abrem novos horizontes. Mas toda a sua riqueza forma uma carapaça que os impede de ver a miséria que os cerca. Cuidado.

Essa advertência endereçada aos partidários de Youlou nada tem de revolucionária, como se imagina. O que *La Semaine Africaine* quer dizer aos que causam a fome do povo congolês é que Deus vai penalizar a conduta deles: "Se não há lugar em seu coração para as atenções devidas às pessoas situadas abaixo dos senhores, não haverá lugar para os senhores na casa de Deus".

Está claro que a burguesia nacional pouco se preocupa com essas acusações. Conectada à Europa, permanece firmemente decidida a se aproveitar da situação. Os enormes lucros que aufere com a exploração do povo são transferidos para o estrangeiro. A jovem burguesia nacional é com frequência muito mais desconfiada do regime que instaurou do que as empresas estrangeiras. Recusa-se a investir em solo nacional e se comporta em relação ao Estado que a protege e alimenta com uma ingratidão notável e que convém indicar. Nas praças europeias, adquire valores das bolsas estrangeiras e vai passar o final de semana em Paris ou em Hamburgo. Pelo comportamento, a burguesia nacional de certos países subdesenvolvidos lembra os membros de uma gangue que, depois de cada roubo, escondem sua parte dos colegas de bando e preparam prudentemente a retirada. Esse comportamento revela que, mais ou menos conscientemente, a burguesia nacional sabe que, a longo prazo, não vai ganhar. Ela adivinha que essa situação não vai durar indefinidamente, mas pretende aproveitar-se dela ao máximo. No entanto, uma tal exploração e uma tal desconfiança em relação ao Estado desencadeiam inevitavelmente o descontentamento no nível das massas. É nessas condições que o regime endurece. Então o Exército torna-se o apoio indispensável para uma repressão sistematizada. Na ausência de um parlamento, é o Exército que se torna o árbitro. Porém, mais cedo ou mais tarde, ele vai descobrir sua importância e fará pesar sobre o governo o risco sempre possível de um *pronunciamiento*.

Como se vê, a burguesia nacional de certos países subdesenvolvidos não aprendeu nada nos livros. Se tivesse olhado melhor para os países da América Latina, teria sem dúvida identificado os perigos que a espreitam. Chega-se portanto à conclusão de que essa microburguesia que faz tanto barulho está condenada à estagnação. Nos países subdesenvolvidos, a fase burguesa é impossível. Haverá evidentemente uma ditadura policial, uma casta de aproveitadores, mas a elaboração de uma sociedade burguesa revela-se destinada ao fracasso. O bando de aproveitadores empavonados disputando o dinheiro de um país miserável será mais cedo ou mais tarde um feixe de palha nas mãos do Exército habilmente manobrado por especialistas estrangeiros. Assim, a antiga metrópole pratica o governo indireto, por meio dos burgueses que alimenta e do Exército assessorado por seus especialistas, que fixa o povo, o imobiliza e o aterroriza.

As poucas observações que pudemos fazer sobre a burguesia nacional nos levam a uma conclusão que não deveria surpreender. Nos países subdesenvolvidos, a burguesia não deve encontrar condições para existir ou prosperar. Em outras palavras, o esforço conjugado das massas organizadas em um partido e dos intelectuais altamente conscientes e armados de princípios revolucionários deve bloquear o caminho a essa burguesia inútil e nociva.

A questão teórica que se coloca há cerca de cinquenta anos, quando se aborda a história dos países subdesenvolvidos, isto é, se a fase burguesa pode ou não ser suprimida, deve ser resolvida no plano da ação revolucionária, e não através de um raciocínio. A fase burguesa nos países subdesenvolvidos só se justificaria se a burguesia nacional fosse suficientemente poderosa do ponto de vista econômico e técnico para edificar uma sociedade burguesa, criar condições de desenvolvimento de um proletariado importante, industrializar a agricultura, enfim, tornar possível uma autêntica cultura nacional.

Uma burguesia tal como se desenvolveu na Europa pôde elaborar uma ideologia a fim de reforçar seu próprio poder. Essa burguesia dinâmica, instruída, laica, conseguiu pleno sucesso em seu empreendimento de acúmulo do capital e deu à nação um mínimo de prosperidade. Nos países subdesenvolvidos, vimos que não existia uma verdadeira burguesia, mas uma espécie de pequena casta de dentes afiados, ávida e voraz, dominada por uma mentalidade medíocre e acomodada com os dividendos garantidos pela antiga potência colonial. Essa burguesia sem previsões a longo prazo, sem planejamento, revela-se incapaz de grandes ideias, de inventividade. Ela se lembra do que leu nos manuais ocidentais e, imperceptivelmente, transforma-se não mais em réplica da Europa, mas em sua caricatura.

A luta contra a burguesia dos países subdesenvolvidos está longe de ser uma posição teórica. Não se trata de decifrar a condenação formulada contra ela pelo julgamento da história. Não é preciso combater a burguesia nacional nos países subdesenvolvidos porque ela pode frear o desenvolvimento global e harmonioso da nação. É preciso se opor a ela decididamente porque ela literalmente não serve para nada. Essa burguesia, medíocre em ganhos, em realizações, em pensamento, tenta mascarar essa mediocridade por meio de construções de prestígio em escala individual, pelo brilho dos carros norte-americanos, as férias na Riviera, os fins de semana nas boates com luzes de neon.

Essa burguesia que se distancia cada vez mais do povo em geral não consegue sequer arrancar do Ocidente concessões espetaculares: investimentos interessantes para a economia do país, implantação de determinadas indústrias. Por outro lado, as fábricas de montagem se multiplicam, consagrando assim o tipo neocolonialista no qual se debate a economia nacional. Portanto, não se pode dizer que a burguesia nacional atrasa a evolução do país, que ela o faz perder tempo, ou que pode conduzir a nação por caminhos sem saída. Na verdade, a fase burguesa na história dos países subdesenvolvidos é uma fase inútil. Quando essa casta for aniquilada, devorada por suas próprias contradições, vai-se perceber que nada aconteceu desde a independência, que é preciso retomar tudo, que é preciso recomeçar do zero. A reconversão não será operada ao nível das estruturas implantadas pela burguesia no decorrer de seu reinado, uma vez que essa casta não fez outra coisa a não ser se apossar, sem modificações, da herança da economia, do pensamento e das instituições coloniais.

É ainda mais fácil neutralizar essa classe burguesa na medida em que, como vimos, ela é frágil do ponto de vista numérico, intelectual e econômico. Nos territórios colonizados, a casta burguesa, depois da independência, retira sua força principalmente dos acordos feitos com a antiga potência colonial. A burguesia nacional terá ainda mais chances de substituir o opressor colonialista na medida em que lhe for deixada a possibilidade de conservar relações estreitas com a velha potência. Contudo, profundas contradições agitam as fileiras dessa burguesia, o que dá ao observador atento uma impressão de instabilidade. Não há ainda homogeneidade de casta. Muitos intelectuais, por exemplo, condenam esse regime baseado na dominação de alguns. Nos países subdesenvolvidos existem intelectuais, funcionários públicos, elites sinceras que sentem a necessidade de uma planificação da economia, da condenação dos aproveitadores, de uma proibição rigorosa da mistificação. Além disso, esses homens, em certa medida, lutam em prol da participação maciça do povo na gestão da coisa pública.

Nos países subdesenvolvidos que acedem à independência, existe quase sempre um pequeno número de intelectuais honestos, sem ideias políticas muito precisas, que instintivamente desconfiam dessa corrida aos cargos e às prebendas, sintomática do período imediatamente posterior à independência nos países colonizados. A situação particular desses homens (arrimo de família numerosa) ou sua história (experiências difíceis, formação moral rigorosa) explica esse desprezo tão explícito pelos espertalhões e aproveitadores. É preciso saber se servir desses homens no combate decisivo que se deseja realizar em prol de uma orientação salutar da nação. Barrar o caminho da burguesia nacional é, evidentemente, afastar as peripécias dramáticas do período posterior à independência, as desventuras da unidade nacional, a degradação dos costumes, o país sitiado pela corrupção, a regressão econômica e, a curto prazo, um regime antidemocrático apoiado na força e na intimidação. Mas também é escolher o único meio de avançar.

O que retarda a decisão e torna tímidos os elementos profundamente democráticos e progressistas da jovem nação é a aparente solidez da burguesia. Nos países subdesenvolvidos recém-independentes, no interior das cidades construídas pelo colonialismo, agita-se a totalidade dos funcionários. A ausência de análise da população global induz os observadores a acreditarem na existência de uma burguesia poderosa e perfeitamente organizada.

De fato, sabe-se hoje, não existe burguesia nos países subdesenvolvidos. O que cria a burguesia não são o espírito, o gosto ou as maneiras. Não são nem mesmo as esperanças. A burguesia é antes de tudo o produto direto de realidades econômicas precisas.

Ora, nas colônias, a realidade econômica é uma realidade burguesa estrangeira. Através de seus representantes, é a burguesia metropolitana que está presente nas cidades coloniais. A burguesia nas colônias é, antes da independência, uma burguesia ocidental, verdadeira sucursal da burguesia metropolitana, e retira sua legitimidade, sua força, sua estabilidade dessa burguesia metropolitana. Durante a fase de agitação que precede a independência, elementos intelectuais e comerciantes nativos no interior dessa burguesia importada tentam se identificar com ela. Existe entre os intelectuais e os comerciantes nativos uma vontade permanente de identificação com os representantes burgueses da metrópole.

Essa burguesia que adotou sem reservas e com entusiasmo os mecanismos de pensamento característicos da metrópole, que alienou maravilhosamente seu próprio pensamento e fundamentou sua consciência em bases tipicamente estrangeiras, vai perceber, com a garganta seca, que lhe falta o que caracteriza uma burguesia, isto é, o dinheiro. A burguesia dos países subdesenvolvidos é uma burguesia em espírito. Não é nem o seu poder econômico, nem o dinamismo de seus quadros, nem a envergadura de suas concepções que lhe garantem sua qualidade de burguesia. Foi também, no início e durante muito tempo, uma burguesia de funcionários públicos. São os cargos que ela ocupa na nova administração nacional que vão lhe dar serenidade e solidez. Se o poder lhe deixar tempo e possibilidades, essa burguesia vai conseguir fazer um pé de meia que reforçará sua dominação; mas vai ser sempre incapaz de criar uma autêntica sociedade burguesa, com todas as consequências econômicas e industriais que isso implica.

A burguesia nacional desde o início é orientada para atividades de tipo intermediário. A base de seu poder reside em seu sentido de comércio e de pequenos negócios, em sua aptidão para embolsar comissões. Não é o seu dinheiro que trabalha, mas o seu tino para os negócios. Ela não investe, não pode realizar essa acumulação de capital necessária à eclosão e ao desenvolvimento de uma burguesia autêntica. Nessa cadência, precisaria de séculos para gerar um embrião de industrialização. De qualquer maneira, ela vai se chocar com a oposição implacável da antiga metrópole, que, no contexto das convenções neocolonialistas, terá tomado todas as precauções.

Se o poder quiser tirar o país da estagnação e conduzi-lo a passos largos rumo ao desenvolvimento e ao progresso, em primeiríssimo lugar precisa nacionalizar o setor terciário. A burguesia, que quer fazer triunfar o espírito de ganho e do gozo de vantagens, suas atitudes desdenhosas para com o povo e o aspecto escandaloso do lucro, melhor dizendo do roubo, investe de fato maciçamente nesse setor. Outrora dominado pelos colonos, esse setor vai ser invadido pela jovem burguesia nacional. Numa economia colonial, ele é de longe o mais importante. Caso se queira avançar, deve-se decidir, nas primeiras horas, nacionalizar esse setor. Mas é claro que essa nacionalização não deve assumir o aspecto de uma estatização rígida. Não se trata de colocar na chefia dos serviços cidadãos não formados politicamente. Sempre que esse procedimento foi adotado, percebeu-se que o poder havia de fato contribuído para o triunfo de uma ditadura de funcionários públicos formados pela antiga metrópole que rapidamente se revelavam incapazes de pensar a totalidade nacional. Esses funcionários começam muito depressa a sabotar a economia nacional, a deslocar as organizações, e a corrupção, a prevaricação, o desvio de estoques, o mercado negro se instalam. Nacionalizar o setor terciário é organizar democraticamente as cooperativas de compra e venda. É descentralizar essas cooperativas, gerando interesse das massas pela gestão dos negócios públicos. Como se vê, tudo isso só pode ter êxito se o povo for politizado. Antes será preciso perceber a necessidade de esclarecer, de uma vez por todas, um problema capital. Hoje, na verdade, o princípio de uma politização das massas é geralmente levado em conta nos países subdesenvolvidos. Mas não parece que essa tarefa primordial é abordada de maneira autêntica. Quando se afirma a necessidade de politizar o povo, decide-se mostrar, ao mesmo tempo, que se deseja ser apoiado pelo povo na ação que se empreende. Um governo que declara querer politizar o povo expressa seu desejo de governar com o povo e para o povo. Essa não deve ser uma linguagem destinada a camuflar uma direção burguesa. Os governos burgueses dos países capitalistas há muito tempo ultrapassaram essa fase infantil do poder.

Friamente, eles governam com o auxílio de suas leis, de seu poder econômico e de sua polícia. Não são obrigados, agora que têm o poder solidamente estabelecido, a perder tempo com atitudes demagógicas. Governam em seu próprio interesse e têm a coragem de exercer seu poder. Criaram uma legitimidade e têm confiança em seu direito.

A casta burguesa dos países recém-independentes ainda não tem nem o cinismo nem a serenidade fundados no poder das velhas burguesias. Daí uma certa preocupação em esconder suas convicções profundas, ludibriar, em resumo, mostrar-se popular. A politização das massas não é a mobilização três ou quatro vezes por ano de dezenas ou centenas de homens e mulheres. Essas manifestações, essas reuniões espetaculares assemelham-se à velha tática de antes da independência, quando essas forças se exibiam para provar a si mesmas e aos outros que tinham o apoio do povo. A politização das massas propõe-se não a infantilizar as massas, mas a torná-las adultas.

Isso nos leva a considerar o papel do partido político num país subdesenvolvido. Vimos nas páginas anteriores que, com grande frequência, espíritos simplistas, aliás pertencentes à burguesia nascente, repetem de maneira contínua que, num país subdesenvolvido, é preciso que a direção dos negócios seja feita por um poder forte, até mesmo uma ditadura. Nessa perspectiva, o partido é encarregado de uma missão de vigilância das massas. O partido faz as vezes de administração e polícia e controla as massas não para garantir sua real participação nos negócios da nação, mas para lembrá-las constantemente de que o poder espera delas obediência e disciplina. Essa ditadura que se considera orientada pela história, que se acha indispensável ao período posterior à independência, simboliza na verdade a decisão da casta burguesa de dirigir o país subdesenvolvido inicialmente com o apoio do povo, mas logo depois contra ele. A transformação progressiva do partido num serviço de informação é o índice de que o poder se mantém cada vez mais na defensiva. A massa informe do povo é percebida como força cega que se deve manter constantemente na coleira, seja pela mistificação, seja pelo temor que lhe inspiram as forças policiais. O partido serve de barômetro, de serviço de informações. O militante é transformado em delator. Confiam-lhe missões punitivas nas aldeias. Os embriões de partidos de oposição são liquidados com paus e pedras. Os candidatos da oposição veem suas casas serem incendiadas. A política multiplica as provocações. Nessas condições, é claro, o partido é único e 99,99% dos votos são para o candidato do governo. Devemos dizer que, na África, um bom número de governos se comporta de acordo com esse modelo. Todos os partidos de oposição, aliás geralmente progressistas, partidos que trabalhavam em prol de uma maior influência das massas na gestão dos negócios públicos, que desejavam uma reabilitação da burguesia arrogante e mercantil, foram, pela força dos cassetetes e das prisões, condenados ao silêncio e depois à clandestinidade.

O partido político, em muitas regiões africanas hoje independentes, sofre de uma inflação terrivelmente grave. Na presença de um membro do partido, o povo se cala, se mostra passivo e publica elogios ao governo e ao líder. Mas, na rua, à noite, a uma certa distância da aldeia, no café ou no rio, é preciso que se ouça essa decepção amarga do povo, esse desespero, e também essa cólera contida. O partido, em vez de favorecer a expressão das reivindicações populares, em vez de se dar como missão fundamental a livre circulação das ideias do povo até os dirigentes, constitui um anteparo e uma interdição. Os dirigentes do partido se comportam como vulgares coadjuvantes e lembram constantemente ao povo que é preciso fazer "silêncio nas fileiras". Esse partido que se declarava servidor do povo, que tinha a forte intenção de trabalhar em prol do progresso do povo, desde que o poder colonial lhe devolveu o país apressa-se em fazer o povo voltar para sua caverna. Do ponto de vista da unidade nacional, o partido também vai multiplicar os erros. Assim, o partido dito nacional se comporta como partido étnico. É uma verdadeira tribo constituída em partido. Esse partido que se proclama de bom grado nacional, que afirma falar em nome do povo em geral, secretamente, e às vezes abertamente, organiza uma autêntica ditadura étnica. Assistimos não mais a uma ditadura burguesa, mas a uma ditadura tribal. Os ministros, os chefes de gabinete, os embaixadores, os governadores são escolhidos na etnia do líder, às vezes até diretamente em sua família. Esses regimes de tipo familiar parecem retomar as velhas leis da endogamia, e sente-se não raiva mas vergonha diante dessa estupidez, dessa impostura, dessa miséria intelectual e espiritual. Esses chefes de governo são verdadeiros traidores da África, pois vendem o continente ao mais terrível dos inimigos: a ignorância. Essa tribalização do poder acarreta, supõe-se, o espírito regionalista, o separatismo. As tendências descentralizadoras surgem e triunfam, a nação se desloca, se desmembra. O líder que clamava pela "unidade africana" e que pensava em sua família descobre um belo dia cinco tribos que também querem ter seus embaixadores e seus ministros; e, sempre irresponsável, sempre inconsciente, sempre miserável, denuncia "a traição".

Apontamos muitas vezes o papel amiúde nefasto do líder. Isso porque o partido, em certas regiões, está organizado como uma gangue, dirigida pelo personagem mais severo. Falamos habitualmente da ascendência desse líder, de sua força, e não hesitamos, num tom cúmplice e de ligeira admiração, em dizer que ele faz tremer seus colaboradores próximos. Para evitar esses múltiplos óbices, é preciso lutar com tenacidade para que o partido nunca se torne um instrumento dócil nas mãos de um líder. Líder, do inglês, a partir do verbo que significa conduzir. Atualmente, não existe mais o condutor do povo. Os povos não são mais rebanhos, não têm necessidade de ser conduzidos. Se o líder me conduz, quero que ele saiba que, ao mesmo tempo, eu o conduzo. A nação não deve ser um negócio dirigido por um mandachuva. Compreende-se também o pânico que invade as esferas dirigentes cada vez que um desses líderes fica doente. O que vai ser do país, se o líder desaparecer? As esferas dirigentes que abdicaram perante o líder, irresponsáveis, inconscientes, preocupadas em essência com a boa vida que levam, com os coquetéis de homenagem, com as viagens pagas e com a rentabilidade das negociatas, descobrem, de tempos em tempos, o vazio espiritual no cerne da nação.

O país que deseja realmente responder às questões que lhe são colocadas pela história, que deseja desenvolver suas cidades e o cérebro de seus habitantes, deve ter um partido verídico, autêntico. O partido não é um instrumento nas mãos do governo. Pelo contrário, é um instrumento nas mãos do povo. É ele que determina a política que o governo aplica. O partido não é, e nunca deve ser, o único escritório político onde se reúnem confortavelmente todos os membros do governo e os grandes dignitários do regime. O escritório político, muitas vezes, infelizmente, é todo o partido, e seus membros residem de forma permanente na capital. Num país subdesenvolvido, os membros dirigentes de um partido devem fugir da capital como da peste. Devem residir, com algumas exceções, nas regiões rurais. Deve-se evitar centralizar tudo na cidade grande. Nenhuma desculpa de ordem administrativa pode legitimar a efervescência dessa capital já superpovoada e superdesenvolvida em relação a 90% do território. O partido deve ser descentralizado ao extremo. É o único meio de ativar as regiões mortas, as regiões que ainda não estão sensibilizadas para a vida.

Na prática, haverá pelo menos um membro do escritório político em cada região, e evitaremos nomeá-lo chefe de região. Ele não terá em mãos os poderes administrativos. O membro do escritório político regional não pode ocupar o mais alto grau no aparelho administrativo regional. Não deve obrigatoriamente identificar-se com o poder. Para o povo, o partido não é a autoridade, mas o organismo através do qual exercer, enquanto povo, sua autoridade e sua vontade. Quanto menos confusão e dualidade de poderes, mais o partido desempenhará o seu papel de guia e mais será, para o povo, a garantia decisiva. Se o partido se confunde com o poder, então ser militante do partido é tomar o caminho mais curto para alcançar fins egoístas, ter um cargo na administração, ser promovido, mudar de escalão, fazer carreira.

Num país subdesenvolvido, a instalação de diretórios regionais dinâmicos detém o processo de macrocefalização urbana, a corrida incoerente das massas rurais para a cidade. A instalação, desde os primeiros dias da independência, de diretórios regionais que tenham toda a competência, numa região, para sensibilizá-la, fazê-la viver, acelerar a tomada de consciência dos cidadãos, é uma necessidade inescapável para um país que deseja avançar. Do contrário, amontoam-se em torno do líder os responsáveis do partido e os dignitários do regime. As administrações incham, não porque se desenvolvem e se diferenciam, mas porque novos primos e novos militantes aguardam um lugar e esperam se infiltrar nas engrenagens. E o sonho de todo cidadão é chegar à capital, melhorar de vida. Os povoados são abandonados, as massas rurais não organizadas, não educadas e não estimuladas se afastam de uma terra mal trabalhada e se dirigem para vilas periféricas, inflando desmesuradamente o lumpemproletariado.

A hora de uma nova crise nacional não está distante. Pensamos, ao contrário, que o interior deveria ser privilegiado. Aliás, a rigor, não haveria nenhum inconveniente em que o governo tivesse a sua sede em outro lugar que não a capital. É preciso dessacralizar a capital e mostrar às massas desfavorecidas que é para elas que se decide trabalhar. Foi isso, em certo sentido, que o governo brasileiro tentou fazer com Brasília. A arrogância do Rio de Janeiro era um insulto para o povo brasileiro. Mas infelizmente Brasília ainda é uma nova capital tão monstruosa como a primeira. O único interesse dessa realização é que hoje existe uma estrada através do cerrado. Não, nenhum motivo sério pode se opor à escolha de uma outra capital, ao deslocamento do conjunto do governo para alguma das regiões mais desfavorecidas. A capital nos países subdesenvolvidos é uma noção comercial herdada do período colonial. Mas, nos países subdesenvolvidos, devemos multiplicar os contatos com as massas rurais. Devemos fazer uma política nacional, ou seja, antes de tudo uma política para as massas. Não devemos jamais perder o contato com o povo que lutou pela independência e pela melhoria concreta de sua existência.

Os funcionários públicos e os técnicos nativos devem se aprofundar não nos diagramas e nas estatísticas, mas na realidade do povo. Não devem mais se irritar cada vez que se trata de um deslocamento para "o interior". Não devemos mais ver as mulheres jovens de países subdesenvolvidos ameaçarem os maridos com o divórcio se eles não derem um jeito para evitar a nomeação para um cargo rural. É por isso que o escritório político do partido deve privilegiar as regiões desfavorecidas, e a vida da capital, vida artificial, superficial, aplicada na realidade nacional como um corpo estranho, deve ocupar o menor espaço possível na vida da nação, que, esta sim, é fundamental e sagrada.

Num país subdesenvolvido, o partido deve ser organizado de tal maneira que não se satisfaça em ter contatos com as massas. O partido deve ser a expressão direta das massas, e não uma administração encarregada de transmitir as ordens do governo. Ele é o porta-voz enérgico e o defensor incorruptível das massas. Para chegar a essa concepção do partido, é preciso antes de tudo se livrar da ideia muito ocidental, muito burguesa, e logo muito desdenhosa, de que as massas são incapazes de se governar. Na verdade, a experiência prova que as massas compreendem perfeitamente os problemas mais complicados. Um dos maiores serviços que a revolução argelina terá prestado aos intelectuais do país será tê-los posto em contato com o povo, ter-lhes permitido ver a extrema, a indescritível miséria do povo e, ao mesmo tempo, assistir ao despertar de sua inteligência, aos progressos de sua consciência. O povo argelino, essa massa de famintos e de analfabetos, esses homens e mulheres mergulhados durante séculos na mais espantosa obscuridade, resistiu diante dos tanques e dos aviões, do napalm e dos serviços psicológicos, mas sobretudo diante da corrupção e da lavagem cerebral, dos traidores e dos exércitos "nacionais" do general Bellounis. Esse povo resistiu apesar dos fracos, dos hesitantes, dos aprendizes de ditador. Esse povo resistiu porque durante sete anos sua luta lhe abriu setores de cuja existência ele nem suspeitava. Hoje, arsenais funcionam em plena montanha, vários metros sob a terra; hoje, tribunais do povo funcionam em todos os escalões, comissões locais de planificação organizam o desmembramento das grandes propriedades, elaboram a Argélia de amanhã. Um homem isolado pode se mostrar rebelde à compreensão de um problema, mas o grupo, a aldeia o compreende com uma rapidez desconcertante. É verdade que, se tomarmos a precaução de utilizar uma linguagem compreensível apenas para os bacharéis em direito ou em ciências econômicas, será fácil provar que as massas devem ser dirigidas. Mas, se utilizarmos a linguagem concreta, se não estivermos obcecados pela vontade perversa de complicar as coisas, de nos livrarmos do povo, então perceberemos que as massas captam todas as nuances, todos os ardis. Recorrer a uma linguagem técnica significa que se está decidido a considerar as massas como ignorantes. Essa linguagem dissimula mal o desejo dos conferencistas de enganar o povo, de deixá-lo de fora. A ação de obscurecimento da linguagem é uma máscara por trás da qual se apresenta uma ação mais ampla de despojamento. Deseja-se ao mesmo tempo tirar do povo seus bens e sua soberania. Pode-se explicar tudo ao povo, desde que se queira realmente que ele compreenda. E, se alguém pensa que não precisa dele, que, ao contrário, ele pode atrapalhar o bom andamento das muitas empresas privadas e de responsabilidade limitada cujo objetivo é tornar o povo ainda mais miserável, então a questão está resolvida.

Se pensarmos que é perfeitamente possível dirigir um país sem que o povo participe, se pensarmos que o povo, só por sua presença, perturba o jogo, seja porque o retarde, seja porque, por sua natural inconsciência, ele o sabote, então nenhuma hesitação é permitida: é preciso afastar o povo. Ora, acontece que o povo, quando é convidado a dirigir o país, não retarda e sim acelera o movimento. Nós, argelinos, no decorrer desta guerra, tivemos a oportunidade, a felicidade de alcançar algumas coisas. Em determinadas regiões rurais, os responsáveis político-militares da revolução se viram de fato confrontados com situações que exigiram soluções radicais. Abordaremos algumas dessas situações.

Ao longo de 1956 e 1957, o colonialismo francês havia interditado determinadas zonas, nas quais a circulação de pessoas era estritamente regulamentada. Os camponeses, portanto, não tinham mais a possibilidade de ir livremente à cidade e renovar seu estoque de provisões. Os merceeiros, durante esse período, acumulavam enormes lucros. O chá, o café, o açúcar, o tabaco, o sal atingiam preços exorbitantes. O mercado ilegal triunfava com uma singular insolência. Os camponeses que não podiam pagar em espécie hipotecavam suas colheitas e até suas terras, ou desmembravam pedaço por pedaço o patrimônio familiar e, numa segunda fase, trabalhavam para pagar o merceeiro. Os comissários políticos, assim que tomaram consciência desse perigo, reagiram imediatamente. Foi assim que um sistema racional de aprovisionamento foi instituído: o merceeiro que vai à cidade é obrigado a fazer suas compras em atacadistas nacionalistas, que lhe dão uma fatura onde são especificados os preços das mercadorias. Quando o comerciante chega ao aduar, deve, antes de qualquer coisa, se apresentar ao comissário político que controla a fatura, fixa a margem de lucro e determina o preço de venda. Os preços impostos são afixados na loja e um membro do aduar, uma espécie de fiscal, mantém-se presente e informa o camponês sobre os preços a que devem ser vendidos os produtos. Mas o comerciante descobre rapidamente uma artimanha e depois de três ou quatro dias declara que seu estoque está esgotado. Por debaixo dos panos, ele retoma o tráfico e continua a vender no mercado ilegal. A reação da autoridade político-militar foi radical. Penalizações consideráveis foram definidas, multas estabelecidas e pagas à caixa da aldeia serviram para realizar obras sociais ou trabalhos de interesse coletivo. Por vezes decidiu-se fechar uma loja por certo tempo. Em caso de reincidência, o comércio era imediatamente confiscado e um comitê de gestão eleito o explorava, às vezes pagando uma mensalidade ao ex-proprietário.

A partir dessas experiências, explicou-se ao povo o funcionamento das grandes leis econômicas, com base em casos concretos. A acumulação de capital deixou de ser uma teoria para se tornar um comportamento muito real e muito presente. O povo compreendeu como, a partir de um comércio, é possível enriquecer, expandir esse comércio. Só então os camponeses contaram que o merceeiro lhes fazia empréstimos a juros usurários; outros lembraram como ele os havia expulsado de suas terras e como de proprietários tinham se transformado em trabalhadores agrícolas. Quanto mais o povo compreende, mais ele se torna vigilante, mais ele toma consciência de que, definitivamente, tudo depende dele e de que sua salvação está em sua coesão, em saber quais são seus interesses e identificar seus inimigos. O povo compreende que a riqueza não é fruto do trabalho, mas o resultado de um roubo organizado e protegido. Os ricos deixam de ser homens respeitáveis, não são mais do que animais carnívoros, chacais e corvos que chafurdam no sangue do povo. Em outra perspectiva, os comissários políticos tiveram que decidir que ninguém trabalharia mais para ninguém. A terra é daqueles que a trabalham. É um princípio que se tornou, pela explicação, uma lei fundamental no cerne da revolução argelina. Os camponeses que empregavam trabalhadores agrícolas foram obrigados a devolver parcelas de terra a seus ex-empregados.

Então percebeu-se que o rendimento por hectare triplicou, e isso apesar dos inúmeros ataques dos franceses, dos bombardeios aéreos e da dificuldade de conseguir fertilizantes. Os felás, que, na hora da colheita, podiam determinar o preço e pesar os produtos obtidos, quiseram compreender esse fenômeno. Muito facilmente descobriram que o trabalho não é uma noção simples, que a escravidão não permite o trabalho, que o trabalho supõe a liberdade, a responsabilidade e a consciência.

Nessas regiões em que pudemos levar a bom termo essas experiências edificantes, em que assistimos à construção do homem pela instituição revolucionária, os camponeses captaram muito claramente o princípio segundo o qual só se trabalha com gosto quando há engajamento lúcido no esforço. Pudemos fazer as massas compreenderem que o trabalho não é um gasto de energia ou o funcionamento de certos músculos, mas que se trabalha mais com o cérebro e o coração do que com os músculos e o suor. Da mesma forma, nessas regiões libertadas, mas ao mesmo tempo excluídas do antigo circuito comercial, a produção outrora voltada unicamente para as cidades e para a exportação teve que ser modificada. Estabeleceu-se uma produção de consumo para o povo e para as unidades do Exército de Libertação Nacional. Quadruplicou-se a produção de lentilhas e organizou-se a fabricação de carvão de madeira. Os legumes verdes e o carvão foram direcionados das regiões do norte para o sul pelas montanhas, enquanto as zonas do sul enviavam carne para o norte. Foi a FLN que decidiu essa coordenação, que implantou esse sistema de comunicações. Não tínhamos técnicos nem planejadores oriundos das grandes escolas ocidentais. Mas, nessas regiões libertadas, a ração diária atingia 3200 calorias. O povo não se contentou em triunfar nessa prova. Ele se colocou questões teóricas. Por exemplo: por que certas regiões nunca viam laranjas antes da guerra de libertação enquanto anualmente milhares de toneladas eram enviadas para o exterior? Por que as uvas eram desconhecidas de um grande número de argelinos, enquanto milhões de cachos deliciavam os povos europeus? O povo tem hoje uma noção muito clara daquilo que lhe pertence. O povo argelino sabe hoje que ele é o proprietário exclusivo do solo e do subsolo de seu país. E se alguns não compreendem a obstinação da FLN em não tolerar nenhuma usurpação dessa propriedade, e a sua vontade ferrenha de recusar qualquer afrouxamento de seus princípios, então é preciso que uns e outros se lembrem de que o povo argelino é hoje um povo adulto, responsável, consciente. Em resumo, o povo argelino é um povo proprietário.

Se tomamos o exemplo do povo argelino para esclarecer nosso propósito não é para glorificá-lo, mas simplesmente para mostrar a importância que teve o combate que ele enfrentou em sua tomada de consciência. É claro que outros povos chegaram ao mesmo resultado por caminhos diferentes.

Na Argélia, hoje se sabe melhor, a prova de força não era evitável, mas outras regiões, pela luta política e pelo trabalho de esclarecimento empreendido pelo partido, conduziram seus povos aos mesmos resultados. Na Argélia, compreendemos que as massas estão à altura dos problemas com os quais são confrontadas. Num país subdesenvolvido, a experiência prova que o importante não é que trezentas pessoas concebam e decidam, mas que o conjunto, mesmo à custa de um tempo duplicado ou triplicado, compreenda e decida. Na verdade, o tempo gasto em explicar, o tempo "perdido" em humanizar o trabalhador será recuperado na execução. As pessoas devem saber aonde vão e por que vão por onde vão. O homem político não deve ignorar que o futuro permanecerá bloqueado enquanto a consciência do povo for rudimentar, primária, opaca. Nós, políticos africanos, devemos ter ideias muito claras sobre a situação de nosso povo. Mas essa lucidez deve permanecer profundamente dialética. O despertar do povo não se fará de uma vez só, seu engajamento racional na obra de edificação nacional será linear, primeiramente porque as vias de comunicação e os meios de transmissão são pouco desenvolvidos, em seguida porque a temporalidade deve deixar de ser a do instante ou a da próxima colheita para se tornar a do mundo, e por fim porque o desânimo instalado muito profundamente no cérebro pela dominação colonial está sempre à flor da pele. Mas não devemos ignorar que a vitória sobre os nós de menor resistência, heranças da dominação material e espiritual do país, é uma necessidade da qual nenhum governo poderá escapar. Tomemos o exemplo do trabalho em regime colonial.

O colono não deixou de afirmar que o nativo é lento. Hoje, em certos países independentes, ouvem-se funcionários retomarem essa condenação. Na verdade, o colono queria que o escravo fosse entusiasmado. Queria, por uma espécie de mistificação que constitui a alienação mais sublime, persuadir o escravo de que a terra que ele lavrava é sua, de que as minas onde ele perdia a saúde eram de sua propriedade. Singularmente, o colono esquecia que enriquecia com a agonia do escravo. Praticamente dizia ao colonizado: "Morra, mas que eu enriqueça". Hoje, devemos proceder de modo diferente. Não devemos dizer ao povo: "Morra, mas que o país enriqueça". Se quisermos aumentar a renda nacional, diminuir a importação de certos produtos inúteis e até nocivos, aumentar a produção agrícola e lutar contra o analfabetismo é preciso que nos expliquemos. É preciso que o povo compreenda a importância do comprometimento. A coisa pública deve ser a coisa do público. Chega-se, portanto, à necessidade de multiplicar as células na base. Muito frequentemente, de fato, nos contentamos em instalar organismos nacionais no topo e sempre na capital: a União das mulheres, a União dos jovens, os sindicatos etc. Mas, se tentarmos procurar o que há por trás do escritório instalado na capital, se passarmos para a sala de trás, onde deveriam estar os arquivos, ficaremos espantados com o vazio, com o nada, com o blefe. É preciso uma base, células que deem precisamente conteúdo e dinamismo. As massas devem poder se reunir, discutir, propor, receber instruções. Os cidadãos devem ter a possibilidade de falar, de se expressar, de inventar. A reunião de célula, a reunião do comitê é um ato litúrgico. É uma oportunidade privilegiada de escutar e de falar que é dada ao homem. Em cada reunião, o cérebro multiplica suas vias de associação, o olho descobre um panorama cada vez mais humanizado.

A grande proporção de jovens nos países subdesenvolvidos coloca ao governo problemas específicos que é importante abordar lucidamente. A juventude urbana inativa e frequentemente iletrada está entregue a toda espécie de experiências corruptoras. À juventude subdesenvolvida na maioria das vezes são oferecidos entretenimentos de países industrializados. Normalmente, há de fato homogeneidade entre o nível mental e material dos membros de uma sociedade e os prazeres que essa sociedade se proporciona. Ora, nos países subdesenvolvidos, a juventude dispõe de entretenimentos pensados para a juventude dos países capitalistas: romances policiais, caça-níqueis, fotografias obscenas, literatura pornográfica, filmes proibidos para menores de dezesseis anos e sobretudo álcool... No Ocidente, o ambiente familiar, a escolarização, o nível de vida relativamente elevado das massas trabalhadoras servem de proteção relativa contra a ação nefasta desses jogos. Mas num país africano, onde o desenvolvimento mental é desigual, onde o choque violento de dois mundos abalou consideravelmente as velhas tradições e deslocou o universo da percepção, a afetividade do jovem africano, sua sensibilidade estão à mercê das diferentes agressões contidas na cultura ocidental. Sua família muitas vezes se revela incapaz de opor a estabilidade, a homogeneidade, a essas violências.

Nesse setor, o governo deve servir de filtro e de estabilizador. Os comissários para a juventude nos países subdesenvolvidos cometem frequentemente um erro: concebem seu papel à maneira dos comissários para a juventude dos países desenvolvidos. Falam de fortificar a alma, de expandir o corpo, de facilitar a manifestação de aptidões esportivas. Eles deviam, a nosso ver, desconfiar dessa concepção. A juventude de um país subdesenvolvido é com frequência uma juventude desocupada. É preciso em primeiro lugar ocupá-la. É por essa razão que o comissário para a juventude deve estar institucionalmente ligado ao Ministério do Trabalho. O Ministério do Trabalho, que é uma necessidade num país subdesenvolvido, funciona em estreita colaboração com o Ministério do Planejamento, outra necessidade num país subdesenvolvido. A juventude africana não deve ser orientada para os estádios, mas para os campos, para os campos e para as escolas. O estádio não é esse lugar de exibição instalado nas cidades, mas um determinado espaço no meio das terras que são desbravadas, que são trabalhadas e que são oferecidas à nação. A concepção capitalista do esporte é fundamentalmente diferente daquela que deveria existir em um país subdesenvolvido. O político africano deve se preocupar em criar não esportistas, mas sim homens conscientes que além disso são esportistas. Se o esporte não está integrado à vida nacional, isto é, à construção nacional, se o que se cria são esportistas nacionais e não homens conscientes, então logo veremos o esporte ser apodrecido pelo profissionalismo, pelo comercialismo. O esporte não deve ser um jogo, uma distração fornecida pela burguesia das cidades. A maior tarefa é compreender a todo momento o que acontece conosco. Não devemos cultivar o excepcional, buscar o herói, outra forma do líder. Devemos erguer o povo, ampliar o cérebro do povo, ocupá-lo, diferenciá-lo, torná-lo humano.

Voltamos a cair nessa obsessão que gostaríamos de ver compartilhada pelo conjunto dos homens políticos africanos: a necessidade de esclarecer o esforço popular, de iluminar o trabalho, de livrá-lo de sua opacidade histórica. Ser responsável num país subdesenvolvido é saber que tudo se baseia, em definitivo, na educação das massas, na elevação do pensamento e naquilo que se denomina muito apressadamente a politização.

Com efeito, acredita-se frequentemente, com leviandade criminosa, que politizar as massas é eventualmente fazer-lhes um grande discurso político. Pensa-se que basta ao líder ou a um dirigente falar em tom doutoral de grandes coisas da atualidade para estar quite com esse imperioso dever de politização das massas. Ora, politizar é abrir o espírito, é despertar o espírito, fazer nascer o espírito. É, como dizia Césaire, "inventar almas". Politizar as massas não é, não pode ser, fazer um discurso político. É empenhar-se com raiva em fazer com que as massas compreendam que tudo depende delas, que se estagnamos a culpa é delas, e que se avançamos também é por culpa delas, que não há demiurgo, que não há homem ilustre e responsável por tudo, mas que o demiurgo é o povo e que as mãos mágicas são, definitiva e unicamente, as mãos do povo. Para realizar essas coisas, para encarná-las verdadeiramente, vale repetir, é preciso descentralizar ao extremo. A circulação da cúpula para a base e da base para a cúpula deve ser um princípio rígido, não por uma preocupação com o formalismo, mas porque, simplesmente, o respeito a esse princípio é a garantia da salvação. É da base que sobem as forças que dinamizam a cúpula e lhe permitem dialeticamente dar um novo salto. Mais uma vez nós, argelinos, compreendemos muito rapidamente essas coisas, pois nenhum membro de nenhuma cúpula teve a possibilidade de se aproveitar de qualquer missão de salvação. É a base que luta na Argélia, e essa base não desconhece que, sem seu combate cotidiano, heroico e difícil, a cúpula não se sustentaria. Assim como ela sabe que, sem uma cúpula e sem uma direção, a base implodiria na incoerência e na anarquia. A cúpula só extrai seu valor e sua solidez da existência do povo em combate. Na verdade, é o povo que se dedica livremente à cúpula, e não a cúpula que tolera o povo.

As massas devem saber que o governo e o partido estão a seu serviço. Um povo digno, isto é, consciente de sua dignidade, é um povo que nunca esquece essas evidências. Durante a ocupação colonial, foi dito ao povo que era preciso que ele desse a vida para o triunfo da dignidade. Mas os povos africanos rapidamente compreenderam que não só a dignidade deles era contestada pelo ocupante como havia uma equivalência absoluta entre a dignidade e a soberania. De fato, um povo digno e livre é um povo soberano. Um povo digno é um povo responsável. E não serve para nada "mostrar" que os povos africanos são infantis e débeis. Um governo e um partido têm o povo que merecem. E, a mais ou menos longo prazo, um povo tem o governo que merece.

A experiência concreta em certos lugares confirma essas posições. No decorrer de reuniões, ocorre às vezes que militantes se refiram, para resolver problemas difíceis, à fórmula: "É preciso apenas...". Essa abreviação voluntarista, em que culminam perigosamente espontaneidade, sincretismo simplificador e não elaboração intelectual com frequência triunfa. Cada vez que se encontra num militante essa abdicação da responsabilidade, não basta dizer que ele está errado. É preciso torná-lo responsável, convidá-lo a ir até o fim de seu raciocínio, fazê-lo atingir o caráter muitas vezes atroz, desumano e irremediavelmente estéril desse "É preciso apenas...". Ninguém detém a verdade, nem o dirigente nem o militante. A busca da verdade em situações locais é uma causa coletiva. Alguns têm uma experiência mais rica, elaboram mais rapidamente o pensamento, puderam estabelecer no passado um maior número de ligações mentais. Mas eles devem evitar humilhar o povo, pois o sucesso da decisão adotada depende do engajamento coordenado e consciente do conjunto do povo. Ninguém pode se omitir do jogo. Todos serão abatidos ou torturados e, no contexto da nação independente, todos sofrerão de fome e apatia. O combate coletivo supõe uma responsabilidade coletiva na base e uma responsabilidade colegiada na cúpula. Sim, é preciso envolver a todos no combate em prol da salvação comum. Não há mãos limpas, não há inocentes, não há espectadores. Estamos todos com as mãos nos pântanos de nosso solo e no vazio medonho de nossos cérebros. Todo espectador é um covarde ou um traidor.

O dever de uma direção é ter as massas com ela. Ora, a adesão supõe a consciência, a compreensão da missão a desempenhar, em suma, uma intelectualização mesmo que embrionária. Não se deve seduzir o povo, dissipá-lo na emoção e na confusão. Só países subdesenvolvidos dirigidos por elites revolucionárias surgidas do povo podem atualmente permitir a ascensão das massas para o palco da história. Mas, ainda uma vez, é preciso que nos oponhamos vigorosa e definitivamente ao surgimento de uma burguesia nacional, de uma casta de privilegiados. Politizar as massas é tornar a nação global presente em cada cidadão. Fazer da experiência da nação a experiência de cada cidadão. Como lembrou tão oportunamente o presidente Sékou Touré em sua mensagem no II Congresso dos Escritores e Artistas Negros:

No campo do pensamento, o homem pode querer ser o cérebro do mundo, mas no plano da vida concreta em que toda intervenção afeta o ser físico e espiritual, o mundo é sempre o cérebro do homem, pois é nesse nível que se encontram a totalização das potências e das unidades pensantes, as forças dinâmicas de desenvolvimento e de aperfeiçoamento, é aí que se opera a fusão das energias e que se inscreve definitivamente a soma dos valores intelectuais do homem.

A experiência individual, uma vez que ela é nacional, elo da existência nacional, deixa de ser individual, limitada, estreita, e pode desembocar na verdade da nação e do mundo. Da mesma maneira que, durante a fase de luta, cada combatente mantinha a nação com seu esforço, durante a fase de construção nacional cada cidadão deve continuar, em sua ação concreta de todos os dias, a se associar ao conjunto da nação, a encarnar a verdade constantemente dialética da nação, a querer aqui e agora o triunfo do homem total. Se a construção de uma ponte não contribuir para enriquecer a consciência daqueles que nela trabalham, que a ponte não seja construída, que os cidadãos continuem a atravessar o rio a nado ou de balsa. A ponte não deve surgir do nada, não deve ser imposta por um deus ex machina ao panorama social, mas, ao contrário, deve proceder dos músculos e do cérebro dos cidadãos. E, evidentemente, serão necessários talvez engenheiros e arquitetos, por vezes totalmente estrangeiros, mas os responsáveis locais do partido devem estar presentes, para que a técnica se infiltre no deserto cerebral do cidadão, para que a ponte em seus detalhes e em seu conjunto seja retomada, concebida e assumida. É preciso que o cidadão se aproprie da ponte. Somente então tudo é possível.

Um governo que se proclama nacional deve assumir o conjunto da nação, e nos países subdesenvolvidos a juventude representa um dos setores mais importantes. É preciso elevar a consciência dos jovens, esclarecê-los. É essa juventude que vamos encontrar no exército nacional. Se o trabalho de explicação tiver sido feito no nível dos jovens, se a União Nacional dos Jovens tiver cumprido sua tarefa, que é integrar a juventude à nação, então poderão ser evitados os erros que comprometeram, e até minaram, o futuro das repúblicas da América Latina. O exército nunca é uma escola de guerra, mas uma escola de civismo, uma escola política. O soldado de uma nação adulta não é um mercenário, mas um cidadão que, por meio das armas, defende a nação. É por isso que é fundamental que o soldado saiba que está a serviço do país e não de um oficial, por mais prestígio que este tenha. É preciso aproveitar o serviço nacional civil e militar para elevar o nível da consciência nacional, para destribalizar, unificar. Num país subdesenvolvido, esforcemo-nos o mais rapidamente possível para mobilizar os homens e as mulheres. O país subdesenvolvido deve se abster de perpetuar as tradições feudais que ratificam a prioridade do elemento masculino sobre o elemento feminino. As mulheres vão receber um lugar idêntico ao dos homens, não nos artigos da Constituição, mas na vida diária, na fábrica, na escola, nas assembleias. Se nos países ocidentais os militares vivem na caserna, isso não quer dizer que seja sempre a melhor fórmula. Não se é obrigado a militarizar os recrutas. O serviço pode ser civil ou militar e, de qualquer forma, é recomendado que todo cidadão válido possa a qualquer momento se integrar numa unidade combatente e defender as aquisições nacionais e sociais.

As grandes obras de interesse coletivo devem poder ser executadas pelos recrutas. Esse é um meio prodigioso de ativar as regiões inertes, de fazer com que um maior número de cidadãos conheça as realidades do país. É preciso evitar transformar o Exército em um corpo autônomo que mais cedo ou mais tarde, desocupado e sem missão, se meterá a "fazer política" e ameaçar o poder. Os generais de salão, por frequentarem as antecâmaras do poder, sonham com *pronunciamientos*. O único meio de escapar disso é politizar o Exército, isto é, nacionalizá-lo. Da mesma forma, há urgência em multiplicar as milícias. Em caso de guerra, é a nação inteira que luta ou trabalha. Não deve haver soldados profissionais, e o número de oficiais de carreira deve ser reduzido ao mínimo. Em primeiro lugar, porque muito frequentemente os oficiais são escolhidos entre os quadros universitários, que poderiam ser muito mais úteis em outros lugares: um engenheiro é mil vezes mais indispensável à nação do que um oficial. Em seguida, porque é preciso evitar a cristalização de um espírito de casta. Vimos nas páginas anteriores que o nacionalismo, esse canto magnífico que levantava as massas contra o opressor, desagrega-se logo depois da independência. O nacionalismo não é uma doutrina política, não é um programa. Se quisermos realmente poupar o país desses retrocessos, dessas paralisações, dessas falhas, é preciso passar rapidamente da consciência nacional para a consciência política e social. A nação não existe em lugar nenhum a não ser num programa elaborado por uma direção revolucionária e retomado lucidamente e com entusiasmo pelas massas. É preciso situar constantemente o esforço nacional no âmbito geral dos países subdesenvolvidos. A linha de frente da fome e da obscuridade, a linha de frente da miséria e da consciência embrionária deve estar presente na mente e nos músculos de homens e mulheres. O trabalho das massas, sua vontade de vencer os flagelos que durante séculos as excluíram da história da mente humana, deve ser conectado com aqueles de todos os povos subdesenvolvidos. As notícias que interessam aos povos do Terceiro Mundo não são as que se referem ao casamento do rei Balduíno ou aos escândalos da burguesia italiana. O que queremos saber são as experiências feitas pelos argentinos ou os birmaneses no contexto da luta contra o analfabetismo ou as tendências ditatoriais dos dirigentes. São elementos que nos fortificam, nos instruem e decuplicam nossa eficácia. Como se vê, um programa é necessário a um governo que quer verdadeiramente libertar política e socialmente o povo. Programa econômico, mas também doutrina sobre a repartição das riquezas e sobre as relações sociais. De fato, é preciso ter uma concepção do homem, uma concepção do futuro da humanidade. O que quer dizer que nenhuma fórmula demagógica, nenhuma cumplicidade com o ex-ocupante substitui um programa. Os povos africanos, os povos subdesenvolvidos, ao contrário do que se costuma achar, edificam rapidamente sua consciência política e social. O que pode ser grave é que, com muita frequência, eles chegam a essa consciência antes da fase nacional. Por isso pode-se encontrar, nos países subdesenvolvidos, a exigência violenta de uma justiça social que paradoxalmente se alia a um tribalismo muitas vezes primitivo. Os povos subdesenvolvidos têm um comportamento de pessoas famintas. O que significa que os dias daqueles que se divertem na África estão rigorosamente contados. Queremos dizer que o poder deles não poderia se prolongar indefinidamente. Uma burguesia que dá às massas só o alimento do nacionalismo não cumpre sua missão e necessariamente se envolve numa sucessão de desventuras. O nacionalismo, se não é explicitado, enriquecido e aprofundado, se não se transforma muito rapidamente em consciência política e social, em humanismo, conduz a um impasse. A direção burguesa dos países subdesenvolvidos confina a consciência nacional num formalismo esterilizante. Só o engajamento maciço dos homens e das mulheres em tarefas esclarecidas e fecundas dá conteúdo e densidade a uma consciência. Então a bandeira e o palácio do governo deixam de ser os símbolos da nação. A nação abandona esses lugares iluminados e artificiais e se refugia no campo, onde recebe vida e dinamismo. A expressão viva da nação é a consciência em movimento do conjunto do povo. É a práxis coerente e esclarecida dos homens e das mulheres. A construção coletiva de um destino é a assunção de uma responsabilidade na dimensão da história. Diferente disso é a anarquia, a repressão, o surgimento dos partidos tribalizados, do federalismo etc. O governo nacional, se quiser ser nacional, deve governar pelo povo e para o povo, para os deserdados e pelos deserdados. Nenhum líder, qualquer que seja o seu valor, pode substituir a vontade popular, e o governo nacional deve, antes de se preocupar com prestígio internacional, voltar a dar dignidade a cada cidadão, ocupar os cérebros, encher os olhos de coisas humanas, desenvolver um panorama humano, porque habitado por homens conscientes e soberanos.

4.
Sobre a cultura nacional

> Não basta escrever um canto revolucionário para participar da revolução africana, é preciso fazer essa revolução com o povo. Com o povo, e os cantos virão por si mesmos.
>
> Para uma ação autêntica é preciso que você mesmo seja uma parte viva da África e de seu pensamento, um elemento dessa energia popular inteiramente mobilizada para a libertação, o progresso e a felicidade da África. Não há nenhum lugar fora desse único combate nem para o artista, nem para o intelectual que não esteja ele próprio engajado e plenamente mobilizado com o povo no grande combate da África e da humanidade sofredora.
>
> Sékou Touré[15]

Cada geração, numa relativa opacidade, deve descobrir sua missão, cumpri-la ou traí-la. Nos países subdesenvolvidos, as gerações precedentes resistiram ao trabalho de erosão empreendido pelo colonialismo e ao mesmo tempo prepararam o amadurecimento das lutas atuais. Agora que estamos no centro do combate, devemos perder o hábito de minimizar a ação de nossos pais ou fingir incompreensão diante de seu silêncio ou passividade. Eles lutaram como puderam, com as armas de que dispunham então, e, se a repercussão de suas lutas não ecoou na arena internacional, é preciso buscar a razão menos na ausência de heroísmo do que numa situação internacional fundamentalmente diferente. Foi preciso que mais de um colonizado dissesse "Isso não pode mais durar", foi preciso que mais de uma tribo se revoltasse, foi preciso mais de uma revolta camponesa dominada, mais de uma manifestação reprimida para que pudéssemos hoje resistir com certeza da vitória.

Nossa missão histórica, para nós que tomamos a decisão de perseguir o colonialismo, é organizar todas as revoltas, todos os atos desesperados, todas as tentativas abortadas ou reprimidas com sangue.

Analisaremos neste capítulo o problema, que consideramos fundamental, da legitimidade da reivindicação de uma nação. É preciso reconhecer que o partido político que mobiliza o povo não se preocupa muito com esse problema da legitimidade. Os partidos políticos partem do real vivido, e é em nome desse real, em nome dessa atualidade que pesa sobre o presente e sobre o futuro dos homens e das mulheres, que eles convidam à ação. O partido político pode muito bem falar sobre a nação em termos comoventes, mas o que lhe interessa é que o povo que o escuta compreenda a necessidade de participar do combate, se ele aspira simplesmente a existir.

Sabe-se hoje que, na primeira fase da luta nacional, o colonialismo tenta neutralizar a reivindicação nacional fazendo economicismo. Desde as primeiras reivindicações, o colonialismo finge compreensão, reconhecendo com ostensiva humildade que o território sofre de um subdesenvolvimento grave, o que requer um importante esforço econômico e social.

E, de fato, acontece que algumas medidas espetaculares, canteiros de obras abertos aqui e ali, retardam em alguns anos a cristalização da consciência nacional. No entanto, mais cedo ou mais tarde, o colonialismo percebe que não lhe é possível realizar um projeto de reformas econômico-sociais que satisfaça às aspirações das massas colonizadas. Mesmo no plano das necessidades imediatas, o colonialismo prova sua impotência congênita. O Estado colonialista rapidamente descobre que querer desarmar os partidos tradicionais no setor estritamente econômico equivaleria a fazer, nas colônias, o que não quis fazer em seu próprio território. E não é por acaso que hoje floresce um pouco por toda parte a doutrina do cartierismo.

A amargura desiludida de Cartier[16] diante da obstinação da França em absorver pessoas que deverá depois alimentar, enquanto tantos franceses vivem na pobreza, traduz a impossibilidade em que o colonialismo se encontra de transformar-se em programa desinteressado de ajuda e de apoio. É por isso que mais uma vez é preciso não perder tempo repetindo que mais vale a fome com dignidade do que o pão com servidão. É preciso, ao contrário, convencer-se de que o colonialismo é incapaz de fornecer aos povos colonizados as condições materiais capazes de fazê-los esquecer sua preocupação com a dignidade. Uma vez que o colonialismo compreendeu para onde o levaria sua tática de reformas sociais, vemos que ele retoma seus velhos reflexos, reforça os efetivos de polícia, envia tropas e instala um regime de terror mais bem adaptado a seus interesses e à sua psicologia.

No interior dos partidos políticos, na maioria das vezes ao lado deles, surgem homens de cultura colonizados. Para esses homens, a reivindicação de uma cultura nacional, a afirmação da existência dessa cultura representa um campo de batalha privilegiado. Enquanto os homens políticos inscrevem sua ação no real, os homens de cultura situam-se no âmbito da história. Diante do intelectual colonizado que decide responder agressivamente à teoria colonialista de uma barbárie pré-colonial, o colonialismo pouco vai reagir. Reagirá ainda menos na medida em que as ideias desenvolvidas pela intelligentsia colonizada são amplamente professadas pelos especialistas metropolitanos. É de fato banal constatar que, há várias décadas, numerosos pesquisadores europeus reabilitaram grosso modo as civilizações africanas, mexicanas ou peruanas. Podemos nos surpreender com a paixão mobilizada pelos intelectuais colonizados para defender a existência de uma cultura nacional. Mas os que condenam essa paixão exacerbada esquecem singularmente que o psiquismo e o ego deles se refugiam comodamente por trás de uma cultura francesa ou alemã que mostrou seu valor e que ninguém contesta.

Admito que, no plano da existência, o fato de que tenha havido uma civilização asteca não muda muita coisa no regime alimentar do camponês mexicano de hoje. Admito que todas as provas que poderiam ser dadas da existência de uma poderosa civilização songai não mudam o fato de que os songais hoje são subnutridos, analfabetos, vivendo entre céu e água, com a cabeça vazia, os olhos vazios. Mas, como já foi dito várias vezes, essa busca apaixonada de uma cultura nacional anterior à era colonial adquire sua legitimidade com a preocupação partilhada pelos intelectuais colonizados de tomar distância em relação à cultura ocidental, na qual correm o risco de submergir. Porque percebem que estão a ponto de se perder, e logo de perder-se para seu povo, esses homens, com raiva no coração e o cérebro enlouquecido, empenham-se em retomar contato com a seiva mais antiga, mais pré-colonial de seu povo.

Vamos mais longe: talvez essas paixões e essa raiva sejam mantidas ou pelo menos orientadas pela esperança secreta de descobrir, para além dessa miséria atual, desse desprezo por si mesmo, dessa demissão e dessa renúncia, uma era muito bela e resplandecente que nos reabilite ao mesmo tempo em relação a nós mesmos e em relação aos outros. Digo que estou decidido a ir mais longe. Inconscientemente talvez os intelectuais colonizados, não podendo fazer amor com a história presente de seu povo oprimido, não podendo se maravilhar com a história de suas barbáries atuais, decidiram ir mais longe, descer mais baixo, e, não duvidemos, foi numa alegria excepcional que descobriram que o passado não era de vergonha, mas de dignidade, de glória e de solenidade. A reivindicação de uma cultura nacional passada não apenas reabilita, não apenas justifica uma cultura nacional futura. No plano do equilíbrio psicoafetivo, ela provoca no colonizado uma mutação de importância fundamental. Talvez ainda não se tenha mostrado suficientemente que o colonialismo não se contenta em impor sua lei ao presente e ao futuro do país dominado. O colonialismo não se satisfaz em encerrar o povo em suas malhas, em esvaziar o cérebro colonizado de todas as formas e de todo conteúdo. Por uma espécie de perversão da lógica, ele se orienta para o passado do povo oprimido, distorce-o, desfigura-o, anula-o. Esse empreendimento de desvalorização da história pré--colonização assume hoje sua significação dialética.

Quando se reflete sobre os esforços que foram empregados para realizar a alienação cultural tão característica da época colonial, compreende-se que nada foi feito por acaso e que o resultado global buscado pela dominação colonial era exatamente convencer os nativos de que o colonialismo devia retirá-los das trevas. O resultado, conscientemente perseguido pelo colonialismo, era enfiar na cabeça dos nativos que a partida do colono significaria, para eles, o retorno à barbárie, ao aviltamento, à animalização. No plano do inconsciente, o colonialismo não procurava, portanto, ser percebido pelo nativo como uma mãe afetuosa e benfazeja que protege a criança de um ambiente hostil, mas como uma mãe que, sem cessar, impede a criança, fundamentalmente perversa, de conseguir se suicidar, de dar livre curso a seus instintos maléficos. A mãe colonial protege a criança contra ela mesma, contra seu ego, contra sua fisiologia, sua biologia, seu infortúnio ontológico.

Nessa situação, a reivindicação do intelectual colonizado não é um luxo, mas exigência de um programa coerente. O intelectual colonizado, que situa seu combate no plano da legitimidade, que quer trazer provas, que aceita ficar nu para melhor exibir a história de seu corpo, está condenado a esse mergulho nas entranhas de seu povo.

Esse mergulho não é especificamente nacional. O intelectual colonizado, que decide combater as mentiras colonialistas, vai fazê-lo em escala continental. O passado é valorizado. A cultura, que é retirada do passado para ser apresentada em todo o seu esplendor, não é a de seu país. O colonialismo, que não matizou seus esforços, não cessou de afirmar que o negro é um selvagem, e o negro, para ele, não era angolano nem nigeriano. Ele falava do negro em geral. Para o colonialismo, esse vasto continente era um antro de selvagens, um país infestado de superstições e de fanatismo, destinado ao desprezo, carregado pela maldição de Deus, país de antropófagos, país de negros. A condenação do colonialismo é continental. A afirmação do colonialismo de que as trevas humanas caracterizaram o período pré-colonial refere-se ao conjunto do continente africano. Os esforços do colonizado para se reabilitar e escapar da ferida colonial inscrevem-se logicamente na mesma perspectiva que a do colonialista. O intelectual colonizado, que começou a se aprofundar na cultura ocidental e que põe na cabeça proclamar a existência de uma cultura, nunca o faz em nome de Angola ou do Daomé. A cultura que é afirmada é a cultura africana. O negro, que nunca foi tão negro como depois que foi dominado pelo branco, quando decide dar prova de cultura, fazer obra cultural, percebe que a história lhe impõe um terreno preciso, que a história lhe indica uma via precisa e que lhe cumpre manifestar uma cultura negra.

E é bem verdade que os grandes responsáveis por essa racialização do pensamento, ou pelo menos pelos procedimentos do pensamento, são e continuam a ser os europeus que não cessaram de opor a cultura branca às outras inculturas. O colonialismo não achou que deveria perder tempo negando as culturas das diferentes nações umas depois das outras. Também a resposta do colonizado será sem dificuldade continental. Na África, a literatura colonizada dos últimos vinte anos não é uma literatura nacional, mas uma literatura de negros. O conceito de negritude, por exemplo, era a antítese afetiva, se não lógica, desse insulto que o homem branco fazia à humanidade. Essa negritude que se lançou contra o desprezo do branco revelou-se em certos setores a única capaz de fazer cessar interdições e maldições. Como os intelectuais guineanos e quenianos estavam confrontados antes de tudo com o ostracismo global, com o desprezo sincrético do dominador, sua reação foi admirar e cantar a si mesmos. À afirmação incondicional da cultura europeia sucedeu a afirmação incondicional da cultura africana. No conjunto, os arautos da negritude vão opor a velha Europa a uma jovem África, a razão enfadonha à poesia, a lógica opressiva à trepidante natureza; de um lado: rigidez, cerimônia, protocolo, ceticismo; do outro: ingenuidade, petulância, liberdade, por que não exuberância. Mas também irresponsabilidade.

Os arautos da negritude não hesitarão em transcender os limites do continente. Da América, vozes negras vão retomar esse hino com redobrada amplitude. O "mundo negro" surgirá e Busia, de Gana, Birago Diop, do Senegal, Hampaté Ba, do Sudão, Saint-Clair Drake, de Chicago, não hesitarão em afirmar a existência de elos comuns, de linhas de força idênticas.

O exemplo do mundo árabe também poderia ser proposto aqui. Sabe-se que a maioria dos territórios árabes foi submetida à dominação colonial. O colonialismo empregou, nessas regiões, os mesmos esforços para implantar no espírito dos nativos a ideia de que a história deles, antes da colonização, era uma história dominada pela barbárie. A luta de libertação nacional foi acompanhada por um fenômeno cultural conhecido como Despertar do Islã. A paixão com que os autores árabes contemporâneos lembram a seu povo as grandes páginas da história árabe é uma resposta às mentiras do ocupante. Os grandes nomes da literatura árabe foram repertoriados e o passado da civilização árabe foi brandido com a mesma veemência, o mesmo ardor que o das civilizações africanas. Os líderes árabes tentaram reviver a famosa Dar es Salaam, que brilhou tão intensamente nos séculos XII, XIII e XIV.

Hoje, no plano político, a Liga Árabe concretiza essa vontade de retomar a herança do passado e fazê-la chegar ao auge. Atualmente, médicos e poetas árabes interagem através das fronteiras, esforçando-se por lançar uma nova cultura árabe, uma nova civilização árabe. É em nome do arabismo que esses homens se reúnem, é em seu nome que tratam de pensar. Contudo, no mundo árabe, o sentimento nacional conservou, mesmo sob a dominação colonial, uma vivacidade que não se encontra na África. Por isso, não se detecta na Liga Árabe essa comunhão espontânea de cada um com todos. Ao contrário, paradoxalmente, cada um tenta louvar as realizações de sua própria nação. Estando o fenômeno cultural liberado da indiferenciação que o caracterizava no mundo africano, os árabes nem sempre conseguem desaparecer diante do objeto. A vivência cultural não é nacional, mas árabe. O problema ainda não é garantir uma cultura nacional, apoderar-se do movimento das nações, mas assumir uma cultura árabe ou africana diante da condenação global feita pelo dominador. No plano africano, como no plano árabe, vê-se que a reivindicação do homem de cultura do país colonizado é sincrética, continental, mundial no caso dos árabes.

Essa obrigação histórica em que se viram os homens de cultura africanos, de racializar suas reivindicações, de falar mais de cultura africana do que de cultura nacional, vai levá-los a um impasse. Tomemos por exemplo o caso da Sociedade Africana de Cultura, criada por intelectuais africanos que desejavam se conhecer, trocar experiências e pesquisas. O objetivo da sociedade, portanto, era firmar a existência de uma cultura africana, inventariar essa cultura no âmbito de nações definidas, revelar o dinamismo interno de cada uma das culturas nacionais. Mas, ao mesmo tempo, a sociedade correspondia a uma outra exigência: a de se colocar ao lado da Sociedade Europeia de Cultura, que ameaçava se transformar em Sociedade Universal de Cultura. Havia, portanto, na raiz dessa decisão, a preocupação de estar presente no encontro universal com todas as suas armas, com uma cultura jorrada das próprias entranhas do continente africano. Ora, muito rapidamente essa sociedade revelará sua inaptidão para assumir essas diferentes tarefas e se limitará a manifestações exibicionistas: mostrar aos europeus que existe uma cultura africana, opor-se aos europeus ostentatórios e narcisistas; será este o comportamento habitual dos membros da sociedade. Mostramos que essa atitude era normal e tirava sua legitimidade da mentira propagada pelos homens de cultura ocidentais. Mas a degradação dos objetivos da sociedade vai se aprofundar com a elaboração do conceito de negritude. A Sociedade Africana de Cultura vai se tornar a sociedade cultural do mundo negro e será levada a incluir a diáspora negra, isto é, as dezenas de milhões de negros repartidos pelos continentes americanos.

Os negros nos Estados Unidos, na América Central ou na América Latina tinham necessidade, de fato, de se prender a uma matriz cultural. O problema que se colocava para eles não era fundamentalmente diferente daquele com o qual se confrontavam os africanos. Em relação a eles, os brancos da América não se comportaram de forma diferente dos que dominavam os africanos. Vimos que os brancos tinham se acostumado a atribuir a mesma importância a todos os negros. No decorrer do I Congresso da Sociedade Africana de Cultura, realizado em Paris em 1956, os negros norte-americanos espontaneamente pensaram seus problemas no mesmo plano que os de seus congêneres africanos. Os homens de cultura africanos, falando de civilizações africanas, atribuíam aos ex-escravos uma condição civil razoável. Mas progressivamente os negros norte-americanos perceberam que os problemas existenciais que se apresentavam a eles não coincidiam com aqueles enfrentados pelos negros africanos. Os negros de Chicago só se assemelhavam aos da Nigéria e aos de Tanganica na exata medida em que todos se definiam em relação aos brancos. Mas, passados os primeiros confrontos, assim que a subjetividade se viu tranquilizada, os negros norte-americanos perceberam que os problemas objetivos eram fundamentalmente heterogêneos. Os ônibus da liberdade nos quais os negros e brancos norte-americanos tentam fazer recuar a discriminação racial não mantêm, em seu princípio e seus objetivos, grande relação com a luta heroica do povo angolano contra o odioso colonialismo português. Assim, no decorrer do II Congresso da Sociedade Africana de Cultura, os negros norte-americanos decidiram criar uma Sociedade Americana dos Homens de Cultura Negros.

Portanto, a negritude encontrava seu primeiro limite nos fenômenos que dão conta da historicização dos homens. A cultura negra, a cultura negro-africana, se dividia, porque os homens que se propunham a encarná-la percebiam que toda cultura é primeiramente nacional e que os problemas que mantinham em alerta Richard Wright e Langston Hughes eram fundamentalmente diferentes dos de Léopold Senghor ou Jomo Kenyatta. Da mesma forma, certos Estados árabes que haviam entoado o canto prestigioso da renovação árabe deviam perceber que sua posição geográfica e a interdependência econômica de sua região eram mais fortes do que o passado que se queria reviver. Por isso encontramos atualmente os Estados árabes organicamente ligados às sociedades mediterrâneas de cultura. É que esses Estados estão submetidos a pressões modernas, a novos circuitos comerciais, ao passo que as redes que dominavam durante o esplendor árabe desapareceram. Mas há sobretudo o fato de que os regimes políticos de certos Estados árabes são a tal ponto heterogêneos, alheios uns aos outros, que um encontro entre eles, mesmo cultural, se revela um contrassenso.

Vê-se, portanto, que o problema cultural, tal como às vezes é colocado nos países colonizados, pode dar lugar a graves ambiguidades. A incultura dos negros que o colonialismo proclama, assim como a barbárie congênita dos árabes, devia logicamente conduzir a uma exaltação dos fenômenos culturais não mais nacionais e sim continentais e singularmente racializados. Na África, a conduta do homem de cultura é uma conduta negro-africana ou árabe-muçulmana. Não é especificamente nacional. A cultura está cada vez mais isolada da realidade. Ela encontra refúgio numa fogueira passionalmente incandescente e com dificuldade abre caminhos concretos, que seriam, entretanto, os únicos capazes de lhe fornecer os atributos de fecundidade, de homogeneidade e de densidade.

Se é historicamente limitada, é certo que a atuação do intelectual colonizado contribui em grande medida para sustentar, para legitimar a ação dos políticos. E é verdade que o procedimento do intelectual colonizado assume por vezes os aspectos de um culto, de uma religião. Mas, se quisermos analisar corretamente essa atitude, perceberemos que ela traduz a tomada de consciência, pelo colonizado, do perigo que corre ao romper as últimas amarras com seu povo. Essa fé proclamada na existência de uma cultura nacional é de fato um retorno candente, desesperado, a qualquer coisa. Para garantir sua salvação, para escapar da supremacia da cultura branca, o colonizado sente a necessidade de retornar a raízes ignoradas, de se perder, aconteça o que acontecer, nesse povo bárbaro. Por sentir que está se tornando alienado, isto é, sendo o local vivo de contradições que ameaçam ser insuperáveis, o colonizado se retira do pântano em que poderia afundar e impetuosamente aceita, decide assumir, confirma. O colonizado se descobre obrigado a responder por tudo e por todos. Não se torna apenas o defensor, aceita ser posto com os outros e, doravante, pode se permitir rir de sua covardia passada.

Esse movimento difícil e doloroso é, no entanto, necessário. Quando ele não se realiza, ocorrem mutilações psicoafetivas extremamente graves. Pessoas sem lugar fixo, sem limite, sem cor, apátridas, desenraizadas, anjos. Também não causará surpresa ouvir certos colonizados declararem: "É enquanto senegalês e francês.../ É enquanto argelino e francês... que falo". Tropeçando na necessidade, se ele quiser ser verdadeiro, de assumir duas nacionalidades, o intelectual árabe e francês, o intelectual nigeriano e inglês escolhe a negação de uma dessas determinações. Na maioria das vezes, não querendo ou não podendo escolher, reúnem todas as determinações históricas que os condicionaram e se colocam radicalmente numa "perspectiva universal".

Pois o intelectual colonizado se lançou com avidez na cultura ocidental. Tal como filhos adotivos que só param suas investigações sobre o novo quadro familiar no momento em que se cristaliza em seu psiquismo um núcleo apaziguador mínimo, o intelectual colonizado vai tentar tornar sua a cultura europeia. Não se contentará em conhecer Rabelais ou Diderot, Shakespeare ou Edgar Poe, ele distenderá o cérebro até a mais extrema cumplicidade com esses homens.

A dama não estava só
Tinha um marido
Um marido como deve ser
Que citava Racine e Corneille
E Voltaire e Rousseau
E o pai Hugo e o jovem Musset
E Gide e Valéry
E tantos outros ainda.[17]

Mas no momento em que os partidos nacionalistas mobilizam o povo em nome da independência nacional, o intelectual colonizado pode, às vezes, rejeitar com desdém essas aquisições que, de repente, percebe serem alienantes. Entretanto, é mais fácil declarar que se rejeita do que realmente rejeitar. Esse intelectual que, por intermédio da cultura, tinha se infiltrado na civilização ocidental, que chegara a aderir à civilização europeia, vai constatar que a matriz cultural, que gostaria de assumir por preocupação com a originalidade, não lhe oferece muitas figuras de proa capazes de suportar a comparação com aquelas, numerosas e prestigiosas, da civilização do ocupante. É claro que a história, escrita aliás por ocidentais e para ocidentais, poderá episodicamente valorizar certos períodos do passado africano. Mas, de pé diante do presente de seu país, observando com lucidez, "objetivamente", a atualidade do continente que ele gostaria de fazer seu, o intelectual fica alarmado com o vazio, o embrutecimento, a selvageria. Ora, ele sente que precisa sair dessa cultura branca, que precisa buscar em outro lugar, qualquer que seja, e, por não encontrar um alimento cultural à altura do panorama glorioso apresentado pelo dominador, o intelectual colonizado com frequência refluirá para posições passionais e desenvolverá uma psicologia dominada por uma sensibilidade, uma sensitividade, uma susceptibilidade excepcionais. Esse movimento de retração, que vem inicialmente de uma petição de princípio em seu mecanismo interno e sua fisionomia, evoca sobretudo um reflexo, uma contração muscular.

Assim se explica suficientemente o estilo dos intelectuais colonizados que decidem expressar essa fase da consciência que vai se libertando. Estilo desigual, fortemente figurado, pois a imagem é a ponte levadiça que permite às energias inconscientes se espalharem nos prados circunvizinhos. Estilo nervoso, animado por ritmos, de parte a parte habitado por uma vida eruptiva. Colorido também, bronzeado, ensolarado e violento. Esse estilo, que em seu tempo surpreendeu os ocidentais, não é, como quiseram dizer, uma característica racial, mas traduz antes de tudo um corpo a corpo, revela a necessidade em que esse homem se viu de se machucar, de sangrar realmente de sangue vermelho, de se liberar de uma parte de seu ser que já continha germes de podridão. Combate doloroso, rápido, no qual infalivelmente o músculo devia substituir o conceito.

Se no plano poético esse procedimento atinge alturas inusitadas, ocorre que no plano da existência o intelectual chega frequentemente a um impasse. Quando, tendo atingido o apogeu do cio com seu povo, qualquer que tenha sido e qualquer que seja, o intelectual decide reencontrar o caminho da cotidianidade, não traz de sua aventura senão fórmulas terrivelmente infecundas. Privilegia os costumes, as tradições, os modos de se apresentar, e sua busca forçada, dolorosa, só evoca uma pesquisa banal de exotismo. É o período em que os intelectuais louvam as menores determinações do panorama nativo.

O bubu é sacralizado, os sapatos parisienses ou italianos são deixados de lado em proveito das babuchas. A linguagem do dominador de repente esfola os lábios. Encontrar seu povo é algumas vezes, nesse período, querer ser preto, não um preto como os outros, mas um verdadeiro preto, um preto de merda, tal como quer o branco. Encontrar seu povo é se tornar *bicot*, se tornar o mais nativo possível, o mais irreconhecível, é cortar as asas que havia deixado crescer.

O intelectual colonizado decide fazer o inventário das maneiras inadequadas aprendidas no mundo colonial e se apressa em lembrar as boas maneiras do povo, desse povo sobre o qual se decidiu que detém toda a verdade. O escândalo que esse procedimento desencadeia nas fileiras dos colonialistas instalados no território reforça a decisão do colonizado. Quando os colonialistas, que tinham saboreado sua vitória sobre esses assimilados, se dão conta de que esses homens, os quais eles acreditavam ter salvado, começam a se dissolver na pretalhada, todo o sistema vacila. Cada colonizado conquistado, cada colonizado que reconheceu sua culpa, quando decide se perder, não só é um fracasso para a empresa colonial, mas simboliza sobretudo a inutilidade e a falta de profundidade do trabalho realizado. Cada colonizado que ultrapassa a linha é uma condenação radical do método e do regime, e o intelectual colonizado encontra, no escândalo que provoca, uma justificativa para sua demissão e um encorajamento para perseverar.

Se quiséssemos encontrar, através das obras de escritores colonizados, as diferentes fases que caracterizam essa evolução, veríamos se perfilar diante de nossos olhos um panorama em três tempos. Numa primeira fase, o intelectual colonizado prova que assimilou a cultura do ocupante. Suas obras correspondem ponto por ponto às de seus homólogos metropolitanos. A inspiração é europeia e pode-se facilmente ligar essas obras a uma corrente bem definida da literatura metropolitana. É o período assimilacionista integral. Serão encontrados nessa literatura de colonizado parnasianos, simbolistas, surrealistas.

Numa segunda fase, o colonizado está abalado e decide rememorar. Esse período de criação corresponde de maneira aproximada ao mergulho que acabamos de descrever. Mas como o colonizado não está inserido em seu povo, como mantém relações de exterioridade com seu povo, ele se contenta em lembrar. Velhos episódios da infância serão recuperados do fundo da memória, velhas lendas serão reinterpretadas em função de uma estética emprestada e de uma concepção do mundo descoberta em outros lugares. Algumas vezes essa literatura de pré-combate será dominada pelo humor e pela alegoria. Período de angústia, de mal-estar, experiência da morte, experiência também da náusea. Ele se vomita, mas já, por baixo, começa o riso.

Enfim, numa terceira fase, dito de combate, o colonizado, depois de ter tentado se perder no povo, de se perder com o povo, vai, ao contrário, sacudir o povo. Em vez de privilegiar a letargia do povo, ele se transforma em despertador do povo. Literatura de combate, literatura revolucionária, literatura nacional. Durante essa fase, um grande número de homens e de mulheres que nunca teriam pensado em produzir obras literárias, agora que estão em situações excepcionais, na prisão, no maqui ou na véspera de sua execução, sentem a necessidade de dizer sua nação, de compor a frase que expressa o povo, de se fazer porta-voz de uma nova realidade em atos.

Mais cedo ou mais tarde, porém, o intelectual colonizado vai se dar conta de que não se prova a nação a partir da cultura, e sim no combate travado pelo povo contra as forças de ocupação. Nenhum colonialista obtém sua legitimidade da inexistência cultural dos territórios que domina. Jamais alguém causará vergonha ao colonialismo exibindo diante dele tesouros culturais desconhecidos. O intelectual colonizado, no mesmo momento em que se preocupa em fazer obra cultural, não percebe que utiliza técnicas e uma língua tomadas de empréstimo ao ocupante. Contenta-se em recobrir esses instrumentos com uma marca que se quer nacional, mas que lembra estranhamente o exotismo. O intelectual colonizado que retorna a seu povo através das obras culturais comporta-se de fato como um estrangeiro. Por vezes não vai hesitar em utilizar os dialetos para manifestar sua vontade de ficar o mais próximo possível do povo, mas as ideias que expressa, as preocupações que o habitam não têm nenhuma relação com a situação concreta conhecida pelos homens e pelas mulheres de seu país. A cultura, para a qual se inclina o intelectual, muito frequentemente nada mais é do que um estoque de particularismos. Querendo aderir ao povo, ele adere ao revestimento visível. Ora, esse revestimento é apenas um reflexo de uma vida subterrânea, densa, em perpétua renovação. Essa objetividade, que salta aos olhos e que parece caracterizar o povo, é na verdade apenas o resultado inerte e já negado de adaptações múltiplas e nem sempre coerentes de uma substância mais fundamental que está de fato em plena renovação. O homem de cultura, em vez de partir em busca dessa substância, vai se deixar hipnotizar por esses restos mumificados que, estabilizados, significam, ao contrário, a negação, a superação, a invenção. A cultura nunca tem a translucidez do costume. A cultura foge eminentemente de qualquer simplificação. Em sua essência, ela é o oposto do costume, que, de fato, é sempre uma deterioração da cultura. Querer seguir exatamente a tradição ou reatualizar tradições deixadas de lado é não só posicionar-se contra a história, mas posicionar-se contra seu povo. Quando um povo apoia uma luta armada ou mesmo uma luta política contra um colonialismo implacável, a tradição muda de significado. O que era técnica de resistência passiva pode, nesse período, ser radicalmente condenado. Num país subdesenvolvido em fase de luta, as tradições são fundamentalmente instáveis e atravessadas por correntes centrífugas. É por isso que o intelectual com frequência corre o risco de ser inoportuno. Os povos que empreenderam a luta são cada vez mais impermeáveis à demagogia, e quem pretende segui-los com excessivo rigor revela ser um vulgar oportunista, e até mesmo um retardatário.

No plano das artes plásticas, por exemplo, o criador colonizado, que quer produzir obra nacional a qualquer custo, restringe-se a uma reprodução estereotipada dos detalhes. Os artistas que, no entanto, aprofundaram as técnicas modernas e participaram das grandes correntes da pintura ou da arquitetura contemporânea dão as costas, contestam a cultura estrangeira e, partindo em busca do verdadeiro nacional, privilegiam o que acreditam ser as constantes de uma arte nacional. Porém, esses criadores esquecem que as formas de pensamento, os hábitos alimentares, as técnicas modernas de informação, de linguagem e de indumentária reorganizaram dialeticamente o cérebro do povo, e que as constantes que foram a salvaguarda durante o período colonial estão sofrendo mutações terrivelmente radicais.

Esse criador que decide descrever a verdade nacional volta-se paradoxalmente para o passado, para o inatual. O que ele visa, em sua intencionalidade profunda, são os dejetos do pensamento, o exterior, os cadáveres, o saber definitivamente estabilizado. Ora, o intelectual colonizado que quer produzir uma obra autêntica deve saber que a verdade nacional é, em primeiro lugar, a realidade nacional. É preciso que ele vá até o lugar em ebulição onde se prefigura o saber.

Antes da independência, o pintor colonizado era insensível ao panorama nacional. Privilegiava, portanto, o não figurativo, ou, mais frequentemente, especializava-se nas naturezas-mortas. Depois da independência, sua preocupação em se juntar ao povo vai confiná-lo na representação ponto por ponto da realidade nacional. Trata-se nesse caso de uma representação não ritmada, serena, imóvel, que evoca não a vida, mas a morte. Os meios esclarecidos se extasiam diante dessa verdade bem representada, mas tem-se o direito de perguntar se essa verdade é real, se ela de fato não foi ultrapassada, negada, questionada pela epopeia através da qual o povo abre um caminho para a história.

No plano da poesia, poderíamos fazer as mesmas constatações. Depois da fase assimilacionista da poesia rimada, ressoa o ritmo do tantã poético. Poesia de revolta, mas poesia analítica, descritiva. O poeta deve, entretanto, compreender que nada substitui o engajamento racional e irreversível ao lado do povo armado. Mais uma vez, citemos Depestre:

> A senhora não estava sozinha
> Tinha um marido
> Um marido que sabia tudo

Mas falando francamente não sabia nada
Porque a cultura não ocorre sem concessões
Uma concessão de sua carne e de seu sangue
Uma concessão de si mesmo aos outros
Uma concessão que vale o
Classicismo e o romantismo
E tudo aquilo de que se nutre nosso espírito.[18]

O poeta colonizado, que se preocupa em produzir obra nacional, que se obstina em descrever seu povo, não atinge seu objetivo, porque não diz, antes de mais nada, que é capaz de fazer essa concessão fundamental de que fala Depestre. O poeta francês René Char compreendeu bem a questão: ele lembra que "o poema emerge de uma imposição subjetiva e de uma escolha objetiva. O poema é uma reunião em movimento de valores originais determinantes, em relações contemporâneas com alguém que essa circunstância torna prioritário".[19]

Sim, o primeiro dever do poeta colonizado é determinar claramente o tema povo de sua criação. Só podemos avançar resolutamente se primeiro tomamos consciência de nossa alienação. Tomamos tudo pelo outro lado. Ora, o outro lado não nos dá nada sem, por mil desvios, nos curvar em sua direção, sem, por 10 mil artifícios, 100 mil ardis, nos atrair, nos seduzir, nos aprisionar. Tomar é também, em múltiplos planos, ser tomado. Não basta, portanto, tentar se desligar, acumulando as declarações ou as denegações. Não basta se reunir com o povo nesse passado no qual ele não está mais, mas nesse movimento oscilante que ele acaba de esboçar e a partir do qual subitamente tudo vai ser questionado. É necessário que sigamos para esse lugar de desequilíbrio oculto em que o povo se mantém, porque, não duvidemos, é ali que sua alma se cristaliza e que sua percepção e sua respiração se iluminam.

Keïta Fodéba, atual ministro do Interior da República da Guiné, quando era diretor dos Ballets Africains não usou de subterfúgios com a realidade que lhe oferecia o povo guineano. Numa perspectiva revolucionária, reinterpretou todas as imagens rítmicas de seu país. Porém, fez mais ainda. Em sua obra poética, pouco conhecida, encontra-se uma preocupação constante em precisar o momento histórico da luta, em delimitar o campo em que se vai desenvolver a ação, as ideias em torno das quais se vai cristalizar a vontade popular. Eis um poema de Keïta Fodéba, autêntico convite à reflexão, à desmistificação, ao combate:

Alvorada africana

(*Música de violão*)

Era a alvorada. O pequeno lugarejo que havia dançado boa parte da noite ao som dos tambores despertava pouco a pouco. Os pastores em andrajos e tocando flauta conduziam os rebanhos no vale. As moças, portando cântaros, seguiam em fila na vereda tortuosa da fonte. No pátio do marabu, um grupo de crianças cantarolava em coro versículos do Corão.

(*Música de violão*)

Era a alvorada. Combate do dia e da noite. Mas esta, extenuada, não aguentava mais, e lentamente expirava. Alguns raios do sol, como signos precursores da vitória do dia, vagavam ainda no horizonte, tímidos e pálidos, as últimas estrelas deslizavam suavemente sob o amontoado de nuvens, como flamboyants em flor.

(*Música de violão*)

Era a alvorada. E ao longe, no fundo da vasta planície de contornos púrpura, uma silhueta de homem curvado limpava um terreno: a silhueta de Naman, o lavrador. A cada golpe de sua daba,* os pássaros assustados levantavam voo e rapidamente chegavam às margens pacíficas do Djoliba, o grande rio Níger. Sua calça de algodão cinza, molhada de orvalho, batia dos lados na grama. Ele suava, infatigável, sempre curvado, manejando com destreza a ferramenta; porque era preciso que aqueles grãos estivessem enterrados antes das próximas chuvas.

(*Música de corá*)

Era a alvorada. Sempre a alvorada. Os *mange-mil*** agitavam-se nas folhagens, anunciando o dia. No caminho de terra úmido da planície, um menino, levando a tiracolo seu pequeno saco de flechas, corria ofegante na direção de Naman. Ele intimou: "Naman, meu irmão, o chefe do vilarejo o espera sob a árvore das palavras".

(*Música de corá*)

Surpreso com uma convocação tão cedo, o lavrador pousou sua ferramenta e caminhou até a aldeia, que agora resplandecia na claridade do sol nascente. Os Anciãos, mais graves do que nunca, já estavam sentados. Ao lado deles, um homem de uniforme, um guarda da circunscrição territorial, impassível, fumava tranquilamente seu cachimbo.

---

* Um tipo de enxada. (N. T.)
** Pequeno pássaro da África Ocidental que vive em bando e se alimenta de milho. (N. T.)

(*Música de corá*)

Naman tomou seu lugar sobre uma pele de carneiro. O griô do chefe levantou-se para transmitir à assembleia a vontade dos Anciãos: "Os brancos enviaram um guarda para pedir um homem do vilarejo para a guerra no país deles. Os notáveis, após deliberação, decidiram designar o jovem mais representativo de nossa raça, a fim de que ele vá provar na batalha dos brancos a coragem que sempre caracterizou nosso Mandinga".

(*Música de violão*)

Naman, cuja estatura imponente e visível desenvolvimento dos músculos eram louvados a cada noite por jovens em versos harmoniosos, foi designado de ofício. A doce Kadia, sua jovem esposa, perturbada pela notícia, de repente deixou de pilar, guardou o pilão sob o celeiro e, sem dizer nada, trancou-se em sua cabana para chorar sua infelicidade com soluços abafados. Tendo a morte lhe roubado o primeiro marido, não podia conceber que os brancos lhe raptassem Naman, aquele em quem repousavam todas as suas novas esperanças.

(*Música de violão*)

No dia seguinte, apesar de suas lágrimas e lamentos, o som grave dos tambores acompanhou Naman ao pequeno porto da aldeia, onde ele entrou num barco com destino à capital da circunscrição. De noite, em vez de dançarem na praça pública como de hábito, as jovens vieram ficar em vigília na antecâmara de Naman, onde contaram histórias até o amanhecer, em volta de uma fogueira.

(*Música de violão*)

Vários meses se passaram sem que nenhuma notícia de Naman chegasse à aldeia. A pequena Kadia ficou preocupada e recorreu ao feiticeiro do vilarejo vizinho. Mesmo os Anciãos fizeram sobre o assunto um breve conciliábulo secreto do qual nada transpirou.

(*Música de corá*)

Um dia, finalmente, chegou ao vilarejo uma carta de Naman endereçada a Kadia. Esta, preocupada com a situação do esposo, foi na mesma noite, depois de difíceis horas de caminhada, até a capital da circunscrição, onde um tradutor leu a missiva.
Naman estava na África do Norte, bem de saúde, e pedia notícias da colheita, das festas da lagoa, das danças, da árvore das palavras, da aldeia...

(*Balafom*)

Nessa noite, as comadres concederam à jovem Kadia o favor de assistir, no pátio da mais velha dentre elas, a suas reuniões noturnas costumeiras. O chefe da aldeia, feliz com a notícia, ofereceu uma grande festa a todos os mendigos dos arredores.

(*Balafom*)

Passaram-se ainda vários meses e todos voltaram a se preocupar, pois não se sabia mais nada de Naman. Kadia pensava em ir novamente consultar o feiticeiro quando recebeu uma segunda carta. Naman, depois da Córsega e da Itália, estava agora na Alemanha, contente por ter sido condecorado.

(*Balafom*)

Outra vez, foi um simples postal que informou que Naman fora feito prisioneiro pelos alemães. A notícia pesou sobre a aldeia com toda a sua força. Os Anciãos reuniram-se e decidiram que Naman estava autorizado, a partir de então, a dançar o Douga, dança sagrada do abutre que ninguém dança sem ter realizado um ato memorável, dança dos imperadores malinkes na qual cada passo é uma etapa da história do Mali. Foi um consolo para Kadia ver o marido elevado à dignidade de herói do país.

(*Música de violão*)

O tempo passou... Seguiram-se dois anos... Naman continuava na Alemanha. Não escrevia mais.

(*Música de violão*)

Um belo dia, o chefe da aldeia recebeu de Dacar algumas palavras, anunciando a chegada próxima de Naman. Imediatamente os tambores tocaram. Dançou-se, cantou-se até o amanhecer. As moças compuseram novas árias para sua recepção, pois as antigas que lhe eram dedicadas não diziam nada sobre o Douga, célebre dança dos mandingas.

(*Tambores*)

Mas, um mês depois, o furriel Moussa, grande amigo de Naman, enviou a Kadia uma trágica carta: "Era o amanhecer. Estávamos em Thiaroye-sur-Mer. Durante uma grande disputa que nos opunha a nossos chefes brancos de Dacar, uma bala traiu Naman. Ele repousa em solo senegalês".

(*Música de violão*)

De fato, era o amanhecer. Os primeiros raios de sol mal tocando a superfície do mar douravam suas pequenas vagas espumantes. Ao sopro da brisa, as palmeiras, como que enfadadas pelo combate matinal, inclinavam docemente os troncos em direção ao oceano. Os corvos, em bandos barulhentos, vinham anunciar aos arredores, com seu crocitar, a tragédia que ensanguentava Thiaroye... E, no azul incendiado, bem acima do cadáver de Naman, um gigantesco abutre planava pesadamente. Parecia dizer-lhe: "Naman! Você não dançou a dança que leva meu nome. Outros a dançarão".

(*Música de corá*)

Se escolhi este poema longo foi em razão de seu incontestável valor pedagógico. Aqui, as coisas estão claras. Trata-se de uma exposição precisa, progressiva. A compreensão do poema não é somente um procedimento intelectual, mas um procedimento político. Compreendê-lo é compreender o papel que se tem a desempenhar, identificar o procedimento, preparar-se para a guerra. Não há nenhum colonizado que não receba a mensagem contida nesse poema. Naman, herói dos campos de batalha da Europa; Naman, que não deixou de assegurar poder e perenidade à metrópole; Naman, metralhado pelas forças policiais no momento em que retomava contato com sua terra natal, Naman é Sétif em 1945, é Fort-de-France, Saigon, Dacar, Lagos. Todos esses pretos e *bicots* que lutaram para defender a liberdade da França ou a civilização britânica estão nesse poema de Keïta Fodéba.

Mas Fodéba vê mais longe. Nos países colonizados, o colonialismo, depois de usar os nativos nos campos de batalha, utiliza-os como ex-combatentes para sufocar os movimentos de independência. As associações de ex-combatentes são, nas colônias, uma das forças mais antinacionalistas que existem. O poeta Keïta Fodéba preparava o ministro do Interior da República da Guiné para desfazer os complôs organizados pelo colonialismo francês. Era de fato com o auxílio dos ex-combatentes que os serviços secretos franceses pretendiam, entre outras coisas, sufocar a jovem independência guineana.

O homem colonizado que escreve para seu povo, quando utiliza o passado, deve fazê-lo com a intenção de abrir o futuro, de convidar à ação, criar a esperança. Mas, para garantir a esperança, para lhe dar densidade, é preciso participar da ação, engajar-se de corpo e alma no combate nacional. Pode-se falar de tudo, mas quando se decide falar dessa coisa única na vida de um homem, que é o fato de abrir o horizonte, de levar a luz para si, de pôr de pé a si mesmo e ao seu povo, então é preciso colaborar com seus músculos.

A responsabilidade do homem de cultura colonizado não é uma responsabilidade diante da cultura nacional, mas uma responsabilidade global em relação à nação global da qual a cultura, em resumo, não é senão um aspecto. O homem de cultura colonizado não deve se preocupar em escolher o nível de seu combate, o setor em que decide começar o combate nacional. Lutar em prol da cultura nacional é, em primeiro lugar, lutar em prol da libertação da nação, matriz material a partir da qual a cultura se torna possível. Não há um combate cultural que se desenvolveria lateralmente ao combate popular. Nenhum desses homens e mulheres que lutam desarmados contra o colonialismo francês na Argélia, por exemplo, é estranho à cultura nacional argelina. A cultura nacional argelina toma corpo e consistência no decorrer desses combates, na prisão, diante da guilhotina, nos postos militares franceses sitiados e destruídos.

É preciso, portanto, não se contentar em mergulhar no passado do povo para aí encontrar elementos de coerência diante das operações falsificadoras e pejorativas do colonialismo. É preciso trabalhar, lutar na mesma cadência que o povo, a fim de determinar o futuro, preparar o terreno em que já surgem rebentos vigorosos. A cultura nacional não é o folclore no qual um populismo abstrato quis descobrir a verdade do povo. Não é uma massa sedimentada de gestos puros, isto é, cada vez menos associável à realidade presente do povo. A cultura nacional é o conjunto dos esforços feitos por um povo no plano do pensamento, para descrever, justificar e louvar a ação através da qual o povo se constituiu e se manteve. A cultura nacional, nos países subdesenvolvidos, deve, portanto, se situar no centro mesmo da luta de libertação empreendida por esses países. Os homens de cultura africanos que ainda lutam em nome da cultura negro-africana, que multiplicaram os congressos em nome da unidade dessa cultura, devem hoje se dar conta de que sua atividade se reduziu a confrontar peças ou comparar sarcófagos.

Não há destino comum entre as culturas nacionais senegalesa e guineana, mas destino comum entre as nações guineana e senegalesa dominadas pelo mesmo colonialismo francês. Se quisermos que a cultura nacional senegalesa se assemelhe à cultura nacional guineana, não basta que os dirigentes dos dois povos decidam colocar os problemas em perspectivas vizinhas: problema da libertação, problemas sindicais, problemas econômicos. Ainda assim, não poderia haver identidade absoluta, pois a cadência do povo e a dos dirigentes não são uniformes.

Não poderia haver culturas rigorosamente idênticas. Imaginar que se fará cultura negra é esquecer que os negros estão desaparecendo, uma vez que aqueles que os criaram estão assistindo à dissolução de sua supremacia econômica e cultural.[20] Não haverá cultura negra, porque nenhum homem político imagina ter vocação para dar origem a repúblicas negras. O problema é saber o lugar que esses homens pretendem reservar a seu povo, o tipo de relações sociais que decidem instaurar, a concepção que têm do futuro da humanidade. É isso que conta. Todo o resto é literatura e mistificação.

Em 1959, os homens de cultura africanos reunidos em Roma não cessaram de falar em unidade. Mas um dos maiores arautos dessa unidade cultural, Jacques Rabemananjara, é hoje ministro do governo malgaxe e como tal decidiu, com seu governo, tomar posição contra o povo argelino na Assembleia Geral das Nações Unidas. Rabe, se fosse fiel a si mesmo, deveria ter pedido demissão desse governo, deveria denunciar os homens que alegam encarnar a vontade do povo malgaxe. Os 90 mil mortos de Madagascar não deram a ele a missão de se opor, na Assembleia Geral das Nações Unidas, às aspirações do povo argelino.

Quanto à cultura negro-africana, é em torno da luta dos povos que ela se densifica, e não em torno dos cantos, dos poemas e do folclore; Senghor, que também é membro da Sociedade Africana de Cultura e trabalhou conosco em torno dessa questão da cultura africana, tampouco hesitou em ordenar a sua delegação que apoiasse as teses francesas sobre a Argélia. A adesão à cultura negro-africana, à unidade cultural da África, passa em primeiro lugar por um apoio incondicional à luta de libertação dos povos. Não se pode querer a difusão da cultura africana se não se contribui concretamente para a existência das condições dessa cultura, isto é, para a libertação do continente.

Afirmo que nenhum discurso, nenhuma proclamação sobre a cultura vai nos desviar de nossas tarefas fundamentais, que são a libertação do território nacional, a luta permanente contra as novas formas de colonialismo e a recusa obstinada a nos admirarmos reciprocamente uma vez instalados na cúpula.

Fundamentos recíprocos da cultura nacional e das lutas de libertação*

A DOMINAÇÃO COLONIAL, por ser total e simplificadora, fez de tudo para deslocar de modo espetacular a existência cultural do povo submetido. A negação da realidade nacional, as novas relações jurídicas introduzidas pela potência ocupante, o afastamento para a periferia, pela sociedade colonial, dos nativos e seus costumes, a expropriação, a sujeição sistematizada de homens e mulheres tornam possível essa obliteração cultural.

Demonstrei, há três anos, em nosso primeiro congresso, que na situação colonial o dinamismo é rapidamente substituído por uma substantificação das atitudes. A área cultural é então delimitada por barreiras, postes de sinalização. São mecanismos de defesa do tipo mais elementar, assimiláveis, em mais de um aspecto, ao simples instinto de conservação. O interesse desse período é que o opressor não chega a se satisfazer com a inexistência objetiva da nação e da cultura oprimidas. São feitos todos os esforços para levar o colonizado a confessar a inferioridade de sua cultura transformada em condutas instintivas, a reconhecer a irrealidade de sua nação e, por fim, o caráter inorganizado e inacabado de sua própria estrutura biológica.

---

* Comunicação apresentada no II Congresso dos Escritores e Artistas Negros, Roma, 1959.

Diante dessa situação, a reação do colonizado não é unívoca. Enquanto as massas mantêm intactas as tradições mais heterogêneas à situação colonial, enquanto o estilo artesanal se solidifica num formalismo cada vez mais estereotipado, o intelectual se lança freneticamente na aquisição furiosa da cultura do ocupante, tendo o cuidado de caracterizar pejorativamente sua cultura nacional, ou se limita à enumeração circunstanciada, metódica, passional e rapidamente estéril dessa cultura.

A característica comum dessas duas tentativas é que elas chegam, tanto uma como a outra, a contradições insuportáveis. Trânsfuga ou substancialista, o colonizado é ineficaz, precisamente porque a análise da situação colonial não é conduzida com rigor. A situação colonial detém, em sua quase totalidade, a cultura nacional. Não há e não poderia haver cultura nacional, vida cultural nacional, invenções culturais ou transformações culturais no âmbito de uma dominação colonial. Aqui e ali surgem por vezes tentativas audaciosas de retomada do dinamismo cultural, de reorientação dos temas, das formas, das tonalidades. O interesse imediato, palpável, notório desses movimentos intermitentes é nulo. Mas, acompanhando as consequências até seu limite extremo, percebe-se que se prepara uma saída da opacificação da consciência nacional, um questionamento da opressão, uma abertura para a luta de libertação.

A cultura nacional é, sob a dominação colonial, uma cultura contestada e cuja destruição é empreendida de maneira sistemática. Muito rapidamente, é uma cultura condenada à clandestinidade. Essa noção de clandestinidade é logo percebida nas reações do ocupante, que interpreta a complacência com as tradições como uma fidelidade ao espírito nacional, como uma recusa a se submeter. Essa persistência de formas culturais condenadas pela sociedade colonial já é uma manifestação nacional. Porém essa manifestação remete às leis da inércia. Não há ofensiva, não há redefinição das relações. Há crispação num núcleo cada vez mais acanhado, cada vez mais inerte, cada vez mais vazio.

Ao fim de dois ou três séculos de exploração, produz-se uma verdadeira emaciação do panorama cultural nacional. A cultura nacional torna-se um estoque de hábitos motores, de tradições do vestuário, de instituições fragmentadas. Percebe-se aí pouca mobilidade. Não há verdadeira criatividade, não há efervescência. Miséria do povo, opressão nacional e inibição da cultura são a mesma coisa. Após um século de dominação colonial, encontra-se uma cultura tensionada ao extremo, sedimentada, mineralizada. A decadência da realidade nacional e a agonia da cultura nacional mantêm relações de dependência recíproca. É por essa razão que se torna fundamental acompanhar a evolução dessas relações no decorrer da luta de libertação. A negação cultural, o desprezo pelas manifestações nacionais motoras ou emocionais, o banimento de qualquer sorte de organização contribuem para gerar condutas agressivas no colonizado. Mas essas condutas são de tipo reflexo, mal diferenciadas, anárquicas, ineficazes. A exploração colonial, a miséria, a fome endêmica impelem cada vez mais o colonizado para a luta aberta e organizada. Progressivamente e de modo imperceptível, a necessidade de um confronto decisivo se faz premente e é sentida pela grande maioria do povo. As tensões, outrora inexistentes, multiplicam-se. Os eventos internacionais, o desmoronamento de partes inteiras dos impérios coloniais, as contradições inerentes ao sistema colonialista mantêm e reforçam a combatividade, promovem e dão força à consciência nacional.

Essas novas tensões, presentes em todos os níveis da realidade colonial, repercutem no plano cultural. Na literatura, por exemplo, há uma relativa superprodução. A produção nativa, antes uma réplica menor do dominador, diferencia-se e torna-se vontade de se singularizar. Essencialmente consumidora durante o período de opressão, a intelligentsia torna-se produtora. De início, essa literatura se limita aos gêneros poético e clássico. Em seguida, vêm os romances, as novelas e os ensaios. Parece existir uma espécie de organização interna, uma lei da expressão que deseja que as manifestações poéticas se tornem rarefeitas à medida que os objetivos e os métodos da luta de libertação se definem com mais precisão. Os temas são fundamentalmente renovados. De fato, encontram-se cada vez menos aquelas recriminações amargas e desesperadas, aquelas violências explícitas e sonoras que, afinal, tranquilizam o ocupante. No período anterior, os colonialistas encorajaram essas tentativas, facilitaram sua existência. As denúncias cáusticas, as misérias expostas, a paixão reprimida são, com efeito, assimiladas pelo ocupante a uma operação catártica. Facilitar essas operações, em certo sentido, é evitar a dramatização, descontrair a atmosfera.

Mas essa situação só pode ser transitória. De fato, o progresso da consciência nacional no povo modifica e especifica as manifestações literárias do intelectual colonizado. A coesão continuada do povo constitui, para o intelectual, um convite a ultrapassar o grito. O descontentamento opõe-se à acusação, depois ao apelo. No período seguinte, aparece a palavra de ordem. A cristalização da consciência nacional vai ao mesmo tempo confundir gêneros e temas literários e criar inteiramente um novo público. Enquanto no início o intelectual colonizado produzia exclusivamente para o opressor, fosse para encantá-lo, fosse para denunciá-lo através das categorias étnicas ou subjetivistas, ele agora adota progressivamente o hábito de se dirigir a seu povo.

Somente a partir desse momento é que se pode falar de literatura nacional. Há, no nível da criação literária, retomada e esclarecimento dos temas tipicamente nacionalistas. É a literatura de combate propriamente dita, no sentido de que convoca todo um povo à luta pela existência nacional. Literatura de combate, porque informa a consciência nacional, dá-lhe formas e contornos, abre-lhe novas e ilimitadas perspectivas. Literatura de combate, porque toma a seu encargo, porque é vontade temporalizada.

Em outro nível, a literatura oral, os contos, as epopeias, os cantos populares outrora repertoriados e estáticos começam a se transformar. Os contadores que recitavam episódios inertes os animam e introduzem modificações cada vez mais fundamentais. Há uma tentativa de atualizar os conflitos, de modernizar as formas de luta evocadas, os nomes dos heróis, o tipo das armas. O método alusivo faz-se cada vez mais frequente. A fórmula "Muito tempo atrás" vai ser substituída por outra, mais ambígua: "O que vai ser contado aconteceu em algum lugar, mas poderia acontecer aqui, hoje ou amanhã". Nesse sentido, o exemplo da Argélia é significativo. A partir de 1952-3, os contadores, estereotipados e cansativos de se escutar, subvertem totalmente tanto seus métodos de exposição como o conteúdo de suas narrativas. O público, outrora pouco numeroso, torna-se compacto. A epopeia, com suas categorias de tipificação, reaparece. É um autêntico espetáculo que readquire valor cultural. O colonialismo não se enganou, e, a partir de 1955, procedeu à detenção sistemática desses contadores de histórias.

O contato do povo com a nova gesta suscita um novo ritmo respiratório, com tensões musculares esquecidas, e desenvolve a imaginação. Cada vez que o contador expõe um episódio novo diante de seu público, assiste-se a uma real invocação. É revelada ao público a existência de um novo tipo de homem. O presente não está mais fechado em si mesmo, mas dividido em pedaços. O contador de histórias volta a dar liberdade à imaginação, inova, realiza obras criadoras. Acontece até que figuras mal preparadas para essa transmutação, salteadores ou vagabundos mais ou menos associais, sejam retomadas e remodeladas. Num país colonizado, é preciso seguir passo a passo a emergência da imaginação, da criação nas canções e nos relatos épicos populares. O contador corresponde, por aproximações sucessivas, à expectativa do povo, e caminha, aparentemente solitário mas na verdade apoiado pelo seu público, em busca de modelos novos, de modelos nacionais. A comédia e a farsa desaparecem ou perdem seu atrativo. Quanto à dramatização, deixa de se situar no nível da consciência em crise do intelectual. Perdendo suas características de desespero e de revolta, ela se tornou o apanágio comum do povo, parte de uma ação em preparação ou já em curso.

No plano artesanal, as formas sedimentadas e como que paralisadas aos poucos se tensionam. O trabalho em madeira, por exemplo, que reeditava aos milhares certas faces ou certas poses, se distingue. A máscara inexpressiva ou oprimida se anima, e os braços tendem a se afastar do corpo, a esboçar ação. Surge a composição com dois, três, cinco personagens. As escolas tradicionais são convidadas à criação pelo surgimento em avalanche de amadores ou dissidentes. Esse novo vigor, nesse setor da vida cultural, muitas vezes passa despercebido. No entanto, sua contribuição para a luta nacional é decisiva. Ao animar faces e corpos, tomando como tema de criação um grupo fixado num mesmo suporte, o artista convida a participar de um movimento organizado.

Se estudamos as repercussões do despertar da consciência nacional no setor da cerâmica ou da olaria, podemos fazer as mesmas observações. As criações deixam de lado seu formalismo. Moringas, jarros, bandejas são modificados, inicialmente de maneira imperceptível, depois de modo brutal. As cores, outrora em número restrito e obedecendo a leis tradicionais, multiplicam-se e sofrem o contragolpe da pressão revolucionária. Certos ocres, certos azuis, interditos desde sempre no seio de determinada área cultural, impõem-se sem escândalo. Da mesma forma, a não figuração do rosto humano, característica, segundo os sociólogos, das regiões perfeitamente delimitadas, torna-se de súbito totalmente relativa. O especialista metropolitano e o etnólogo logo percebem essas mutações. No conjunto, elas são condenadas em nome de um estilo artístico codificado, de uma vida cultural que se desenvolve no cerne da situação colonial. Os especialistas colonialistas não reconhecem essa nova forma e vêm em socorro das tradições da sociedade autóctone. São os colonialistas que se tornam defensores do estilo nativo. Lembramo-nos perfeitamente — e o exemplo adquire uma certa importância, porque não se trata de uma realidade totalmente colonial — das reações dos especialistas brancos do jazz quando, depois da Segunda Guerra Mundial, novos estilos como o bebop se tornaram estáveis e cristalizados. Pois o jazz não deveria ser senão a nostalgia enferma e desesperada do negro velho preso entre cinco uísques, sua própria maldição e o ódio racista dos brancos. A partir do momento em que o negro se apreende e apreende o mundo de maneira diferente, faz nascer a esperança e impõe um recuo ao universo racista, é claro que seu trompete tende a se desobstruir e sua voz a desenrouquecer. Os novos estilos, em matéria de jazz, não nasceram somente da concorrência econômica. É preciso ver aí sem dúvida uma das consequências da derrota, inelutável embora lenta, do universo sulista nos Estados Unidos. E não é utópico supor que, daqui a cinquenta anos, a categoria jazz-lamento soluçado de um pobre negro maldito será defendida somente pelos brancos, fiéis à imagem imobilizada de um tipo de relação, de uma forma da negritude.

Também poderíamos buscar e encontrar, na dança, no canto melódico, nos ritos, nas cerimônias tradicionais, a mesma pressão, descobrir as mesmas mutações, a mesma impaciência. Bem antes da fase política ou armada da luta nacional, um leitor atento pode, portanto, sentir e ver se manifestar o vigor novo, o combate próximo. Formas de expressão insólitas, temas inéditos e dotados de um poder não mais de invocação, mas de reunião, de convocação "com vistas a". Tudo concorre para despertar a sensibilidade do colonizado, para tornar inatuais, inaceitáveis, as atitudes contemplativas ou de derrota. Ao renovar as intenções e a dinâmica do artesanato, da dança e da música, da literatura e da epopeia oral, o colonizado reestrutura sua percepção. O mundo perde seu caráter maldito. Estão reunidas as condições para o inevitável confronto.

Vimos surgir o movimento nas manifestações culturais. Vimos que esse movimento e essas novas formas estavam ligados à maturação da consciência nacional. Ora, esse movimento tende cada vez mais a se objetivar, a se institucionalizar. Daí a necessidade de uma existência nacional a qualquer custo.

Um dos erros, aliás dificilmente defensável, é tentar invenções culturais, é revalorizar a cultura nativa no âmbito da dominação colonial. É por isso que chegamos a uma proposição de teor paradoxal: num país colonizado, o nacionalismo mais elementar, mais brutal, mais indiferenciado é a forma mais ardente e eficaz de defesa da cultura nacional. A cultura é em primeiro lugar expressão de uma nação, de suas preferências, de seus interditos, de seus modelos. Em todos os estágios da sociedade global se constituem outros interditos, outros valores, outros modelos. A cultura nacional é a súmula de todas essas apreciações, a resultante das tensões internas e externas à sociedade global e às diferentes camadas dessa sociedade. Na situação colonial, a cultura, privada do duplo suporte da nação e do Estado, perece e agoniza. A condição de existência da cultura é, portanto, a libertação nacional, o renascimento do Estado.

A nação não é só condição da cultura, de sua efervescência, de sua renovação contínua, de seu aprofundamento. Ela é também uma exigência. É primeiramente o combate em prol da existência nacional que desbloqueia a cultura, que lhe abre as portas da criação. Mais tarde é a nação que vai garantir à cultura as condições, o quadro de expressão. A nação reúne, para a cultura, os diferentes elementos indispensáveis, os únicos que podem lhe conferir credibilidade, validade, dinamismo, criatividade. É igualmente seu caráter nacional que vai tornar a cultura permeável a outras culturas e lhe permitir influenciar, penetrar outras culturas. O que não existe não pode agir sobre o real, nem mesmo influenciá-lo. É preciso, primeiro, que o restabelecimento da nação dê vida, no sentido mais biológico do termo, à cultura nacional.

Acompanhamos, portanto, o esfacelamento cada vez mais essencial das velhas sedimentações culturais, e apreendemos, na véspera do combate decisivo para a libertação nacional, a renovação da expressão, o começo do funcionamento da imaginação.

Mas aqui se coloca uma pergunta fundamental. Quais são as relações que existem entre a luta, o conflito — político ou armado — e a cultura? Durante o conflito há suspensão da cultura? A luta nacional é uma manifestação cultural? É preciso dizer, enfim, que o combate libertador, embora a posteriori fecundo para a cultura, é em si mesmo uma negação da cultura? A luta de libertação é ou não um fenômeno cultural?

Pensamos que a luta organizada e consciente empreendida por um povo colonizado para restabelecer a soberania da nação é a manifestação mais plenamente cultural que existe. Não é unicamente o sucesso da luta que confere em seguida validade e vigor à cultura, não há hibernação da cultura durante o combate. A própria luta, em sua sequência, em seu processo interno, desenvolve as diferentes direções da cultura e esboça outras, novas. A luta de libertação não restitui à cultura nacional seu valor e seus antigos contornos. Essa luta que visa a uma redistribuição fundamental das relações entre os homens não pode deixar intactos nem as formas nem os conteúdos culturais desse povo. Após a luta, não há somente o desaparecimento do colonialismo, mas também o desaparecimento do colonizado.

Essa nova humanidade, para si e para os outros, não pode deixar de definir um novo humanismo. Nos objetivos e nos métodos da luta está prefigurado esse novo humanismo. Um combate que mobiliza todas as camadas do povo, que exprime as intenções e as impaciências do povo, que não hesita em se apoiar quase que exclusivamente nesse povo é necessariamente triunfante. O valor desse tipo de combate é que ele concretiza o máximo de condições para o desenvolvimento e a invenção culturais. Após a libertação nacional obtida nessas condições, não existe a indecisão cultural tão penosa que se encontra em certos países recém-independentes. Isso porque a nação, na forma em que veio ao mundo, em suas modalidades de existência, influencia fundamentalmente a cultura. Uma nação que se origina da ação combinada do povo, que encarna as aspirações reais do povo, que modifica o Estado, só pode existir sob formas de fecundidade cultural excepcional.

Os colonizados que se preocupam com a cultura de seu país e querem lhe dar dimensão universal não devem, portanto, confiar apenas no princípio da independência inevitável e sem inscrição na consciência do povo para realizar essa tarefa. A libertação nacional como objetivo é uma coisa, os métodos e o conteúdo popular do combate são outra. Parece-nos que o futuro da cultura e a riqueza de uma cultura nacional são também função dos valores que estiveram presentes no combate libertador.

É chegado o momento de denunciar o farisaísmo de alguns. A reivindicação nacional, diz-se aqui e ali, é uma fase que a humanidade já superou. A hora é dos grandes conglomerados, e os retardatários do nacionalismo, como consequência, devem corrigir seus erros. Pensamos, pelo contrário, que o erro, repleto de consequências, consistiria em querer saltar a etapa nacional. Se a cultura é a manifestação da consciência nacional, eu não hesitaria em dizer, no caso de que tratamos, que a consciência nacional é a forma mais elaborada da cultura.

A consciência de si não é fechamento à comunicação. A reflexão filosófica nos ensina, ao contrário, que ela é a garantia de comunicação. A consciência nacional, que não é o nacionalismo, é a única que nos dá dimensão internacional. Esse problema da consciência nacional, da cultura nacional, adquire na África dimensões particulares. O surgimento da consciência nacional na África mantém relações de estrita contemporaneidade com a consciência africana. A responsabilidade do africano diante de sua cultura nacional é também responsabilidade diante da cultura negro-africana. Essa responsabilidade conjunta não se deve a um princípio metafísico, é a consciência de uma lei banal, que determina que toda nação independente, numa África onde o colonialismo permanece encravado, seja uma nação cercada, frágil, em permanente perigo.

Se o homem é aquilo que ele faz, então diremos que a tarefa mais urgente hoje para o intelectual africano é construir sua nação. Se essa construção é verdadeira, isto é, se traduz o desejo manifesto do povo, se revela em sua impaciência os povos africanos, então a construção nacional é acompanhada necessariamente pela descoberta e pela promoção de valores universalizantes. Longe, portanto, de se afastar das outras nações, é a libertação nacional que torna a nação presente na cena da história. É no cerne da consciência nacional que se eleva e se vivifica a consciência internacional. E essa dupla emergência não é, definitivamente, senão o âmago de toda cultura.

5.
Guerra colonial e distúrbios mentais

Mas a guerra continua. E durante anos ainda teremos que cuidar das múltiplas feridas, por vezes indeléveis, causadas a nossos povos pela onda colonialista.

O imperialismo, que hoje luta contra uma libertação autêntica dos homens, abandona aqui e ali germes de podridão que precisamos, implacavelmente, detectar e extirpar de nossas terras e de nossas mentes.

Abordamos aqui o problema dos distúrbios mentais originários da guerra de libertação conduzida pelo povo argelino.

Poderão parecer inoportunas e singularmente deslocadas em tal livro estas notas de psiquiatria. Nada podemos fazer a respeito.

Não dependeu de nós que nessa guerra fenômenos psiquiátricos, distúrbios do comportamento e do pensamento tenham adquirido importância entre os atores da "pacificação" ou no seio da população "pacificada". A verdade é que a colonização, em sua essência, já se apresentava como uma grande fornecedora para os hospitais psiquiátricos. Em diferentes trabalhos científicos, desde 1954, temos chamado a atenção dos psiquiatras franceses e internacionais para a dificuldade de "curar" corretamente um colonizado, isto é, torná-lo homogêneo a um meio social de tipo colonial.

Por ser uma negação sistematizada do outro, uma decisão obstinada de recusar ao outro qualquer atributo de humanidade, o colonialismo força o povo dominado a se perguntar constantemente: "Quem sou eu, na realidade?".

As posições defensivas procedentes dessa confrontação violenta do colonizado e do sistema colonial organizam-se numa estrutura que revela então a personalidade colonizada. Para compreender essa "sensitividade", basta simplesmente estudar, calcular o número e a profundidade das feridas infligidas a um colonizado durante um único dia passado no âmago do regime colonial. Em todo caso, é preciso lembrar que um povo colonizado não é somente um povo dominado. Sob a ocupação alemã, os franceses permaneceram sendo homens. Sob a ocupação francesa, os alemães permaneceram sendo homens. Na Argélia, não há somente dominação, mas literalmente a decisão de só ocupar, em resumo, um espaço de terra. Os argelinos, as mulheres de haique, os palmeirais e os camelos formam o panorama, o pano de fundo *natural* da presença humana francesa.

A natureza hostil, difícil, profundamente rebelde é de fato representada nas colônias pela brousse, pelos mosquitos, pelos nativos e pelas febres. A colonização é bem-sucedida quando toda essa natureza indócil está finalmente domada. Estradas de ferro através da brousse, drenagem dos pântanos, inexistência política e econômica do indigenato são, na realidade, uma única e mesma coisa.

No período de colonização não contestada pela luta armada, quando a soma das excitações nocivas ultrapassa um certo patamar, as posições defensivas dos colonizados desmoronam, e estes se veem então em grande número nos hospitais psiquiátricos. Há, portanto, nesse período calmo de colonização bem-sucedida, uma regular e importante patologia mental produzida diretamente pela opressão.

Hoje, a guerra de libertação nacional que o povo argelino mantém há sete anos, porque ela é total entre o povo, tornou-se um terreno favorável para a eclosão de distúrbios mentais.[21] Mencionamos aqui alguns casos de pacientes argelinos e franceses que tratamos e que nos parecem particularmente eloquentes. Desnecessário dizer que este não é um trabalho científico. Evitamos qualquer discussão semiológica, nosológica ou terapêutica. Os poucos termos técnicos empregados servem apenas como referências. Entretanto, precisamos insistir sobre dois pontos.

A psiquiatria clínica, via de regra, classifica os diferentes distúrbios apresentados por nossos pacientes sob a rubrica "psicoses reacionais". Ao fazer isso, privilegia-se o acontecimento que desencadeou a doença, embora em alguns casos seja mencionado o papel do contexto (a história psicológica, afetiva e biológica do sujeito) e do meio. Parece-nos que, nos casos aqui apresentados, o acontecimento desencadeador é principalmente a atmosfera sanguinária, implacável, a generalização de práticas desumanas, a tenaz impressão que as pessoas têm de assistir a um verdadeiro apocalipse.

O caso número 2 da série A é tipicamente uma psicose reacional, mas os casos números 1, 2, 4 e 5 da série B admitem uma causalidade muito mais difusa, sem que se possa verdadeiramente falar de um acontecimento desencadeador específico. Aqui é a guerra, essa guerra colonial que muito frequentemente toma a forma de um autêntico genocídio, essa guerra que perturba e deteriora o mundo, que constitui o acontecimento desencadeador. Psicose reacional, se quisermos utilizar um rótulo já estabelecido, mas dando aqui uma singular prioridade à guerra tomada em sua totalidade e em suas particularidades de guerra colonial. Após as duas grandes guerras mundiais, não faltaram publicações sobre a patologia mental dos militares envolvidos na ação e dos civis vítimas do êxodo ou dos bombardeios. A fisionomia inédita de certos quadros psiquiátricos indicados aqui confirma, se ainda há necessidade disso, que essa guerra colonial é original até mesmo na patologia que ela secreta.

Uma outra noção fortemente estabelecida merece, a nosso ver, um ligeiro abrandamento: trata-se da relativa benignidade desses distúrbios reacionais. E certamente foi possível descrever, mas sempre de modo excepcional, psicotizações secundárias, isto é, casos em que o conjunto da personalidade é definitivamente dessituado. Parece-nos, ao contrário, que a regra aqui é a frequente malignidade dos processos patológicos. São distúrbios que persistem durante meses, atacando maciçamente o ego, e deixando quase sempre como sequela uma fragilidade praticamente discernível a olhos vistos. É evidente que o futuro desses pacientes está comprometido. Um exemplo vai ilustrar nosso ponto de vista.

Num dos países africanos independentes há vários anos, tivemos ocasião de receber um patriota, ex-resistente. O homem, de cerca de trinta anos, vinha nos pedir conselho e alívio, pois, ao se aproximar determinada data do ano, era acometido de insônias, acompanhadas de ansiedade e ideias fixas de autodestruição. A data crítica era aquela em que, por instrução de sua organização, colocara uma bomba em determinado lugar. Dez pessoas morreram no atentado.[22]

Esse militante, que em momento algum pensou em renegar sua ação passada, sabia de maneira muito clara o preço que tivera de pagar pela independência nacional. Tais casos-limite apresentam o problema da responsabilidade no âmbito revolucionário.

As observações que citamos aqui cobrem o período que vai de 1954 a 1959. Alguns pacientes foram tratados na Argélia, ou em centros hospitalares ou como clientes particulares. Os demais foram tratados nos postos de saúde do Exército de Libertação Nacional.

Série A

Cinco casos estão reunidos aqui. Trata-se de argelinos ou de europeus que apresentaram, após acontecimentos bem precisos, distúrbios mentais de tipo reacional.

Caso n. 1: impotência de um argelino consecutiva ao estupro de sua mulher

B. é um homem de 26 anos. Ele nos é encaminhado pelo Serviço de Saúde da Frente de Libertação Nacional por causa de enxaquecas persistentes e insônia. Ex-motorista de táxi, milita desde os dezoito anos nos partidos nacionalistas. A partir de 1955, torna-se membro de uma célula da FLN. Em várias ocasiões, utiliza seu táxi para transportar panfletos e responsáveis políticos. Diante do agravamento da repressão, a FLN decide levar a guerra aos centros urbanos. B. passa então a conduzir comandos até a proximidade dos pontos de ataque e, muitas vezes, aguardá-los.

Um dia, entretanto, em pleno território europeu, depois de uma ação relativamente importante, um cerco muito sério obriga-o a abandonar o táxi, e o comando se dispersa. B., que consegue escapar aos expedientes do adversário, refugia-se na casa de um amigo, e, alguns dias depois, sem retornar à sua residência, vai, por instrução de seus responsáveis, para o maqui mais próximo.

Durante vários meses, ele não vai ter notícias da mulher e da filhinha de vinte meses. Ficará sabendo, por outro lado, que a polícia procurou por ele durante semanas na cidade. Após dois anos de permanência no maqui, recebe uma mensagem da mulher pedindo que ele a esqueça. Ela está desonrada. Ele não deve mais pensar em retomar a vida comum com ela. Terrivelmente preocupado, ele pede autorização a seu comandante para ir clandestinamente à sua residência, o que lhe é recusado. Por outro lado, medidas são tomadas para que um membro da FLN entre em contato com a mulher e os pais de B.

Duas semanas depois, um relatório detalhado chega ao comandante da unidade de B.

Logo depois de encontrarem seu táxi abandonado (com dois carregadores de metralhadora), soldados franceses acompanhados de policiais vão até seu domicílio. Estando ele ausente, levam sua mulher, que fica presa por mais de uma semana.

Ela é interrogada sobre as pessoas que o marido frequenta, e durante dois dias é brutalmente esbofeteada. Mas, no terceiro dia, um militar francês — ela é incapaz de precisar se era um oficial — manda que os outros saiam e a estupra. Algum tempo depois, um segundo, dessa vez na presença dos outros, a estupra, dizendo: "Se um dia você vir o porco do seu marido, não se esqueça de dizer a ele o que fizemos com você". Ela fica ainda uma semana sem sofrer novo interrogatório. Depois disso, mandam-na de volta à casa. Sua mãe, a quem narra a história, a convence a contar tudo a B. Assim, desde o primeiro contato estabelecido com o marido, ela lhe confessa sua desonra.

Passado o primeiro choque, empenhado no mais numa ação constante, B. se recupera. Durante vários meses, ouve múltiplos relatos de mulheres argelinas violadas ou torturadas; terá a oportunidade de conhecer maridos de mulheres estupradas, e suas aflições pessoais, sua dignidade de marido ultrajado, ficam em segundo plano.

Em 1958, B. é encarregado de uma missão no exterior. No momento em que se reúne a sua unidade, distração incomum e crises de insônia de sua parte preocupam seus colegas e superiores. Sua partida é adiada e decide-se enviá-lo a uma consulta médica. É nesse momento que nós o encontramos. Bom contato imediato. Rosto inquieto, talvez um pouco demais. Os sorrisos são ligeiramente exagerados. Euforia superficial: "Tudo bem... tudo bem. Estou melhor agora. Prescreva-me fortificantes, vitaminas, e deixe-me ir embora". Por baixo disso manifesta-se uma ansiedade basal. É hospitalizado imediatamente.

A partir do segundo dia, o otimismo de fachada desmorona, e o que temos diante de nós é um deprimido pensativo, anoréxico, que permanece de cama. Foge das discussões políticas e manifesta um nítido desinteresse por tudo que tenha relação com a luta nacional. Evita escutar as notícias sobre a guerra de libertação. A abordagem de suas dificuldades é muito trabalhosa, mas, ao fim de alguns dias, podemos reconstituir sua história.

Durante sua estada no exterior, tentara uma aventura sexual que fracassou. Pensando se tratar de cansaço, normal depois de marchas forçadas e períodos de subalimentação, volta a tentar duas semanas mais tarde. Novo insucesso. Fala sobre isso com um colega, que lhe aconselha vitamina B12. Toma sob forma de comprimidos. Nova tentativa, novo fracasso. Além disso, alguns instantes antes do ato, sente uma vontade irresistível de rasgar uma foto de sua filhinha. Essa conexão simbólica poderia evocar a existência de pulsões incestuosas inconscientes. Entretanto, várias conversas e um sonho (o paciente assiste à rápida putrefação de um gatinho, com a emanação de odores insuportáveis) nos levam numa direção totalmente diferente. "Essa menina", ele nos diz um dia (trata-se de sua filhinha), "tem alguma coisa podre nela." A partir desse período, as insônias tornam-se muito angustiantes, e, apesar de uma grande dose de neurolépticos, desenvolve-se um estado de excitação ansiosa que perturba consideravelmente o Serviço. Ele nos fala então pela primeira vez da mulher, rindo: "Ela provou o francês". É nesse momento que reconstituímos toda a história. A trama dos acontecimentos é explicitada. Ele nos informa que, antes de cada tentativa sexual, pensa na mulher. Todas essas confidências nos parecem de interesse fundamental.

— Eu me casei com essa moça, embora gostasse de uma prima. Mas os pais dessa prima arranjaram o casamento da filha com outra pessoa. Então aceitei a primeira mulher que meus pais me propuseram. Ela era gentil, mas eu não a amava. Sempre dizia a mim mesmo: você é jovem... tenha paciência e, quando encontrar a pessoa certa, peça o divórcio e faça um bom casamento. Assim, eu ligava pouco para a minha mulher. Com os acontecimentos, afastei-me dela ainda mais. No final, vinha comer e dormir quase sem falar com ela.

"No maqui, quando soube que ela tinha sido estuprada por franceses, primeiro tive raiva desses desgraçados. Depois pensei: 'Ah, não é grave; ela não foi morta. Vai poder recomeçar a vida'. E, várias semanas depois, me dei conta de que ela havia sido estuprada *porque estavam à minha procura*. Foi para puni-la por seu silêncio que ela foi violentada. Ela poderia perfeitamente ter dado o nome de pelo menos um militante a partir do qual seria possível localizar e destruir a organização e talvez até me prender. Não era, portanto, um simples estupro, por ociosidade ou por sadismo, como tive a oportunidade de ver nos aduares, era o estupro de uma mulher obstinada, que aceitava tudo em vez de vender o marido. E esse marido *era eu*. Essa mulher tinha salvado a minha vida e havia protegido a organização. Era por minha causa que ela estava desonrada. Entretanto, ela não me dizia: 'Veja o que sofri por você'. Ela me dizia, ao contrário: 'Esqueça-se de mim, refaça sua vida, estou desonrada'.

"Foi a partir desse momento que decidi comigo mesmo reatar com minha mulher depois da guerra, pois preciso lhe dizer que vi camponeses enxugarem as lágrimas das suas mulheres, estupradas diante deles. Isso me abalou muito. Devo confessar, aliás, que no começo eu não podia compreender a atitude deles. Porém, cada vez mais, fomos levados a intervir nessas histórias para explicar aos civis. Vi civis voluntários dispostos a se casarem com jovens estupradas pelos militares franceses que haviam ficado grávidas. Tudo isso me levou a repensar o problema da minha mulher.

"Decidi reatar com ela, mas ainda não sei como vou reagir ao vê-la. E muitas vezes, olhando a foto da minha filha, penso que ela também está desonrada. Como se tudo o que viesse da minha mulher estivesse podre. Se eles a tivessem torturado, se lhe tivessem quebrado todos os dentes, fraturado um braço, isso não teria me incomodado. Mas será que é possível esquecer uma coisa dessas? E será que ela era obrigada a me pôr a par de tudo isso?"

Ele me pergunta então se sua "fraqueza sexual" é, a meu ver, causada por esses aborrecimentos.

Resposta:

— Não é impossível.

Então ele se senta na cama:

— O que você faria, se isso lhe acontecesse?

— Não sei.

— Reataria com sua mulher?

— Acho que sim.

— Ah, está vendo... Você não tem certeza.

Põe as mãos na cabeça e depois de alguns instantes sai do quarto.

A partir desse dia, aceita progressivamente ouvir discussões políticas, enquanto as enxaquecas e a anorexia diminuem de forma considerável.

Depois de duas semanas, volta para sua unidade, dizendo-me:

— Quando a independência vier, vou reatar com a minha mulher. Se não der certo, voltarei a vê-lo em Argel.

Caso n. 2: pulsões homicidas indiferenciadas num sobrevivente de uma chacina coletiva

S., 37 anos, felá. Mora num aduar da província de Constantina. Nunca se ocupou de política. Desde o início da guerra, sua região é local de batalhas violentas entre as forças argelinas e o Exército francês. Assim, S. vê mortos e feridos. Mas continua a se manter afastado. De tempos em tempos, como o conjunto do povo, os camponeses de sua aldeia auxiliam os combatentes argelinos de passagem. Mas um dia, no começo de 1958, ocorre uma emboscada mortífera não muito distante de seu vilarejo. As forças inimigas montam uma operação e cercam a aldeia, onde, aliás, não há soldados. Todos os habitantes são reunidos e interrogados. Ninguém responde. Algumas horas mais tarde, um oficial francês chega de helicóptero e diz: "Falam demais sobre este aduar; destruam-no!". Os soldados começam a pôr fogo nas casas, enquanto as mulheres que tentam reunir algumas roupas ou salvar uns poucos objetos são rechaçadas a coronhadas. Alguns camponeses aproveitam a confusão para fugir. O oficial ordena que os homens restantes sejam conduzidos até perto de um córrego, onde começa o massacre. Vinte e nove homens são mortos à queima-roupa. S. é ferido por duas balas, que lhe atravessam a coxa direita e o braço esquerdo, este último ferimento causando-lhe uma fratura do úmero.

S. desmaia e recobra a consciência no meio de um grupo do Exército de Libertação Nacional. É tratado pelo Serviço de Saúde e evacuado assim que está em condição de andar. No caminho, seu comportamento, cada vez mais anormal, não cessa de preocupar a escolta. Ele pede um fuzil, mas é civil e está incapacitado, e recusa-se a marchar diante de quem quer que seja. Não quer ninguém atrás dele. Certa noite, pega a arma de um combatente e atira de maneira desajeitada em soldados que estão dormindo. É brutalmente desarmado. A partir de então terá as mãos atadas, e é assim que chega ao Centro.

Ele começa nos dizendo que não está morto e que pregou uma boa peça nos outros. Pouco a pouco conseguimos chegar à reconstituição da história de seu assassinato frustrado. S. não é ansioso, mas superexcitado, com fases de agitação violenta, acompanhadas de urros. Não quebra coisas, mas cansa a todos com sua falação incessante, e o Serviço está em alerta permanente por causa de sua vontade declarada de "matar todo mundo". Durante sua hospitalização, ele atacará, com armas improvisadas, cerca de oito pacientes. Enfermeiros e médicos não são poupados. Chegamos mesmo a nos perguntar se não estamos na presença de uma dessas formas embrionárias de epilepsia, caracterizada por uma agressividade geral quase sempre excitada.

Empreende-se uma sonoterapia. A partir do terceiro dia, uma conversa diária vai nos permitir compreender melhor a dinâmica do processo patológico. A desordem intelectual atenua-se progressivamente. Estas são algumas passagens das declarações do paciente:

> Deus está comigo... mas então, ele não está com os que morreram... Tive uma sorte danada... Na vida, é preciso matar para não ser morto... Quando penso que eu não sabia nada das histórias deles... Há franceses entre nós. Eles se disfarçam de árabes. É preciso matá-los. Me dê uma metralhadora. Todos esses pretensos argelinos são franceses... e eles não me deixam em paz. Sempre que quero dormir, eles entram no meu quarto. Mas agora eu os conheço. Todos querem me matar. Mas eu vou me defender. Vou matar todos, sem exceção. Vou degolá-los um por um, e você também. Vocês querem me abater, mas não vai ser desse jeito. Não me custa nada matar vocês. Os pequenos, os grandes, as mulheres, as crianças, os cães, os pássaros, os jumentos... Todo mundo vai passar por isso... Depois, vou poder dormir tranquilo...

Tudo isso é dito numa linguagem entrecortada, a atitude permanecendo hostil, altiva, desdenhosa.

Após três semanas, a excitação desaparece, mas uma reticência, uma certa tendência à solidão, nos faz temer uma evolução mais grave. Depois de um mês, porém, ele pede para sair e aprender um ofício compatível com sua enfermidade. É então encaminhado ao Serviço Social da Frente de Libertação Nacional. Volta a ser visto seis meses depois. Está bem.

Caso n. 3: psicose ansiosa grave, com sintomas de despersonalização, após assassinar brutalmente uma mulher

Dj., ex-estudante, militar no Exército de Libertação Nacional, dezenove anos. Quando chega ao Centro, já carrega a doença há vários meses. Sua apresentação é característica: muito deprimido, os lábios secos, as mãos constantemente úmidas. Suspira incessantemente. Insônia persistente. Duas tentativas de suicídio desde o início dos distúrbios. Durante a conversa, adota atitudes de escuta alucinatória. Às vezes, o olhar se fixa por alguns instantes num ponto do espaço, enquanto o rosto se anima, dando ao observador a impressão de que o paciente assiste a um espetáculo. Pensamentos fluidos. Alguns fenômenos conhecidos em psiquiatria com o nome de bloqueio: um gesto ou uma frase esboçados são interrompidos de maneira brusca sem razão aparente. Mas um elemento em especial vai chamar nossa atenção: o paciente nos fala de seu sangue que é derramado, de suas artérias que se esvaziam, de seu coração que falha. Suplica que estanquemos a hemorragia, que não mais toleremos que venham "vampirizá-lo" até no hospital. De vez em quando não consegue mais falar e pede um lápis. Escreve: "Não tenho mais voz, toda a minha vida me escapa".

Essa despersonalização vivida faz-nos pensar numa evolução muito grave.

Várias vezes, durante nossas conversas, o paciente nos fala de uma mulher que, de noite, vem persegui-lo. Por saber previamente que sua mãe morreu, que ele a amava muito, que nada poderia consolá-lo dessa perda (ao dizê-lo sua voz diminuiu consideravelmente de intensidade e apareceram algumas lágrimas), dirijo a investigação para a imagem materna. Como lhe peço que descreva essa mulher obsedante, até persecutória, ele me diz que não é uma desconhecida, que a conhece muito bem, pois foi ele quem a matou. A questão que se coloca então é saber se estamos diante de um complexo de culpa inconsciente depois da morte da mãe, como Freud descreve em "Luto e melancolia". Pedimos ao paciente, já que ele conhece muito bem essa mulher, já que ele é que a teria matado, que nos fale disso mais detalhadamente. É assim que reconstituímos a seguinte história:

> Da cidade onde eu era estudante, subi para o maqui. Depois de vários meses, tive notícias de casa. Fiquei sabendo que minha mãe havia sido morta à queima-roupa por um soldado francês e duas de minhas irmãs tinham sido levadas pelos militares. Até agora não sei o que aconteceu com elas. Fiquei terrivelmente abalado com a morte da minha mãe. Tendo meu pai morrido há vários anos, eu era o único homem da família, e minha única ambição sempre foi tornar-me alguém para melhorar a vida da minha mãe e das minhas irmãs. Um dia, fomos a uma propriedade de colonos cujo administrador, um ativo colonialista, já havia abatido dois civis argelinos. Chegamos lá à noite. Mas ele não estava. Na casa havia apenas sua mulher. Ao nos ver, ela se pôs a suplicar

que não a matássemos: "Sei que vocês vêm por causa do meu marido", disse, "mas ele não está... Quantas vezes eu disse a ele para não se meter em política". Decidimos esperar pelo homem. Mas eu olhava para a mulher e pensava na minha mãe. Ela estava sentada numa poltrona e parecia ausente. Eu me perguntava por que razão não a matava. E, em determinado momento, ela percebeu que eu a olhava. E avançou para mim, gritando: "Eu lhes suplico... não me matem... Tenho filhos". No instante seguinte ela estava morta. Eu a havia matado com minha faca. O chefe me desarmou e me mandou ir embora. Fui interrogado pelo chefe do setor alguns dias mais tarde. Achava que iam me matar, mas não ligava para isso.[23] E, a partir de então, comecei a vomitar depois das refeições, e a dormir mal. E essa mulher passou a vir todas as noites, para exigir meu sangue. E o sangue de minha mãe, onde está?

À noite, logo que o paciente se deita, o quarto "é invadido por mulheres", sempre as mesmas. É uma reedição em múltiplos exemplares de uma só mulher. Todas têm um buraco aberto na barriga. Estão exangues, pálidas e assustadoramente magras. Essas mulheres perseguem o jovem paciente e exigem que ele lhes devolva o sangue derramado. Nesse momento, um ruído de água corrente preenche o quarto, amplificando-se até evocar a torrente de uma cascata, e o jovem vê o chão do quarto se ensopar de sangue, seu sangue, enquanto as mulheres tornam-se cada vez mais rosadas, e suas feridas começam a se fechar. Banhado em suor e terrivelmente angustiado, o paciente desperta e continua agitado até o alvorecer.

O jovem paciente é tratado por várias semanas e os fenômenos oniroides (pesadelos) praticamente desaparecem. Entretanto, uma grande falha se mantém em sua personalidade. Quando pensa na mãe, como duplo inesperado surge essa mulher estripada. Por pouco científico que isto possa parecer, pensamos que só o tempo poderá trazer alguma melhora à personalidade desintegrada do rapaz.

Caso n. 4: um policial europeu deprimido encontra no hospital uma de suas vítimas, um patriota argelino acometido de letargia

A., 28 anos, casado, sem filhos. Ficamos sabendo que, há vários anos, ele e a mulher fazem tratamentos, infelizmente sem sucesso, para ter filhos. Ele nos é enviado pelos superiores em razão de distúrbios de comportamento.

O contato imediato revela-se bastante bom. Espontaneamente, o paciente nos fala de suas dificuldades; entendimento satisfatório com a mulher e com os sogros. Boas relações com os colegas de trabalho, contando, aliás, com a estima de seus superiores. O que o aborrece é que de noite ouve gritos que o impedem de dormir. E, de fato, ele nos informa que, há várias semanas, antes de se deitar, fecha os postigos e calafeta as janelas (estamos no verão), para grande desespero da mulher, que sufoca de calor. Além disso, ele enche os ouvidos de algodão, a fim de atenuar a violência dos gritos. Às vezes, em plena noite, chega a ligar o rádio ou a pôr música para não ouvir esses clamores noturnos. A partir daí, A. vai nos expor muito longamente seu drama.

Vários meses antes, ele fora destacado para uma brigada anti--FLN. No começo, estava encarregado da vigilância de alguns estabelecimentos ou cafés. Mas, depois de algumas semanas, vai trabalhar quase que constantemente na delegacia. É então que tem a oportunidade de realizar interrogatórios, o que nunca acontece sem "uns tapas":

— É que eles não querem confessar nada — explica. — Às vezes a gente tem vontade de dizer a eles que, se tivessem um pouco de piedade de nós, falariam sem nos obrigar a passar horas para arrancar deles, palavra por palavra, as informações. Mas vá tentar lhes explicar alguma coisa. A todas as perguntas feitas eles respondem: "Não sei". Até quando são questionados sobre o próprio nome. Se lhes perguntamos onde moram, eles dizem: "Não sei". Então, é claro... somos obrigados a fazer alguma coisa. Mas eles gritam demais. No início isso me divertia. Mas, depois, começou a me afetar. Hoje, só de ouvir alguém gritar posso dizer em que estágio se encontra o interrogatório. O cara que recebeu dois socos e um golpe de cassetete atrás da orelha tem uma certa maneira de falar, de gritar, de dizer que é inocente. Depois de ficar duas horas suspenso pelos pulsos, ele tem outra voz. Depois da banheira, outra voz. E assim por diante. Mas é sobretudo depois dos choques elétricos que a coisa fica insuportável. A gente tem a impressão, a todo momento, de que o cara vai morrer. É claro que existem aqueles que não gritam: são os durões. Eles imaginam que vamos matá-los imediatamente. Mas não nos interessa matá-los. O que precisamos é obter a informação. No caso desses homens, procuramos primeiro fazê-los gritar, e mais cedo ou mais tarde eles gritam. Isso já é uma vitória. Depois, a gente continua. Veja bem, gostaríamos muito de evitar isso. Mas eles não facilitam as coisas. Agora consigo ouvir esses gritos até na minha casa. Sobretudo os gritos de alguns que morreram na delegacia. Doutor, estou enojado desse trabalho. E, se o senhor me curar, vou pedir transferência para a França. Se recusarem, vou pedir demissão.

Diante desse quadro, prescrevo uma licença para tratamento de saúde. Como o interessado recusa a hospitalização, passo a tratar dele particularmente. Um dia, pouco antes da hora da sessão, sou chamado com urgência de volta ao hospital. A. chega à minha casa e minha mulher o convida a aguardar a minha volta, mas ele prefere dar um pulo no hospital e parte assim ao meu encontro. Alguns minutos mais tarde, voltando para casa, cruzo com ele no caminho. Está encostado numa árvore, visivelmente abatido, tremendo, banhado em suor, em plena crise de ansiedade. Faço com que entre no carro e o levo para a minha casa. Uma vez instalado no divã, ele me diz que encontrou no hospital um de meus pacientes, que fora interrogado na delegacia de polícia (era um patriota argelino) e estava sendo tratado por conta de "distúrbios pós-comocionais de tipo letárgico". Fico sabendo então que A. participou de maneira efetiva das torturas infligidas a esse paciente. Administro alguns sedativos para abrandar sua ansiedade. Depois que ele vai embora, vou até o pavilhão onde está hospitalizado o patriota. O pessoal do serviço não percebeu nada. O paciente, entretanto, desaparecera. Por fim o descobrem num lavabo, onde tentava se suicidar (ele reconhecera o policial e acreditava que este tinha vindo buscá-lo, para levá-lo novamente à delegacia de polícia).

Na sequência, A. voltou a me ver várias vezes, e, depois de uma nítida melhora, conseguiu ser repatriado por motivos de saúde. Quanto ao patriota argelino, o pessoal empenhou-se durante muito tempo em persuadi-lo de que se tratava de uma ilusão, de que os policiais não podiam vir ao hospital, de que ele estava cansado, de que estava ali para ser tratado etc.

Caso n. 5: um inspetor europeu tortura a mulher e os filhos

R., trinta anos, vem esporadicamente nos consultar. É inspetor de polícia, e constata de umas semanas para cá que "as coisas não andam bem". Casado, três filhos. Fuma muito: cinco maços de cigarros por dia. Não tem mais apetite e seu sono é frequentemente agitado por pesadelos. Esses pesadelos não têm características próprias. O que mais o incomoda é o que ele chama de suas "crises de loucura". Em primeiro lugar, ele não gosta de ser contrariado:

— Doutor, explique-me isso. Assim que encontro oposição, tenho vontade de bater. Mesmo fora do trabalho, tenho vontade de surrar o sujeito que bloqueia a minha passagem. Por nada. Vou à banca, por exemplo, comprar os jornais. Há muita gente. Forçosamente, é preciso esperar. Estendo o braço (o dono da banca é um amigo) para pegar os jornais. Um homem na fila me diz com ar de desafio: "Espere sua vez". Pois bem, tenho vontade de bater nele, e mentalmente digo: "Meu velho, se você passasse algumas horas na minha mão, nunca mais ia dar uma de engraçadinho".

R. não gosta de barulho. Em casa, tem vontade de bater em todo mundo, o tempo todo. E, efetivamente, bate nos filhos, mesmo no mais novo, de vinte meses, com uma rara selvageria.

Mas o que o assustou foi que, numa noite em que a mulher o criticou severamente por bater demais nas crianças (chegando inclusive a dizer: "Francamente, você enlouqueceu..."), ele partiu para cima dela, deu-lhe uma surra e a amarrou numa cadeira, dizendo: "Vou lhe ensinar de uma vez por todas quem é que manda nesta casa".

Por sorte, seus filhos começaram a chorar e a gritar. Ele então se deu conta da gravidade de seu comportamento, desamarrou a mulher e, no dia seguinte, decidiu consultar um médico "especialista em nervos". Ele explica que "não era assim antes", que raramente castigava os filhos e nunca brigava com a mulher. Os fenômenos atuais apareceram a partir dos "acontecimentos":

— É porque fazemos agora um trabalho de infantaria. Na semana passada, por exemplo, estávamos em operação como se pertencêssemos ao Exército. Esses senhores do governo dizem que não há guerra na Argélia e que as forças da ordem, isto é, a polícia, devem restabelecer a calma. Mas há guerra na Argélia, e, quando eles se derem conta, será tarde demais. O que mais me aborrece são as torturas. O senhor pode imaginar o que é isso?... Às vezes torturo por dez horas a fio...

— E o que o senhor sente quando tortura?

— É cansativo... É verdade que a gente faz rodízio, mas é sempre um problema saber em que momento ceder a vez ao colega. Cada um pensa que está a ponto de obter a informação e procura não ceder o pássaro preparado para o outro, que, naturalmente, vai fazer disso uma glória. Então a gente deixa... ou não...

"Acontece até de se propor dinheiro ao cara, nosso próprio dinheiro, para que ele fale. O nosso problema, na verdade, é o seguinte: será que você é capaz de fazer esse cara falar? É um problema de sucesso pessoal; estamos competindo, ora... No final ficamos com os punhos arrebentados. Então, empregam os 'senegaleses'. Mas eles ou batem forte demais e acabam com o sujeito em meia hora, ou batem leve demais e a coisa não dá resultado. Na verdade, é preciso ser inteligente para ter sucesso nesse trabalho. É preciso saber em que momento apertar e em que momento relaxar. É uma questão de faro. Quando o sujeito está maduro, não vale a pena continuar a bater. É por isso que é preciso fazer o trabalho pessoalmente: observa-se melhor os avanços. Sou contra aqueles que fazem outros prepararem o cara e vêm checar a todo momento o progresso da situação. Acima de tudo, o mais importante é não dar ao sujeito a impressão de que ele não vai sair vivo dali. Ele se perguntaria então por que falar, se isso não vai salvar a vida dele. Nesse caso, você não teria nenhuma chance de ficar sabendo de nada. É preciso que ele tenha alguma esperança: é a esperança que faz falar.

"Mas o que me incomoda mais é a história da minha mulher. Não tenho dúvida de que há alguma coisa errada. O senhor precisa resolver isso, doutor."

Uma vez que a administração lhe recusava uma licença, e o paciente não desejava o atestado de um psiquiatra, iniciou-se um tratamento com o paciente em "plena atividade". É fácil adivinhar as fraquezas de tal fórmula. Esse homem sabia perfeitamente que todos os seus distúrbios eram causados diretamente pelo tipo de atividade desenvolvida nas salas de interrogatório, embora tivesse tentado rejeitar globalmente sua responsabilidade pelos "acontecimentos". Como não pretendia (seria um contrassenso) parar com as sessões de tortura (precisaria então pedir demissão), ele me pedia sem rodeios que o ajudasse a torturar os patriotas argelinos sem remorsos de consciência, sem distúrbios de comportamento, com serenidade.[24]

Série B

REUNIMOS AQUI ALGUNS casos ou grupos de casos em que o acontecimento desencadeador é primeiramente a atmosfera de guerra total que reina na Argélia.

Caso n. 1: assassinato, por dois jovens argelinos de treze e catorze anos, de um colega europeu

Trata-se de uma perícia médico-legal. Dois jovens argelinos, de treze e catorze anos, alunos de uma escola primária, são acusados de terem matado um de seus colegas europeus. Eles reconhecem ter cometido o ato. O crime é reconstituído, fotos são anexadas ao dossiê. Vê-se um dos meninos segurar a vítima, enquanto o outro a ataca com uma faca. Os jovens culpados não voltam atrás em suas declarações. Temos longas conversas com eles. Reproduzimos aqui suas declarações características.

a) Menino de treze anos
— Não estávamos zangados com ele. Todas as quintas íamos caçar juntos, com atiradeira, no meio das folhagens, na colina acima da aldeia. Era um bom companheiro. Não ia mais à escola porque queria se tornar pedreiro como o pai. Um dia decidimos matá-lo, porque os europeus querem matar todos

os argelinos. Não podemos matar os "grandes", mas ele, como é da nossa idade, a gente pode. Não sabíamos como fazer isso. Queríamos jogá-lo num fosso, mas ele talvez apenas ficasse ferido. Então, pegamos uma faca em casa e o matamos.

— Mas por que o escolheram?

— Porque ele brincava com a gente. Se fosse outro, não teria subido com a gente lá em cima.

— Mas não era um amigo?

— É, mas por que eles querem nos matar? O pai dele é miliciano e diz que é preciso nos degolar.

— Mas ele mesmo não disse nada?

— Ele? Não.

— Você sabe que agora ele está morto?

— Sei.

— O que é a morte?

— É quando acabou, vai-se para o céu.

— Foi você que o matou?

— Foi.

— E sente alguma coisa por ter matado alguém?

— Não. Uma vez que eles querem nos matar, então...

— Você não fica aborrecido por estar preso?

— Não.

b) Menino de catorze anos

Este jovem acusado contrasta nitidamente com o colega. Já é quase um homem, um adulto, a julgar pelo controle muscular, a fisionomia, o tom e o conteúdo das respostas que dá. Ele tampouco nega o assassinato. Por que matou? Ele não me responde, mas me pergunta se já vi um europeu na prisão. Será que algum dia um europeu chegou a ser detido depois de assassinar um argelino? Respondo-lhe que efetivamente nunca vi europeus na prisão.

— E, no entanto, há argelinos sendo mortos todos os dias, não?

— Sim.

— Então por que só tem argelinos nas prisões? O senhor pode me explicar?

— Não, mas diga-me por que você matou esse menino que era seu amigo.

— Eu vou lhe explicar... O senhor ouviu falar do caso Rivet?[25]

— Sim.

— Dois parentes meus foram mortos nesse dia. Entre nós, dizem que os franceses juraram matar cada um de nós, um por um. Será que prenderam algum francês por causa de todos os argelinos que eles mataram?

— Não sei.

— Pois bem, ninguém foi preso. Quanto a mim, gostaria de ir para a montanha, mas sou novo demais. Então, eu e X. resolvemos que era preciso matar um europeu.

— Por quê?

— O que deveríamos fazer, na sua opinião?

— Não sei. Mas você é um menino e essas são coisas de adultos.

— Mas eles matam crianças também...

— Mas isso não era uma razão para matar o seu amigo.

— Pois bem, eu o matei. Agora o senhor faça o que bem entender.

— Será que esse amigo tinha feito alguma coisa contra você?

— Não, ele não tinha feito nada.

— Então?...
— É isso...

Caso n. 2: delírio de acusação e conduta suicida disfarçada de "ato terrorista" num jovem argelino de 22 anos

O paciente é levado ao hospital pela autoridade judiciária francesa, depois de uma perícia médico-legal praticada por psiquiatras franceses atuando na Argélia.

Trata-se de um homem emagrecido, em pleno estado confusional. O corpo está recoberto de equimoses, e duas fraturas no maxilar impedem qualquer absorção de alimentos. Assim, durante mais de quinze dias, o paciente vai ser alimentado com o auxílio de uma série de injeções.

Duas semanas depois, o vazio do pensamento se atenua; um contato pode ser estabelecido e conseguimos reconstituir a história dramática do rapaz.

Na juventude, ele praticou o escotismo com grande entusiasmo. Tornou-se um dos principais responsáveis pelo movimento escoteiro muçulmano. Mas, aos dezenove anos, desinteressou-se totalmente do assunto, passando a se preocupar apenas com a sua profissão. Mecanógrafo, ele estuda com tenacidade e sonha em se tornar um grande especialista. No dia 1º de novembro de 1954, encontra-se totalmente absorvido por problemas estritamente profissionais. Não tem, nesse momento, nenhuma reação em relação à luta nacional. Já não convive mais com os ex-colegas. Vai definir a si mesmo nessa época como "mobilizado para aprofundar suas capacidades técnicas".

Entretanto, em meados de 1955, durante uma reunião familiar, tem subitamente a impressão de que os parentes o consideram um traidor. Depois de alguns dias, essa impressão fugidia se atenua, mas permanece nele uma certa preocupação, um certo mal-estar, que ele não consegue compreender.

Decide, portanto, fazer suas refeições apressadamente e se fecha em seu quarto. Evita todos os contatos. É nessas condições que advém a catástrofe. Um dia, em plena rua, por volta de meio-dia e meia, ele ouve distintamente uma voz chamá-lo de covarde. Vira-se para trás, mas não vê ninguém. Apressa o passo e decide não ir mais trabalhar. Permanece no quarto e não janta. À noite, explode a crise. Durante três horas, ele ouve todo tipo de insultos, vozes na sua cabeça e na noite: "Traidor... Covarde... Todos os seus irmãos que morrem... Traidor... Traidor...".

Uma ansiedade indescritível toma conta dele: "Meu coração, durante dezoito horas, bateu a 130 por minuto. Pensei que ia morrer".

Desde então o paciente não conseguiu engolir mais nada. Emagreceu a olhos vistos, trancou-se numa escuridão absoluta, recusou-se a abrir a porta para os pais. Por volta do terceiro dia, ele se entrega à oração. Mantém-se de joelhos, segundo seu relato, de dezessete a dezoito horas por dia. No quarto dia, impulsivamente, "como um louco", com "uma barba que devia também fazer com que o vissem como um louco", sem paletó e sem gravata, ele sai pela cidade. Uma vez na rua, não sabe aonde ir; mas caminha e chega, depois de um certo tempo, à cidade europeia. Seu tipo físico (ele se assemelha a um europeu) parece então protegê-lo das interpelações e dos controles das patrulhas francesas.

Ao lado dele, ao contrário, argelinos e argelinas são detidos, empurrados, insultados, revistados... Ora, paradoxalmente, ele não tem nenhum documento. Essa gentileza espontânea das patrulhas inimigas para com ele confirma seu delírio: "Todo mundo sabe que ele está com os franceses. Os próprios soldados têm instruções: eles o deixam em paz".

Além disso, o olhar dos argelinos detidos, com as mãos atrás da nuca, esperando a revista, parece-lhe carregado de desprezo. Tomado por uma agitação incoercível, afasta-se a passos largos. É nesse momento que chega diante do prédio do Estado-maior francês. Junto à cerca, vários militares com metralhadoras nas mãos. Ele avança em direção aos soldados, lança-se sobre um deles e tenta arrancar-lhe a metralhadora, gritando: "Sou argelino".

Rapidamente dominado, é conduzido às dependências da polícia, onde se obstinam em lhe fazer confessar o nome de seus chefes e dos diferentes membros da rede à qual pertence. Depois de alguns dias, os policiais e os militares percebem que estão lidando com um doente. Decidem fazer uma perícia, que conclui pela existência de distúrbios mentais, e prescrevem a hospitalização.

— O que eu queria — diz ele — era morrer. Mesmo na polícia, eu achava e esperava que, depois das torturas, eles me matassem. Estava contente por ser agredido, pois isso me provava que eles também me consideravam um inimigo. Eu não podia mais ouvir essas acusações sem reagir. Não sou um covarde. Não sou uma mulher. Não sou um traidor.[26]

Caso n. 3: atitude neurótica de uma jovem francesa cujo pai, alto funcionário, foi morto numa emboscada

Essa jovem de 21 anos vem me consultar por causa de pequenos fenômenos de tipo ansioso que perturbam seus estudos e suas relações sociais. Tem as palmas da mão constantemente úmidas, com períodos verdadeiramente preocupantes em que água "escorre das mãos". Opressões torácicas acompanham enxaquecas noturnas, e ela rói as unhas. Mas o que chama a atenção é sobretudo a facilidade do contato, manifestamente rápido demais, ao passo que se percebe, subjacente, uma grande angústia. A morte do pai, aliás recente, é mencionada pela paciente com tamanha displicência que orientamos rapidamente nossas investigações para as relações dela com ele. A apresentação que nos é feita, clara, absolutamente lúcida, de uma lucidez que beira a insensibilidade, vai nos revelar, precisamente por sua racionalidade, o distúrbio dessa moça, a natureza e a origem de seu conflito.

— Meu pai era um alto funcionário. Tinha sob sua responsabilidade uma imensa região rural. Assim que começaram os acontecimentos, ele se lançou à caça aos argelinos com uma raiva furiosa. Chegava a não comer absolutamente nada, a não dormir, de tal modo o excitava reprimir a rebelião. Assisti, impotente, à lenta metamorfose do meu pai. Por fim, decidi não mais ir vê-lo, permanecer na cidade. Na verdade, sempre que estava em casa, passava as noites acordada, pois, vindo até mim, os gritos não paravam de me perturbar: no porão e nos aposentos desocupados, torturavam argelinos a fim de obter informações. O senhor não pode imaginar como é horrível ouvir gritos assim durante a noite toda. Às vezes, eu me pergunto como um ser humano pode suportar — não digo torturar —, mas simplesmente ouvir alguém gritar de dor. E isso se prolongava. Por fim, não voltei mais para casa. Nas raras vezes em que meu pai vinha me ver na cidade, eu não conseguia olhá-lo de frente sem ficar horrivelmente incomodada e assustada. Tornava-se cada vez mais difícil abraçá-lo.

"Morei durante muito tempo na aldeia. Conheço quase todas as famílias. Os jovens argelinos da minha idade e eu brincamos juntos, quando éramos pequenos. Cada vez que eu ia para casa, meu pai me informava que outras pessoas haviam sido detidas. No final, eu não ousava mais caminhar na rua, pois estava certa de que encontraria ódio por toda parte. No fundo de mim mesma, eu dava razão a esses argelinos. Se fosse argelina, eu estaria no maqui."

Um dia, no entanto, ela recebe um telegrama no qual é informada de que o pai foi gravemente ferido. Vai ao hospital e o encontra em coma. Ele vai morrer pouco depois. Fora ferido durante uma missão de reconhecimento com um destacamento militar: a patrulha caiu numa emboscada armada pelo exército nacional argelino.

— O enterro me causou repugnância — diz ela. — Todos aqueles oficiais que vinham chorar a morte do meu pai, cujas "altas qualidades morais haviam conquistado a população nativa", me davam nojo. Todo mundo sabia que isso não era verdade, que meu pai tinha controle sobre os centros de interrogatório de toda a região, que o número de mortos por tortura chegava a dez por dia, e ainda assim vinham todos desfiar mentiras sobre seu devotamento, abnegação, amor à pátria etc. Devo dizer que, agora, as palavras para mim não têm mais valor, não muito valor, em todo caso. Voltei imediatamente para a cidade e evitei todas as autoridades. Ofereceram-me uma pensão, mas recusei. Não quero o dinheiro deles. É o preço do sangue derramado por meu pai. Não quero. Vou trabalhar.

Caso n. 4: distúrbios de comportamento em jovens argelinos de menos de dez anos

Trata-se de refugiados. São filhos de combatentes ou de civis mortos pelos franceses. Estão distribuídos por diferentes centros na Tunísia e no Marrocos. Essas crianças são escolarizadas. Sessões de jogos e saídas coletivas são organizadas. As crianças são acompanhadas regularmente por médicos. É assim que temos a oportunidade de ver um certo número delas.

a) Existe nessas diferentes crianças um amor muito marcado pelas imagens paternas. Tudo o que se assemelha a um pai ou a uma mãe é procurado com grande tenacidade e ciosamente guardado.
b) Observa-se nelas, de maneira geral, uma fobia ao ruído. São crianças muito sensíveis a reprimendas. Grande desejo de calma e afeição.
c) Em muitas observa-se insônia com sonambulismo.
d) Enurese periódica.
e) Tendência sádica. Uma brincadeira frequente: abrir com raiva vários buracos numa folha de papel esticada. Os lápis estão todos mordidos, as unhas são roídas com desesperadora constância. São frequentes as brigas entre elas, apesar de um fundo de grande afeição.

Caso n. 5: psicoses puerperais entre as refugiadas

Chama-se psicose puerperal o conjunto de distúrbios mentais que acomete a mulher por ocasião da maternidade. Esses distúrbios podem aparecer logo antes ou algumas semanas após o parto. Diagnosticar essas doenças é muito complexo. Mas acredita-se que as duas causas principais são um distúrbio no funcionamento das glândulas endócrinas e a existência de um "choque afetivo". Esta última designação, embora vaga, recobre o que o público chama de "grande emoção".

Nas fronteiras tunisianas e marroquinas, desde a decisão do governo francês de pôr em prática, em centenas de quilômetros, a política de zonas-tampão e de terra arrasada, encontram-se cerca de 300 mil refugiados. Sabemos do estado de indigência em que eles vivem. Comissões da Cruz Vermelha Internacional estiveram inúmeras vezes nesses locais e, depois de constatar a extrema miséria e a precariedade das condições de vida, recomendaram aos organismos internacionais que intensificassem a ajuda a esses refugiados. Assim, era previsível, considerando a desnutrição que reina nesses campos, que as mulheres grávidas mostrassem uma particular predisposição para a manifestação de psicoses puerperais.

As frequentes invasões das tropas francesas, que aplicam "o direito de seguir e perseguir", os ataques aéreos, as rajadas de metralhadora — sabe-se que são incontáveis os bombardeios dos territórios marroquinos e tunisianos pelo Exército francês, e Sakiet-Sidi-Youssef, a aldeia-mártir da Tunísia, é o exemplo mais sangrento —, o estado de desagregação familiar, consequência das condições do êxodo, mantêm esses refugiados numa atmosfera de insegurança permanente. É preciso dizer que são poucas as refugiadas argelinas que não apresentam distúrbios mentais por ocasião do parto.

Esses distúrbios assumem várias formas. São agitações que tomam por vezes o aspecto de fúrias, grandes depressões duradouras com múltiplas tentativas de suicídio ou estados de ansiedade com prantos, lamentos, apelos à misericórdia etc. Também o conteúdo delirante é diverso. Encontramos ora um delírio de perseguição vago, dirigido a qualquer um, ora uma agressividade delirante contra os franceses que querem matar a criança que está para nascer ou acabou de nascer, ora uma impressão de morte iminente; as pacientes então imploram a carrascos invisíveis que poupem seus filhos...

Também aqui é preciso indicar que os conteúdos fundamentais não são suprimidos pela sedação e regressão dos distúrbios. Mesmo as pacientes curadas mantêm e alimentam esses nós patológicos.

Série C

Modificações afetivo-intelectuais e distúrbios mentais após a tortura

Vamos agrupar nesta série os pacientes mais ou menos graves cujos distúrbios surgiram imediatamente após ou durante as torturas. Vamos descrever subgrupos, pois percebemos que a cada método de tortura correspondiam, independentemente de um ataque grave ou profundo à personalidade, tipos mórbidos característicos.

Grupo n. 1: após torturas indiferenciadas ditas preventivas

Fazemos alusão aqui aos métodos brutais aplicados menos com a finalidade de torturar que de fazer falar. O princípio segundo o qual o sofrimento torna-se intolerável para além de um certo patamar tem aqui uma singular importância. O objetivo é, portanto, chegar o mais rapidamente possível a esse patamar. Deixa-se de lado o refinamento. Há ataque maciço e uniforme: vários policiais batendo ao mesmo tempo; quatro policiais, de pé, cercam o prisioneiro e lhe dão socos, enquanto outro lhe queima o peito com um cigarro e outro bate na planta dos seus pés com um bastão... Alguns dos métodos de tortura utilizados na Argélia pareceram-nos particularmente atrozes, conforme depreendemos das confidências dos torturados.

a) Injeção de água pela boca acompanhada por enema de alta pressão com sabão e água.[27]

b) Introdução de uma garrafa no ânus.

Duas formas de suplício chamado "da imobilidade":

c) O prisioneiro é colocado de joelhos, com os braços paralelos no chão, as palmas da mão voltadas para cima, o peito e a cabeça retos. Nenhum movimento é permitido. Atrás do prisioneiro, um policial sentado numa cadeira obriga-o à imobilidade a golpes de cassetete.

d) O prisioneiro está de pé, o rosto contra a parede, os braços levantados e as mãos coladas à parede. Também aqui, ao menor esboço de relaxamento, chovem os golpes.

Precisemos agora que existem duas categorias de torturados:

a) Os que sabem alguma coisa.

b) Os que não sabem nada.

a) Os que sabem alguma coisa raramente são vistos nos postos de saúde. É claro que não ignoramos a existência de patriotas que foram torturados nas prisões francesas, mas não os encontramos enquanto pacientes.[28]

b) Por outro lado, os que não sabem nada vão com muita frequência nos consultar. Não falamos aqui dos argelinos agredidos durante uma batida policial ou um cerco. Esses tampouco vêm a nós enquanto pacientes. Falamos especificamente dos argelinos que não pertencem a organizações, detidos, levados às dependências da polícia ou às fazendas a fim de serem submetidos a interrogatórios.

Quadros psiquiátricos encontrados

a) Depressões agitadas: quatro casos
São doentes tristes, sem ansiedade real, deprimidos, confinados na maior parte do tempo à cama, que fogem do contato e, bruscamente, desenvolvem uma agitação muito violenta, cuja significação é sempre difícil de compreender.

b) Anorexia mental: cinco casos
Esses doentes suscitam problemas graves, pois a anorexia mental é acompanhada por uma fobia de qualquer contato corporal com outrem. O enfermeiro que se aproxima do paciente e tenta tocá-lo, pegar sua mão, por exemplo, é imediatamente repelido com rigidez. Não é possível realizar uma alimentação artificial ou administrar medicamentos.[29]

c) Instabilidade motora: onze casos
Aqui trata-se de pacientes que não conseguem parar quietos. Sempre solitários, dificilmente aceitam fechar-se com o médico em um consultório.

Dois sentimentos nos pareceram frequentes nesse primeiro grupo de torturados.
    Em primeiro lugar, o *sentimento de injustiça*. Ter sido torturado por nada, durante dias e noites, parece ter quebrado alguma coisa nessas pessoas. Um desses martirizados teve uma experiência particularmente difícil: depois de vários dias de torturas inúteis, os policiais finalmente se convenceram de que estavam lidando com um homem pacífico, totalmente estra-

nho a qualquer rede da Frente de Libertação Nacional. A despeito dessa convicção, um inspetor de polícia teria dito: "Não o soltem assim sem mais nem menos. Apertem um pouco mais. Assim, quando ele sair, vai ficar quietinho".[30]

Em seguida, *uma indiferença a qualquer argumento moral*. Para esses pacientes, não há causa justa. Uma causa torturada é uma causa fraca. Portanto, antes de tudo, é preciso tratar de aumentar a força e não questionar a legitimidade de uma causa. Só importa a força.

Grupo n. 2: após torturas com eletricidade

Neste grupo incluímos os patriotas argelinos torturados sobretudo com eletricidade. Efetivamente, enquanto antes a eletricidade fazia parte de um conjunto de procedimentos de tortura, a partir de setembro de 1956 certos interrogatórios serão feitos exclusivamente com recurso a ela.

Quadros psiquiátricos encontrados

a) Cenestopatias localizadas ou generalizadas: três casos
Trata-se de pacientes que sentem formigamentos no corpo, a mão sendo arrancada, a cabeça explodindo, a língua sendo engolida.

b) Apatia, abulia, desinteresse: sete casos
São pacientes inertes, sem projeto, sem força, que vivem o dia a dia.

c) Medo fóbico de eletricidade
Medo de chegar perto de um interruptor, de ligar o rádio, medo do telefone. Impossibilidade absoluta, para o médico, de sequer sugerir a eventualidade de um tratamento por eletrochoque.

Grupo n. 3: após o "soro da verdade"

O princípio desse tratamento é conhecido. Diante de um paciente que parece sofrer de um conflito interno inconsciente que a entrevista não consegue fazê-lo externar, recorre-se a métodos de exploração química. O tiopental sódico, administrado por via intravenosa, é a substância mais usada com o objetivo de libertar o doente de um conflito que parece ultrapassar suas possibilidades de adaptação. É para liberar o paciente desse "corpo estranho" que o médico intervém.[31] Entretanto, percebemos a dificuldade de controlar a dissolução progressiva das instâncias psíquicas. Não era raro assistir a agravamentos espetaculares ou ao surgimento de novos quadros absolutamente inexplicáveis. De maneira geral, também essa técnica foi mais ou menos abandonada.

Na Argélia, os médicos militares e os psiquiatras encontraram nas salas de polícia grandes possibilidades de experimentação. Se nas neuroses o tiopental destrói as barreiras que se opõem à exposição do conflito interno, nos patriotas argelinos deve poder igualmente romper a barreira política e facilitar a obtenção das confissões do prisioneiro, sem a necessidade de recurso à eletricidade (a tradição médica exige que se poupe o sofrimento). É a forma médica da "guerra suja".

O roteiro é o seguinte. Primeiro: "Sou médico, não sou policial. Estou aqui para ajudá-lo". Ao fazer isso, obtém-se, depois de alguns dias, a confiança do prisioneiro.[32] Em seguida: "Vou lhe aplicar umas injeções, você está muito abatido". Durante vários dias aplica-se um tratamento qualquer: vitaminas, cardiotônicos, soros açucarados. No quarto ou quinto dia, injeção intravenosa de tiopental. Começa o interrogatório.

Quadros psiquiátricos encontrados

a) Estereotipias verbais
O paciente repete continuamente frases do tipo: "Eu não disse nada. Acredite em mim, eu não disse nada". Essas estereotipias são acompanhadas por uma angústia permanente. Na verdade, muitas vezes o paciente não sabe se conseguiram lhe arrancar informações. A culpa em relação à causa defendida e aos irmãos cujos nomes e endereços ele talvez tenha dado pesa aqui de maneira dramática. Nenhuma afirmação pode restabelecer a calma nessas consciências degradadas.

b) Percepção intelectual ou sensorial opacizada
O paciente não consegue afirmar a existência de determinado objeto percebido. Um raciocínio é assimilado, mas de maneira indiferenciada. Há uma indistinção fundamental do verdadeiro e do falso. Tudo é verdadeiro e tudo é falso ao mesmo tempo.

c) Temor fóbico de qualquer conversa privada
Esse temor deriva da impressão aguda de que se pode a qualquer instante ser interrogado novamente.

d) Inibição
O paciente se mantém na defensiva: registra palavra por palavra a pergunta feita, elabora palavra por palavra a resposta projetada. Daí a impressão de quase inibição, com diminuição da atividade psíquica, interrupção das frases, retomadas etc.
Resta claro que esses doentes recusam obstinadamente qualquer injeção intravenosa.

Grupo n. 4: após lavagem cerebral

Muito se falou, nos últimos tempos, da "ação psicológica" na Argélia. Não queremos proceder ao estudo crítico desses métodos. Vamos nos contentar em evocar aqui suas consequências psiquiátricas. Existem duas categorias de centros de tortura por lavagem cerebral na Argélia.

1. Para os intelectuais

O princípio aqui é levar o prisioneiro a interpretar um papel. Sabemos a qual escola psicossociológica isto remete.[33]

a) Fazer o jogo da colaboração
O intelectual é convidado a colaborar, desenvolvendo justificativas para essa colaboração. É obrigado, portanto, a viver uma existência dupla: é um patriota conhecido como tal que, preventivamente, foi retirado de circulação. O objetivo da ação empreendida é atacar a partir de dentro os elementos que constituem a consciência nacional. Não só ele deve colaborar, mas

é instruído a discutir "livremente" com os oponentes, ou os reticentes, e convencê-los. Essa é uma maneira elegante de levá-lo a chamar a atenção para os patriotas, servindo assim de informante. Se por acaso ele afirma não encontrar oponentes, eles lhe são designados, ou pedem-lhe que faça de conta que se trata de oponentes.

b) Fazer exposições sobre o valor da obra francesa e sobre a legitimidade da colonização

Para ter sucesso nessa tarefa, o intelectual é cercado de "conselheiros políticos", como oficiais dos Assuntos Nativos, ou melhor ainda: psicólogos, psicólogos da vida social, sociólogos etc.

c) Examinar os argumentos da Revolução Argelina e combatê-los um a um

A Argélia não é uma nação, nunca foi uma nação, nunca será uma nação.

Não existe "povo argelino".

O patriotismo argelino é um absurdo.

Os "*fellagas*"* são ambiciosos, criminosos, pobres coitados iludidos.

Sucessivamente, cada intelectual deve fazer uma exposição sobre esses temas, e ela deve ser convincente. Notas (as famosas "recompensas") são atribuídas e computadas no final de cada mês. Vão servir de elementos de avaliação para decidir pela soltura ou não do intelectual.

---

* Termo que designa os combatentes pró-independência na Argélia, na Tunísia e no Marrocos. (N. T.)

d) Levar uma vida coletiva absolutamente patológica

Estar só é um ato de rebelião. Assim, sempre se está com alguém. O silêncio é igualmente proibido. É preciso pensar em voz alta.

Testemunho

Trata-se de um universitário internado e submetido durante meses a lavagem cerebral. Os responsáveis pelo campo, certo dia, o felicitam pelos progressos realizados e anunciam que sua libertação está próxima.

Conhecendo as manobras do inimigo, ele evita levar a sério a notícia. De fato, a técnica consiste em anunciar aos prisioneiros sua saída e, alguns dias antes da data fixada, organizar uma sessão de crítica coletiva. No final da sessão, a decisão é quase sempre por adiar a libertação, uma vez que o prisioneiro não parece apresentar todos os sinais de uma cura definitiva. A sessão, dizem os psicólogos presentes, evidenciou a persistência do vírus nacionalista.

Dessa vez, no entanto, não se trata de um subterfúgio. O prisioneiro é realmente libertado. Uma vez fora da prisão, na cidade ou em meio à família, ele comemorou ter desempenhado tão bem seu papel. Alegrou-se de poder retomar seu lugar na luta nacional e começou a tentar estabelecer contato com seus responsáveis. Foi nesse momento que uma ideia lancinante e terrível atravessou seu espírito: talvez ele não tenha enganado ninguém, nem os carcereiros, nem os companheiros de prisão, nem, sobretudo, a si mesmo.

Onde deveria terminar o jogo?

Foi preciso tranquilizá-lo, suprimir a hipótese da culpa.

Quadros psiquiátricos encontrados

a) Fobia de qualquer discussão coletiva
Logo que três ou quatro pessoas se encontram, a inibição reaparece, a desconfiança e a reticência se impõem com particular intensidade.

b) Impossibilidade de explicar e de defender determinada posição
O pensamento se desenvolve por pares antitéticos. Tudo o que é afirmado pode, no mesmo momento, ser negado com a mesma força. É certamente a sequela mais dolorosa que encontramos nessa guerra. Uma personalidade obsessiva é fruto da "ação psicológica" posta a serviço do colonialismo na Argélia.

2. Para os não intelectuais

Nos centros como Berrouaghia não se parte mais da subjetividade para modificar as atitudes do indivíduo. Ao contrário, busca-se apoio no corpo, que é aniquilado, na esperança de que a consciência nacional se desmantele. É um verdadeiro adestramento. A recompensa se traduz pela ausência de torturas ou pela possibilidade de se alimentar.

a) É preciso confessar que não se pertence à Frente de Libertação Nacional. É preciso gritar isso em grupo. É preciso repetir isso durante horas.
b) Em seguida, é preciso reconhecer que se pertenceu à FLN e que se compreendeu que isso é mau. Portanto: Abaixo a FLN.

Passada esta etapa, chega-se a uma outra: o futuro da Argélia é francês, só pode ser francês.
Sem a França, a Argélia volta para a Idade Média.
Enfim, somos franceses. Viva a França.
Aqui os distúrbios encontrados não são graves. É o corpo enfermo e dolorido que pede repouso e calma.

Série D

Distúrbios psicossomáticos

A GUERRA COLONIAL DA ARGÉLIA não teve como consequência apenas multiplicar os distúrbios mentais e favorecer a eclosão de fenômenos mórbidos específicos. Afora a patologia da tortura, a patologia do torturado e a do torturador, existe em grande quantidade, na Argélia, uma patologia de atmosfera, aquela que faz com que os médicos clínicos digam, diante de um paciente que não conseguem compreender: "Tudo isso vai acabar quando terminar essa maldita guerra".

Propomos classificar nesta quarta série as doenças encontradas em certos argelinos, alguns dos quais foram internados nos campos de concentração. A característica dessas doenças é ser de tipo psicossomático.

Chama-se patologia psicossomática o conjunto das desordens orgânicas cuja eclosão é favorecida por uma situação conflitiva.[34] Psicossomática pois a causa é de origem psíquica. Essa patologia é considerada uma resposta do organismo, isto é, uma maneira de se adaptar ao conflito com que ele se defronta, sendo o distúrbio ao mesmo tempo sintoma e cura. Mais precisamente, concorda-se em dizer que o organismo (trata-se aqui mais uma vez da unidade córtico-visceral, psicossomática, dos antigos) supera o conflito por vias imperfeitas, embora econômicas. Ele escolhe o mal menor para evitar a catástrofe.

No conjunto, essa patologia é muito bem conhecida hoje, apesar de os diferentes métodos terapêuticos propostos (relaxamento, sugestão) nos parecerem muito aleatórios. No decorrer da Segunda Guerra Mundial — na Inglaterra, durante bombardeios, e na União Soviética, em populações sitiadas, sobretudo em Stalingrado —, as descrições de distúrbios multiplicaram-se. Hoje, sabemos perfeitamente que não é preciso ter sido ferido a bala para admitir em seu corpo, assim como em seu cérebro, a existência da guerra. Como toda guerra, a da Argélia criou seu contingente de doenças córtico-viscerais. Com exceção do grupo G abaixo, todos os distúrbios encontrados na Argélia foram descritos em guerras "clássicas". O grupo G pareceu-nos específico da guerra colonial da Argélia. Essa forma particular de patologia (contratura muscular generalizada) já havia chamado a atenção antes do começo da revolução. Mas os médicos que a descreviam faziam dela um estigma congênito do nativo, uma originalidade (?) de seu sistema nervoso, no qual afirmavam encontrar a prova de uma predominância, no colonizado, do sistema extrapiramidal.[35] Essa contratura, na realidade, é apenas o acompanhamento postural, a existência nos músculos do colonizado de sua rigidez, de sua reticência, de sua recusa diante da autoridade colonial.

Quadros psiquiátricos encontrados

a) Úlceras estomacais
Muito numerosas. As dores têm predominância noturna, com vômitos persistentes, emagrecimento, tristeza e apatia, a irri-

tabilidade sendo uma exceção. Deve-se notar que a maioria desses pacientes é muito jovem: de dezoito a 25 anos. Via de regra, nunca aconselhamos a intervenção cirúrgica. Duas vezes foi praticada a gastrectomia. Foi preciso, nesses dois casos, intervir novamente no mesmo ano.

b) Cólicas renais
Aqui também encontramos dores com paroxismo noturno. Evidentemente, quase nunca há cálculos. Essas cólicas podem ocorrer, o que é raro, em indivíduos de catorze a dezesseis anos.

c) Distúrbios menstruais
Essa patologia é muito conhecida, e não nos deteremos nela. Ou as mulheres passam três ou quatro meses sem menstruar, ou a menstruação é acompanhada de fortes dores que repercutem no caráter e no comportamento.

d) Hipersonia por tremores idiopáticos
Trata-se de adultos jovens aos quais é negado qualquer repouso, em razão de um tremor generalizado, curto, que evoca um Parkinson total. Também nesse caso alguns "espíritos científicos" poderiam evocar um determinismo extrapiramidal.

e) Embranquecimento precoce do cabelo
Entre os sobreviventes dos centros de interrogatório, o cabelo embranquece subitamente, por placas, por regiões ou em sua totalidade. Muito frequentemente esses distúrbios são acompanhados de astenia profunda, com desinteresse e impotência sexual.

f) Taquicardias paroxísticas
O ritmo cardíaco se acelera bruscamente: 120, 130, 140 batimentos por minuto. Essas taquicardias são acompanhadas por angústia e sensação de morte iminente, e o fim da crise é marcado por uma intensa sudorese.

g) Contratura generalizada, rigidez muscular
Trata-se de pacientes do sexo masculino que, progressivamente, começam a sentir (em dois casos o surgimento foi abrupto) dificuldade para executar certos movimentos: subir escadas, andar depressa, correr. A causa dessa dificuldade reside numa rigidez característica que evoca irresistivelmente um comprometimento de certas regiões do cérebro (núcleos cinzentos centrais). É uma rigidez em extensão, e o andar se faz a passos lentos. A flexão passiva dos membros inferiores é quase impossível. Nenhum relaxamento pode ser obtido. Totalmente contraído, incapaz do menor relaxamento voluntário, o paciente parece feito de uma peça só. O rosto, embora fixo, exprime um grau acentuado de desorientação.

O paciente parece não conseguir "desmobilizar os nervos". Está o tempo todo tenso, em suspenso, entre a vida e a morte. Um deles nos disse: "Estão vendo? Já estou rígido como um morto".[36]

Sobre a impulsividade criminosa do norte-africano na guerra de libertação nacional

É PRECISO NÃO SÓ COMBATER em prol da liberdade de seu povo. É preciso também, ao longo de todo o tempo que dura o combate, ensinar novamente a esse povo, e em primeiro lugar a si mesmo, a dimensão do homem. É preciso percorrer de novo os caminhos da história, da história do homem condenado pelos homens, e provocar, tornar possível o encontro de seu povo e dos outros homens.

Na verdade, o militante que se empenha num combate armado, numa luta nacional, tem a intenção de medir no dia a dia todas as degradações infligidas ao homem pela opressão colonial. O militante por vezes tem a impressão exaustiva de que precisa fazer renascer todo o seu povo, tirá-lo do poço, da caverna. Percebe com muita frequência que precisa combater não só as forças inimigas mas também os núcleos de desespero cristalizados no corpo do colonizado. O período de opressão é doloroso, mas o combate, ao reabilitar o homem oprimido, desenvolve um processo de reintegração que é extremamente fecundo e decisivo. O combate vitorioso de um povo não consagra unicamente o triunfo de seus direitos. Dá a esse povo densidade, coerência e homogeneidade. Pois o colonialismo não fez outra coisa a não ser despersonalizar o colonizado. Essa despersonalização é sentida igualmente no plano coletivo, no nível das estruturas sociais. O povo colonizado então se acha reduzido a um conjunto de indivíduos que só tiram seu fundamento da presença do colonizador.

O combate travado por um povo pela sua libertação o conduz a, de acordo com as circunstâncias, ou rejeitar ou explodir as pretensas verdades instaladas em sua consciência pela administração civil colonial, pela ocupação militar, pela exploração econômica. E só o combate pode verdadeiramente exorcizar essas mentiras sobre o homem que inferiorizam e literalmente mutilam os mais conscientes dentre nós.

Quantas vezes, em Paris ou em Aix, em Argel ou em Basse--Terre, vimos colonizados protestarem com violência contra a pretensa indolência do negro, do argelino, do vietnamita. No entanto, a verdade é que, num regime colonial, um felá ativo no trabalho, um negro que recusasse repousar seriam simplesmente individualidades patológicas. A indolência do colonizado é a sabotagem consciente da máquina colonial; é, no plano biológico, um sistema de autoproteção notável e, em todo caso, um atraso incontestável para a dominação do ocupante sobre a totalidade do país.

A resistência das florestas e dos pântanos à penetração estrangeira é o aliado natural do colonizado. É preciso compreender isso e deixar de argumentar e de afirmar que o negro é um grande trabalhador e o *bicot*, um desbravador excepcional. No regime colonial, a verdade do *bicot*, a verdade do negro é não mexer uma palha, não ajudar o opressor a se aproveitar melhor de sua presa. O dever do colonizado que ainda não amadureceu sua consciência política e decidiu rejeitar a opressão é fazer com que arranquem dele literalmente o menor gesto. Temos aqui uma manifestação muito concreta da não cooperação ou, em todo caso, de uma cooperação mínima.

Essas observações que se aplicam às relações do colonizado e do trabalho poderiam igualmente aplicar-se ao respeito do colonizado pelas leis do opressor, ao pagamento regular dos impostos e taxas, às relações entre o colonizado e o sistema colonial. No regime colonial, gratidão, sinceridade e honra são palavras vazias. Ao longo dos últimos anos, tive a oportunidade de verificar um dado muito clássico: a honra, a dignidade, o respeito à palavra dada só podem se manifestar no âmbito de uma homogeneidade nacional e internacional. Quando você e seus semelhantes são liquidados como cães, não lhes resta senão utilizar todos os meios para restabelecer seu peso de homem. É preciso, portanto, pesar o máximo possível sobre o corpo do torturador, para que seu espírito extraviado encontre enfim sua dimensão universal. Ao longo dos últimos anos, tive a oportunidade de ver que, na Argélia combatente, a honra, o dom de si, o amor pela vida, o desprezo pela morte podiam assumir formas extraordinárias. Não, não é o caso de exaltar os combatentes. Trata-se aqui de uma constatação banal que os mais fanáticos colonialistas não deixaram de fazer: o combatente argelino tem uma maneira singular de lutar e de morrer, e nenhuma referência ao islã ou ao paraíso prometido pode explicar essa generosidade de si quando se trata de proteger seu povo ou defender seus irmãos. E esse silêncio esmagador — o corpo sem dúvida grita —, e esse silêncio que esmaga o torturador. Encontramos aqui aquela antiquíssima lei que proíbe todo elemento da existência de permanecer imóvel quando a nação se põe em marcha, quando o homem reivindica e afirma ao mesmo tempo sua ilimitada humanidade.

Dentre as características do povo argelino estabelecidas pelo colonialismo, destacaremos a espantosa criminalidade. Antes de 1954, magistrados, policiais, advogados, jornalistas e médicos-legistas admitiam de maneira unânime que a criminalidade do argelino era um problema. O argelino, afirmava-se, é um criminoso nato. Uma teoria foi elaborada, provas científicas foram fornecidas. Essa teoria foi objeto, por mais de vinte anos, de ensino universitário. Os estudantes argelinos de medicina receberam esses ensinamentos, e, pouco a pouco, imperceptivelmente, depois de se acomodarem com o colonialismo, as elites se conformaram com as taras naturais do povo argelino. Indolentes natos, mentirosos natos, ladrões natos, criminosos natos.

Propomo-nos a expor aqui essa teoria oficial, lembrar suas bases concretas e a argumentação científica.

Num segundo momento retomaremos os fatos e procuraremos reinterpretá-los.

O argelino mata com frequência. É um fato, lhes dirão os magistrados, que quatro quintos dos processos instruídos têm relação com golpes e ferimentos. A taxa de criminalidade na Argélia é uma das mais significativas, uma das mais elevadas do mundo, afirmam eles. Não há pequenos delinquentes. Quando um argelino, e isso se aplica a todos os norte-africanos, se torna um fora da lei, é sempre no máximo grau.

O argelino mata de maneira selvagem. E, em primeiro lugar, a arma preferida é a faca. Os magistrados "que conhecem o país" criaram uma pequena filosofia a esse respeito. Os cabilas, por exemplo, preferem a pistola ou o fuzil. Os árabes da planície têm predileção pela faca. Certos magistrados se perguntam se não haverá para o argelino a exigência de ver sangue. O argelino, dirão eles, tem necessidade de sentir o calor do sangue, de banhar-se no sangue da vítima. Esses magistrados, esses policiais, esses médicos dissertam muito seriamente sobre as relações da alma muçulmana com o sangue.[37] Alguns magistrados chegam a dizer que, para o argelino, matar um homem é em primeiro lugar e sobretudo degolá-lo. A selvageria do argelino se manifesta especialmente pelo grande número de ferimentos, sendo alguns deles patentemente desnecessários, pelo fato de serem feitos após a morte. As autópsias estabelecem incontestavelmente o seguinte: o assassino dá a impressão, pela igual severidade dos ferimentos causados, de querer matar um número incalculável de vezes.

O argelino mata por nada. Com frequência, magistrados e policiais ficam surpresos diante dos motivos do assassinato: um gesto, uma alusão, uma afirmação ambígua, uma altercação sobre a posse de uma oliveira, um animal que invade uma porção ínfima de um hectare... Diante desse assassinato, algumas vezes diante desse duplo ou triplo assassinato, a causa buscada, o motivo pelo qual se espera que ele justifique e fundamente esses assassinatos pode ser de uma banalidade desesperante. Daí a impressão frequente de que o grupo social oculta os verdadeiros motivos.

Por fim, o roubo praticado pelo argelino ocorre sempre com arrombamento, acompanhado ou não de assassinato, e, em todo caso, de agressão contra o proprietário.

Todos esses elementos reunidos em torno da criminalidade argelina pareceram suficientemente específicos para que uma tentativa de sistematização fosse construída.

Por terem sido feitas observações similares, embora menos significativas, na Tunísia e no Marrocos, falou-se cada vez mais da criminalidade norte-africana. Durante mais de trinta anos, sob a direção permanente de Porot, professor de psiquiatria da Faculdade de Argel, várias equipes especificaram as modalidades de expressão dessa criminalidade e propuseram uma interpretação sociológica, funcional, anatômica.

Utilizaremos aqui os principais trabalhos dedicados a essa questão pela escola psiquiátrica da Faculdade de Argel. As conclusões das pesquisas realizadas durante mais de vinte anos foram objeto, lembremos, de palestras na cadeira de psiquiatria.

Foi assim que os médicos argelinos diplomados pela Faculdade de Argel tiveram que ouvir e aprender que o argelino é um criminoso nato. E mais, lembro-me de alguém dentre nós que muito seriamente expunha essas teorias aprendidas e acrescentava: "É duro de engolir, mas está cientificamente provado".

O norte-africano é um criminoso; seu instinto predador é conhecido, sua intensa agressividade é perceptível a olho nu. O norte-africano gosta dos extremos, e assim nunca se pode confiar integralmente nele. Hoje o maior amigo, amanhã o maior inimigo. Impermeável às nuances, o cartesianismo lhe é fundamentalmente estranho; o senso de equilíbrio, de ponderação, de medida fere suas disposições mais íntimas. O norte-africano é violento, hereditariamente violento. Há nele uma impossibilidade de se disciplinar, de canalizar seus impulsos. Sim, o argelino é um impulsivo congênito.

É necessário frisar, todavia, que essa impulsividade é fortemente agressiva e em geral homicida. É assim que se logra explicar o comportamento não ortodoxo do melancólico argelino. Os psiquiatras franceses na Argélia viram-se frente a um problema difícil. Estavam habituados, diante de um paciente acometido de melancolia, a temer o suicídio. Ora, o melancólico argelino mata. Essa doença da consciência moral, que é sempre acompanhada de autoacusação e de tendências autodestrutivas, assume no argelino formas heterodestrutivas. O argelino melancólico não se suicida. Ele mata. É a melancolia homicida bem estudada pelo professor Porot, na tese de seu aluno Monserrat.

Como a escola argelina compreende essa anomalia? Em primeiro lugar, diz a escola de Argel, matar-se é voltar-se para dentro de si, é olhar-se, é praticar a introspecção. Ora, o argelino é refratário à vida interior. Não há vida interior no norte-africano. Ele, ao contrário, livra-se de suas preocupações apoiando-se nas pessoas que o rodeiam. Não analisa. Sendo a melancolia, por definição, uma doença da consciência moral, é claro que o argelino só pode dar origem a pseudomelancolias, já que tanto a precariedade de sua consciência quanto a fragilidade de seu senso moral são bem conhecidas. Essa incapacidade do argelino de analisar uma situação, de organizar um panorama mental, torna-se perfeitamente compreensível quando nos reportamos às duas ordens de causalidade propostas pelos autores franceses.

Primeiramente, em relação às aptidões intelectuais: o argelino é um grande débil mental. É preciso, se quisermos compreender bem esse dado, lembrar a semiologia estabelecida pela escola de Argel. O nativo, diz ela, apresenta as seguintes características:

- ausência ou quase ausência de emotividade;
- extrema credulidade e sugestionabilidade;
- obstinação tenaz;
- puerilismo mental, sem o espírito curioso da criança ocidental;
- facilidade para os acidentes e as reações pitiáticos.[38]

O argelino não percebe o conjunto. As questões que ele se coloca têm sempre relação com os detalhes e excluem qualquer síntese. Detalhista, apegado aos objetos, perdido nas minúcias, insensível à ideia, rebelde aos conceitos. A expressão verbal é reduzida ao mínimo. O gesto é sempre impulsivo e agressivo. Incapaz de interpretar o detalhe a partir do conjunto, o argelino torna absoluto o elemento e toma a parte pelo todo. Assim, ele terá reações globais diante de incitações parcelares, de insignificâncias tais como uma figueira, um gesto, um carneiro em seu terreno. A agressividade congênita busca vias, contenta-se com o menor pretexto. É uma agressividade em estado puro.[39]

Abandonando o estágio descritivo, a escola de Argel aborda o plano explicativo. Em 1935, no Congresso dos Médicos Alienistas e Neurologistas da França e de Língua Francesa, realizado em Bruxelas, o professor Porot definiu as bases científicas de sua teoria. Ao discutir o relatório de Baruk sobre a histeria, ele observou que "o nativo norte-africano, cujas atividades superiores e corticais são pouco evoluídas, é um ser primitivo cuja vida essencialmente vegetativa e instintiva é regulada sobretudo pelo diencéfalo".

Para avaliar a importância dessa descoberta do professor Porot, é preciso lembrar que a característica da espécie humana, quando comparada à dos outros vertebrados, é a corticalização. O diencéfalo é uma das partes mais primitivas do cérebro, e o homem é, antes de tudo, o vertebrado em que o córtex domina.

Para o professor Porot, a vida do nativo norte-africano é dominada pelas instâncias diencefálicas. Isso significa que o nativo norte-africano, de certa forma, está privado de córtex.

O professor Porot não evita essa contradição e, em abril de 1939, num artigo publicado pela revista *Sud Médical et Chirurgical*, escrito em colaboração com seu aluno Sutter, atualmente professor de psiquiatria em Argel, esclarece: "O primitivismo não é uma falta de maturidade, uma interrupção acentuada no desenvolvimento do psiquismo intelectual. É uma condição social que chegou ao termo de sua evolução, está adaptado de maneira lógica a uma vida diferente da nossa". Por fim, os professores abordam a própria base da doutrina: "Esse primitivismo não é somente uma maneira que resulta de uma educação especial, ele tem bases muito mais profundas, e pensamos até que deve ter seu substrato numa disposição particular da arquitetura, pelo menos da hierarquização dinâmica dos centros nervosos". Como se vê, a impulsividade do argelino, a frequência e as características dos assassinatos que comete, sua propensão constante à delinquência, seu primitivismo não são um acaso. Estamos diante de um comportamento coerente, de uma vida coerente, cientificamente explicável. O argelino não tem córtex, ou, para ser mais preciso, a dominação, como nos vertebrados inferiores, é diencefálica. As funções corticais, se existirem, são muito frágeis, praticamente não integradas na dinâmica da existência. Não há, portanto, nem mistério nem paradoxo. A reticência do colonizador em confiar uma responsabilidade ao nativo não é racismo nem paternalismo, mas simplesmente uma apreciação científica das possibilidades biologicamente limitadas do colonizado.

Terminemos esta análise citando uma conclusão em escala africana do dr. Carothers, perito da Organização Mundial da Saúde. Esse perito internacional reuniu, num livro publicado em 1954,[40] o essencial de suas observações.

O dr. Carothers atuava na África Central e Oriental, mas suas conclusões confirmam as da escola norte-africana. Na verdade, para ele, "o africano utiliza muito pouco os lobos frontais. Todas as particularidades da psiquiatria africana podem ser atribuídas a uma indolência frontal".[41]

Para se fazer compreender bem, o dr. Carothers estabelece uma comparação muito expressiva. E afirma que o africano é um *europeu lobotomizado*. Sabemos que a escola anglo-saxã acreditara ter encontrado uma terapêutica radical de certas formas graves de doenças mentais através da exclusão de uma parte importante do cérebro. A grande degradação da personalidade provocada por esse método fez com que de lá para cá ele fosse abandonado. Segundo o dr. Carothers, a semelhança entre o nativo africano normal e o lobotomizado europeu é chocante.

O dr. Carothers, depois de estudar os trabalhos dos diferentes autores que atuavam na África, propõe-nos uma conclusão que fundamenta uma concepção unitária do africano:

> Estes são os dados dos casos que não se referem às categorias europeias. Foram coletados nas diferentes regiões do leste, do oeste e do sul da África, e, no conjunto, cada um dos autores tinha pouco ou nenhum conhecimento dos trabalhos de seus colegas. A semelhança essencial desses trabalhos é, portanto, absolutamente notável.[42]

Observemos, antes de terminar, que o dr. Carothers definia a revolta dos Mau-Mau como a expressão de um complexo inconsciente de frustração, cuja reedição poderia ser cientificamente evitada por meio de adaptações psicológicas radicais.

Assim, um comportamento inabitual — a frequência da criminalidade do argelino, a banalidade dos motivos encontrados, o caráter homicida e sempre altamente sanguinário das contendas — constituía um problema para os observadores. A explicação proposta, que se tornou matéria de ensino, parece ser, em última análise, a seguinte: a disposição das estruturas cerebrais do norte-africano justifica, ao mesmo tempo, a indolência do nativo, sua inaptidão intelectual e social e sua impulsividade quase animal. A impulsividade criminosa do norte-africano é a transcrição, na ordem do comportamento, de um certo arranjo do sistema nervoso. É uma reação neurologicamente compreensível, inscrita na natureza das coisas, da *coisa* biologicamente organizada. A não integração dos lobos frontais na dinâmica cerebral explica a indolência, os crimes, os roubos, os estupros, a mentira. E a conclusão me foi dada por um subprefeito — hoje prefeito: "A esses seres naturais", dizia ele, "que obedecem cegamente às leis de sua natureza, é preciso opor quadros estritos e implacáveis. É preciso domesticar a natureza, não convencê-la". "Disciplinar", "treinar", "domar" e, hoje, "pacificar" são as palavras mais utilizadas pelos colonialistas nos territórios ocupados.

Se retomamos longamente as teorias propostas pelos homens de ciência colonialistas, foi menos para mostrar sua pobreza e seu absurdo do que para abordar um problema teórico e prático extremamente importante. Na verdade, dentre as questões que se colocavam à revolução, dentre os temas que podiam ser debatidos no nível da explicação política e da desmistificação, a criminalidade argelina era apenas um subsetor. Mas foram precisamente os fecundos debates que ocorreram em torno desse tema que nos permitiram aprofundar e melhor delimitar a noção de libertação individual e social. Quando, na prática revolucionária, se aborda a questão da criminalidade argelina diante dos quadros e dos militantes, quando se apresenta o número médio de crimes, de delitos, de roubos do período anterior à revolução, quando se explica que a fisionomia do crime, a frequência dos delitos depende das relações que existem entre os homens e as mulheres, entre os homens e o Estado, e que todos compreendem; quando se assiste ao rápido deslocamento da noção de argelino ou de norte-africano criminoso por vocação, noção que estava igualmente fixada na consciência do argelino porque afinal "somos coléricos, briguentos, maus... é assim mesmo..." — então, sim, pode-se dizer que a revolução está progredindo.

O problema teórico importante é que é preciso a todo momento e em todo lugar explicitar, desmistificar, extinguir o insulto ao homem que há em nós. Não é preciso esperar que a nação produza novos homens. Não é preciso esperar que, em perpétua renovação revolucionária, os homens insensivelmente se transformem. É bem verdade que esses dois processos são importantes, mas é preciso ajudar a consciência. A prática revolucionária, se quiser ser globalmente libertadora e excepcionalmente fecunda, exige que nada de insólito subsista. Sente-se, com uma força particular, a necessidade de totalizar o acontecimento, de levar tudo consigo, de regular tudo, ser responsável por tudo. A consciência então não reclama por voltar atrás, por marcar passo, se for preciso. É por isso que, no avanço de uma unidade de combate no campo de batalha, o fim de uma emboscada não significa descanso, e sim o momento para a consciência avançar um pouco, pois tudo deve caminhar em consonância.

Sim, espontaneamente o argelino dava razão aos magistrados e aos policiais.[43] Foi preciso, portanto, tomar essa criminalidade argelina vivida no plano do narcisismo como manifestação da autêntica virilidade, e colocar o problema no plano da história colonial. Mostrar, por exemplo, que a criminalidade dos argelinos na França difere fundamentalmente da criminalidade dos argelinos submetidos à exploração diretamente colonial.

Um segundo aspecto devia reter nossa atenção: na Argélia, a criminalidade argelina ocorre praticamente em círculo fechado. Os argelinos roubavam, dilaceravam, matavam uns aos outros. Na Argélia, o argelino pouco atacava os franceses e evitava contendas com eles. Na França, ao contrário, o imigrante vai criar uma criminalidade intersocial, intergrupos.

Na França, a criminalidade argelina está diminuindo. Dirige-se sobretudo aos franceses, e as causas são radicalmente novas. Um paradoxo nos ajudou consideravelmente a desmistificar os militantes: observa-se, a partir de 1954, um quase desaparecimento dos crimes de direito comum. Não há mais brigas, não há mais detalhes insignificantes que acarretam mortes. Não há mais cóleras explosivas porque a fronte de minha mulher ou seu ombro esquerdo foram vistos pelo vizinho. A luta nacional parece ter canalizado todas as cóleras, nacionalizado todos os movimentos afetivos ou emocionais. Os juízes e advogados franceses já haviam constatado esse fato, mas era preciso que o militante tivesse consciência disso, era preciso levá-lo a conhecer os motivos.

Resta a explicação.

Será preciso dizer que a guerra, terreno privilegiado de expressão de uma agressividade enfim socializada, canaliza para o ocupante gestos congenitamente homicidas? Dizer que os grandes abalos sociais reduzem a frequência da delinquência e dos distúrbios mentais é uma constatação banal. Podia-se perfeitamente, portanto, explicar essa regressão da criminalidade argelina pela existência de uma guerra que dividia a Argélia em duas, repelindo para o lado inimigo a máquina judiciária e administrativa.

Ora, nos países magrebinos já libertados, esse mesmo fenômeno observado no decorrer das lutas de libertação se mantém e se fixa com a independência. Parece, portanto, que o contexto colonial seria suficientemente original para autorizar uma reinterpretação da criminalidade. Foi o que fizemos com referência aos combatentes. Hoje, todos sabemos que a criminalidade não é a consequência do caráter congênito do argelino, nem da organização de seu sistema nervoso. A guerra da Argélia, as guerras de libertação nacional fazem surgir os verdadeiros protagonistas. Na situação colonial, como mostramos, os nativos estão entre eles. Tendem a se servir reciprocamente de anteparo. Cada um esconde do outro o inimigo nacional. E quando, cansado após uma dura jornada de dezesseis horas, o colonizado se deixa cair na esteira e ouve, através da divisória de tecido, uma criança que chora e não o deixa dormir, como que por acaso é um pequeno argelino. Quando vai solicitar um pouco de farinha ou um pouco de óleo ao merceeiro, a quem já deve algumas centenas de francos, e vê que o favor lhe é recusado, um imenso ódio e uma enorme vontade de matar o invadem, mas o merceeiro é argelino. Quando, depois de o evitar durante semanas, ele um dia se vê acuado pelo funcionário muçulmano que lhe cobra "impostos", nem tem possibilidade de odiar o administrador europeu; o caide que está ali suscita esse ódio, e é argelino.

Exposto a tentativas diárias de assassinato — fome, expulsão do quarto não pago, o seio materno que secou, filhos esqueléticos, o canteiro de obras fechado, os desempregados que circulam em torno do gerente como corvos —, o nativo chega a ver seu semelhante como um inimigo implacável. Se ele esfola os pés descalços numa grande pedra no meio do caminho, então foi um nativo que a colocou ali, e o pouco de azeitonas que nos apressamos em colher, eis que os filhos de X. as comeram durante a noite. Sim, no período colonial, na Argélia e em outros lugares, pode-se fazer muita coisa por um quilo de farinha. Pode-se matar várias pessoas. É preciso imaginação para compreender essas coisas. Ou é preciso memória. Nos campos de concentração, homens se mataram por um pedaço de pão. Eu me lembro de uma cena horrível. Foi em Oran, em 1944. Do campo onde esperávamos o desembarque, os militares lançavam pedaços de pão a pequenos argelinos, que os disputavam com raiva e ódio. Os veterinários poderiam esclarecer esses fenômenos evocando a famosa *pecking order* observada nos galinheiros. O milho que é distribuído é de fato objeto de uma competição implacável. Certas aves, as mais fortes, devoram todos os grãos, enquanto outras, menos agressivas, emagrecem a olhos vistos. Toda colônia tende a se tornar um imenso galinheiro, um imenso campo de concentração onde a única lei é a lei da faca.

Na Argélia, desde a guerra de libertação nacional, tudo mudou. A totalidade das reservas de uma família ou de uma *metcha** podem ser oferecidas, em uma só noite, a uma companhia que

---

* Na Argélia e no Marrocos, conjunto de pequenas casas de alvenaria que servem de residência no inverno. (N. T.)

está de passagem. O único jumento da família pode ser emprestado para garantir o transporte de um ferido. E quando, vários dias depois, o proprietário ficar sabendo da morte do animal, metralhado por um avião, não se lançará em imprecações e em ameaças. Não porá em dúvida a morte do animal, mas perguntará preocupado se o ferido está são e salvo.

No regime colonial, pode-se fazer tudo por um quilo de pão ou um miserável carneiro... As relações do homem com a matéria, com o mundo, com a história são, no período colonial, relações com a comida. Para um colonizado, num contexto de opressão como o da Argélia, viver não é encarnar valores, inserir-se no desenvolvimento coerente e fecundo de um mundo. Viver é não morrer. Existir é manter a vida. Cada tâmara é uma vitória. Não o resultado do trabalho, mas uma vitória sentida como triunfo da vida. Assim, furtar as tâmaras, permitir que seu carneiro coma a erva do vizinho, não significa a negação da propriedade de outrem, transgressão de uma lei ou desrespeito. São tentativas de assassinato. É preciso ver, na Cabília, homens e mulheres, durante semanas, irem buscar terra no fundo do vale e subirem com ela em pequenos cestos para compreender que um roubo é uma tentativa de assassinato, e não um gesto hostil ou ilegal. É a única perspectiva desse estômago cada vez mais diminuído, cada vez menos exigente, é claro, mas que no entanto é preciso satisfazer. A quem incriminar? O francês está na planície com os policiais, o exército e os tanques. Na montanha só há argelinos. Lá no alto, o céu, com suas promessas de além-túmulo; embaixo, os franceses, com suas promessas bem concretas de prisão, agressão, execução. Inevitavelmente, tropeçamos em nós mesmos. Descobre-se aqui o núcleo desse ódio de si mesmo que caracteriza os conflitos raciais nas sociedades segregadas.

A criminalidade do argelino, sua impulsividade, a violência de seus assassinatos, portanto, não são a consequência de uma organização do sistema nervoso, nem de uma originalidade de caráter, mas o produto direto da situação colonial. Que os combatentes argelinos tenham debatido esse problema, que não tenham receado questionar as crenças instiladas neles pelo colonialismo, que tenham compreendido que cada um era o anteparo do outro e que, na verdade, ao se lançar sobre o outro cada um se suicidava, deve ter tido uma importância primordial na consciência revolucionária. Mais uma vez, o objetivo do colonizado que luta é provocar o fim da dominação. Mas ele deve igualmente zelar pela liquidação de todas as não verdades fixadas em seu corpo pela opressão. Num regime colonial, como o que existia na Argélia, as ideias professadas pelo colonialismo não influenciavam somente a minoria europeia, mas também o argelino. A libertação total é a que diz respeito a todos os setores da personalidade. A emboscada ou a briga, a tortura ou o massacre de seus irmãos consolidam a disposição de vencer, renovam o inconsciente e alimentam a imaginação. Quando a nação toma impulso na sua totalidade, o homem novo não é uma produção a posteriori dessa nação, mas coexiste com ela, desenvolve-se com ela, triunfa com ela. Essa exigência dialética explica a reticência em relação às colonizações adaptadas e às reformas de fachada. A independência não é uma palavra a ser exorcizada, mas uma condição indispensável à existência dos homens e das mulheres verdadeiramente libertos, isto é, donos de todos os meios materiais que tornam possível a transformação radical da sociedade.

Conclusão

Vamos, camaradas, é melhor decidir desde já mudar de direção. Quanto à grande noite em que fomos mergulhados, precisamos sacudi-la e sair dela. O novo dia que já se levanta deve nos encontrar firmes, sensatos e resolutos.

Precisamos deixar de lado nossos sonhos, abandonar nossas velhas crenças e nossas amizades anteriores. Não percamos tempo com estéreis litanias ou com mimetismos nauseabundos. Deixemos de lado essa Europa que não para de falar do homem, ao mesmo tempo que o massacra por toda parte onde o encontra, em todos os cantos de suas próprias ruas, em todos os cantos do mundo.

Há séculos que a Europa impede o progresso dos outros homens e os submete a seus objetivos e a sua glória; séculos nos quais, em nome de uma pretensa "aventura espiritual", ela asfixia quase toda a humanidade. Vejam-na hoje oscilar entre a desintegração atômica e a desintegração espiritual.

E, no entanto, em seu espaço, no plano das realizações, pode-se dizer que ela teve sucesso em tudo.

A Europa tomou a direção do mundo com ardor, cinismo e violência. E vejam quanto a sombra de seus monumentos se estende e se multiplica. Cada movimento da Europa fez estourar os limites do espaço e os do pensamento. A Europa recusou-se a qualquer humildade, a qualquer modéstia, mas também a qualquer solicitude, a qualquer ternura.

Ela só se mostrou parcimoniosa com o homem, mesquinha, carniceira homicida só com o homem.

Então, irmãos, como não compreender que temos mais o que fazer do que seguir essa Europa?

Essa Europa que nunca cessou de falar do homem, nunca cessou de proclamar que só estava preocupada com o homem, sabemos hoje com que sofrimentos a humanidade pagou cada uma das vitórias de seu espírito.

Vamos, camaradas, o jogo europeu está definitivamente terminado, é preciso encontrar outra coisa. Podemos fazer de tudo hoje, com a condição de não imitar a Europa, com a condição de não nos deixarmos obcecar pelo desejo de suplantar a Europa.

A Europa adquiriu uma velocidade tão louca, tão desordenada, que escapa hoje de qualquer condutor, de qualquer razão, e segue numa vertigem assustadora em direção a abismos dos quais é melhor se afastar o mais rapidamente possível.

É bem verdade, entretanto, que precisamos de um modelo, de esquemas, de exemplos. Para muitos de nós, o modelo europeu é o mais estimulante. Ora, vimos nas páginas anteriores a que infortúnios nos conduziu essa imitação. As realizações europeias, a técnica europeia, o estilo europeu devem cessar de nos tentar e de nos desequilibrar.

Quando busco o homem na técnica e no estilo europeus, vejo uma sucessão de negações do homem, uma avalanche de assassinatos.

A condição humana, os projetos do homem, a colaboração entre os homens para tarefas que incrementam a totalidade

Conclusão

do homem são problemas novos que exigem verdadeiras invenções.

Decidamos não imitar a Europa e orientemos nossos músculos e cérebros numa nova direção. Esforcemo-nos para inventar o homem total que a Europa foi incapaz de fazer triunfar.

Há dois séculos, uma antiga colônia europeia pôs na cabeça suplantar a Europa. Teve tanto êxito que os Estados Unidos da América se tornaram um monstro onde as taras, as doenças e a desumanidade da Europa atingiram dimensões assustadoras.

Camaradas, será que não temos outra coisa a fazer que não criar uma terceira Europa? O Ocidente quis ser uma aventura do Espírito. Foi em nome do Espírito — do espírito europeu, entenda-se — que a Europa justificou seus crimes e legitimou a escravidão na qual mantinha quatro quintos da humanidade.

Sim, o espírito europeu teve fundamentos singulares. Toda a reflexão europeia se passou em lugares cada vez mais desérticos, cada vez mais escarpados. Assim sendo, cada vez menos encontrou-se aí o homem.

Um diálogo permanente consigo mesmo, um narcisismo cada vez mais obsceno não cessaram de preparar o terreno para um quase delírio, em que o trabalho cerebral se torna um sofrimento, as realidades não sendo as do homem que vive, trabalha e se forja a si mesmo, mas palavras, agrupamentos variados de palavras, tensões nascidas das significações contidas nas palavras. No entanto, houve europeus que convidaram os trabalhadores europeus a quebrar esse narcisismo e a romper com essa desrealização.

De maneira geral, os trabalhadores europeus não responderam aos apelos. Isso porque se acharam, também eles, afetados pela aventura prodigiosa do Espírito europeu.

Todos os elementos de uma solução para os grandes problemas da humanidade existiram, em momentos diferentes, no pensamento da Europa. Mas a ação dos homens europeus não realizou a missão que lhes cabia e que consistia em refletir intensamente sobre esses elementos, em modificar sua disposição, seu ser, em mudá-los, enfim, em levar o problema do homem a um nível incomparavelmente superior.

Hoje, assistimos a uma estagnação da Europa. Fujamos, camaradas, desse movimento imóvel em que a dialética, pouco a pouco, transformou-se em lógica do equilíbrio. Retomemos a questão do homem. Retomemos a questão da realidade cerebral, da massa cerebral de toda a humanidade, cujas conexões é preciso multiplicar, cujos circuitos é preciso diversificar, cujas mensagens é preciso reumanizar.

Vamos, irmãos, temos trabalho demais para nos distrairmos com jogos ultrapassados. A Europa fez o que tinha de fazer e afinal o fez bem; deixemos de acusá-la, mas digamos-lhe firmemente que ela não deve mais continuar a fazer tanto barulho. Não temos mais que temê-la; deixemos, portanto, de invejá-la.

O Terceiro Mundo hoje põe-se diante da Europa como uma massa colossal cujo projeto deve ser tentar resolver os problemas para os quais essa Europa não soube trazer soluções.

Mas então é importante não falar mais de rendimento, não falar mais de intensificação, não falar mais de ritmos. Não, não se trata de retornar à Natureza. Trata-se muito concretamente de não puxar os homens em direções que os mutilem, de não impor ao cérebro ritmos que rapidamente o obliteram e o perturbam. Não se deve, a pretexto de alcançar a Europa, atropelar o homem, arrancá-lo de si mesmo, de sua intimidade, quebrá-lo, matá-lo.

Conclusão

Não, não queremos alcançar ninguém. Mas queremos caminhar todo o tempo, dia e noite, em companhia do homem, de todos os homens. Não se trata de alongar a caravana, porque então cada fileira percebe apenas aquela que a precede, e os homens, que não se reconhecem mais, encontram-se cada vez menos, falam-se cada vez menos.

Trata-se, para o Terceiro Mundo, de recomeçar uma história do homem que considere não só as teses por vezes prodigiosas defendidas pela Europa, mas também os crimes da Europa, dos quais o mais odioso terá sido, no interior do homem, o esquartejamento patológico de suas funções e o esfacelamento de sua unidade; no contexto de uma coletividade, a quebra, a estratificação, as tensões sangrentas alimentadas pelas classes; enfim, na escala imensa da humanidade, os ódios raciais, a escravidão, a exploração e sobretudo o genocídio exangue representado pela segregação de 1,5 bilhão de homens.

Portanto, camaradas, não paguemos tributo à Europa criando Estados, instituições e sociedades que nela se inspirem.

A humanidade espera outra coisa de nós que não essa imitação caricatural e, no conjunto, obscena.

Se quisermos transformar a África numa nova Europa, a América numa nova Europa, então confiemos a europeus os destinos de nossos países. Eles saberão fazer melhor do que os mais bem-dotados dentre nós.

Mas, se quisermos que a humanidade avance para um estágio superior, se quisermos levá-la a um nível diferente daquele em que a Europa a revelou, então é preciso inventar, é preciso descobrir.

Se quisermos responder às expectativas de nossos povos, é preciso buscar em outro lugar que não a Europa.

Mais ainda, se quisermos corresponder à expectativa dos europeus, não devemos lhes devolver uma imagem, mesmo ideal, da sua sociedade e do seu pensamento, pelos quais eles experimentam, episodicamente, uma imensa náusea.

Para a Europa, para nós mesmos e para a humanidade, camaradas, é preciso mudar completamente, desenvolver um pensamento novo, tentar criar um homem novo.

Anexos

Prefácio à edição original francesa de 1961

Jean-Paul Sartre

Não faz muito tempo, a Terra contava 2 bilhões de habitantes, dos quais 500 milhões de homens e 1,5 bilhão de nativos. Os primeiros dispunham do Verbo, os outros tomavam-no emprestado. Entre uns e outros, serviam de intermediários reizinhos vendidos, donos de feudos e uma falsa burguesia inteiramente forjada. Nas colônias, a verdade se mostrava nua e crua; as "metrópoles" preferiam-na vestida; o nativo devia venerá-las. Como se veneram as mães, de certo modo. A elite europeia empenhou-se em fabricar um indigenato de elite; selecionava adolescentes, gravava-lhes na testa, com ferro em brasa, os princípios da cultura ocidental, metia-lhes na boca sonoras mordaças, palavras pastosas que grudavam nos dentes; então, depois de uma breve estada na metrópole, eles eram mandados de volta para seu país, adulterados. Essas imposturas vivas não tinham nada a dizer a seus irmãos; suas vozes eram ecos; de Paris, de Londres, de Amsterdam, lançávamos as palavras "Partenon! Fraternidade!", e, em algum lugar na África, na Ásia, lábios se abriam: "...tenon!...nidade!". Era a idade de ouro.

Esse período acabou: as bocas abriram-se sozinhas; as vozes amarelas e negras ainda falavam do nosso humanismo, mas para censurar a nossa desumanidade. Ouvíamos sem desagrado aquelas educadas manifestações de amargura. De início, foi um orgulhoso deslumbramento: como assim? Conseguem falar sozinhos? Vejam o que fizemos com eles! Não tínhamos dúvida de que aceitavam o nosso ideal, pois nos acusavam de não ser fiéis a ele; desta vez, a Europa acreditou na sua missão: helenizara os asiáticos, criara uma nova espécie, os negros greco-latinos. Acrescentávamos, apenas entre nós, com senso prático: e deixemos que gritem, isso os acalma; cão que ladra não morde.

Veio outra geração, que abordou o problema sob um ângulo diferente. Seus escritores e poetas, com incrível paciência, tentaram nos explicar que nossos valores não se ajustavam bem à verdade de suas vidas, que não podiam rejeitá-los nem os assimilar completamente. Grosso modo, isso queria dizer: vocês nos transformam em monstros, seu humanismo nos pressupõe universais e suas práticas racistas nos particularizam. Nós os escutávamos, sem nenhuma preocupação: os administradores coloniais não são pagos para ler Hegel, por isso o leem pouco, mas não precisam do filósofo para saber que as consciências infelizes se emaranham nas próprias contradições. Eficácia zero. Logo, perpetuemos a infelicidade deles, nada sairá daí. Se, como nos diziam os especialistas, houvesse a sombra de uma reivindicação em seus gemidos, seria a de integração. Concedê-la, é claro, está fora de cogitação: isso arruinaria o sistema, que repousa, como todos sabem, na superexploração. Mas bastaria acenar-lhes com esse estímulo: eles viriam correndo. Quanto a se rebelarem, estávamos bem tranquilos: que nativo consciente massacraria os belos filhos da Europa com o único fim de se tornar europeu como eles? Em suma, estimulávamos esses sentimentos de melancolia, e não nos pareceu má ideia, por uma vez, conceder o prêmio Goncourt a um negro;* isso foi antes de 1939.

1961. Ouçam:

> Não percamos tempo com estéreis litanias ou com mimetismos nauseabundos. Deixemos de lado essa Europa que não para de falar do homem, ao mesmo tempo que o massacra por toda parte onde o encontra, em todos os cantos de suas próprias ruas, em todos os cantos do mundo. Há séculos que a Europa [...] em nome de uma pretensa "aventura espiritual", ela asfixia quase toda a humanidade.

Esse tom é novo. Quem se atreve a adotá-lo? Um africano, homem do Terceiro Mundo, ex-colonizado. E acrescenta: "A Europa adquiriu uma velocidade tão louca, tão desordenada, que [...] segue [...] em direção a abismos dos quais é melhor se afastar". Em outras palavras: está perdida. Uma verdade que não é agradável admitir, mas da qual todos — não é, meus caros coeuropeus? — estamos, bem no íntimo, convencidos.

É preciso, no entanto, fazer uma ressalva. Quando um francês, por exemplo, diz a outro francês, "Estamos perdidos!" — o que, até onde sei, acontece quase todos os dias desde 1930 —, trata-se de um discurso passional, ardente de raiva e de amor, em que o orador se inclui, junto com todos os seus compatriotas. E depois geralmente acrescenta: "A menos que...". Sabemos o que isso significa: não se pode mais cometer nenhum erro; se as suas recomendações não forem seguidas ao pé da

---

* O prêmio Goncourt de 1921 foi atribuído ao martinicano René Maran, pelo romance *Batouala: Véritable Roman nègre*. (N. T.)

letra, então e somente então o país se desintegrará. Em suma, é uma ameaça seguida de um conselho, e essas declarações chocam um pouco menos porque brotam da intersubjetividade nacional. Já quando Fanon afirma que a Europa segue em direção a um abismo, longe de lançar um grito de alerta ele propõe um diagnóstico. Esse médico não tenciona condená-la sem apelação — já vimos milagres assim — nem lhe dar os meios para se curar: apenas constata que está agonizando. De fora, com base nos sintomas que conseguiu observar. Quanto a tratá-la, não: ele tem outras preocupações na cabeça; que ela morra ou sobreviva, pouco lhe importa. Por essa razão, seu livro é escandaloso. E se vocês murmuram, entre divertidos e constrangidos, "Olha o que ele joga nas nossas costas!", então a verdadeira natureza do escândalo lhes escapa: pois Fanon não "joga" nada nas costas de ninguém; sua obra, tão incendiária para muitos, para vocês é glacial; fala quase o tempo todo de vocês, mas nunca para vocês. Acabaram-se os Goncourt negros e os Nobel amarelos: o tempo dos laureados colonizados não mais retornará. Um ex-nativo de "língua francesa" sujeita essa língua a novas exigências, serve-se dela e dirige-se exclusivamente aos colonizados: "Nativos de todos os países subdesenvolvidos, uni-vos!". Que decadência: para os pais, éramos os únicos interlocutores; os filhos nem nos consideram mais como interlocutores válidos: somos objetos do discurso. Evidentemente Fanon menciona de passagem nossos crimes famosos — Sétif, Hanói, Madagascar —, mas não gasta sua energia para condená-los: serve-se deles. Se desmonta as táticas do colonialismo, o jogo complexo das relações que unem e opõem os colonos aos "metropolitanos", é *para seus irmãos*; seu objetivo é ensiná-los a nos derrotar.

Em suma, o Terceiro Mundo *se* descobre e *se* expressa por meio dessa voz. Sabemos que não é homogêneo e que ainda se encontram ali países dominados, outros que adquiriram uma falsa independência, outros que lutam ainda para conquistar a soberania, outros enfim que ganharam a liberdade plena porém vivem sob a constante ameaça de uma agressão imperialista. Essas diferenças nasceram da história colonial, isto é, da opressão. Aqui a metrópole limitou-se a pagar alguns donos de feudos; ali, dividindo para melhor reinar, fabricou integralmente uma burguesia de colonizados; mais além, matou dois coelhos de uma só cajadada: a colônia é ao mesmo tempo de exploração e de povoamento. Assim a Europa multiplicou as cisões e oposições, forjou classes, e às vezes racismos, tentou por todos os meios provocar e ampliar a estratificação das sociedades colonizadas. Fanon não dissimula nada: para lutar contra nós, a ex-colônia deve lutar contra si mesma. Ou melhor, as duas lutas formam uma só. No foco do combate, todas as barreiras interiores têm de se desfazer, a impotente burguesia de negocistas e *compradores*,* o proletariado urbano, sempre privilegiado, o *lumpemproletariado* das favelas, todos devem alinhar-se às posições das massas rurais, verdadeiro reservatório do exército nacional e revolucionário; nessas regiões, cujo desenvolvimento foi deliberadamente sufocado pelo colonialismo, o campesinato, quando se rebela, figura rapidamente como classe *radical*: conhece a opressão nua, sofre muito mais do que os trabalhadores das cidades, e, para impedir que morra de fome, é preciso nada menos do que explodir todas as estruturas. Se ele triunfar, a revolução nacional será

---

* Em espanhol no original. (N. T.)

socialista; se frearem seu ímpeto, se a burguesia colonizada tomar o poder, o novo Estado, a despeito de uma soberania formal, ficará nas mãos dos imperialistas. É o que bem ilustra o exemplo do Katanga.* Assim, a unidade do Terceiro Mundo não está feita: é um empreendimento em curso que passa pela união, em cada país, antes e depois da independência, de todos os colonizados sob o comando da classe camponesa. Eis o que Fanon explica a seus irmãos da África, da Ásia, da América Latina: ou realizamos todos juntos e por toda parte o socialismo revolucionário ou seremos derrotados um a um pelos nossos antigos tiranos. Ele não esconde nada: nem as fraquezas, nem as discórdias, nem as mistificações. Aqui o movimento começa mal; ali, depois de êxitos fulminantes, começa a perder velocidade; noutra parte, está parado: se quisermos que ele reinicie, é preciso que os camponeses joguem a burguesia no mar. O leitor é severamente prevenido contra as alienações mais perigosas: o líder, o culto à personalidade, a cultura ocidental e, da mesma forma, o retorno do longínquo passado da cultura africana: a verdadeira cultura é a revolução; isso significa que ela se forja a quente. Fanon fala em voz alta; nós, europeus, podemos ouvi-lo: prova disso é que seguramos nas mãos este livro; será que ele não teme que as potências coloniais se aproveitem da sua sinceridade?

Não. Ele não teme nada. Nossos procedimentos estão vencidos: podem eventualmente retardar a emancipação, mas não

---

* O Katanga era uma rica região do Congo Belga que, em julho de 1960, em revolta apoiada pelos ex-colonizadores, proclamou-se um Estado independente da recém-criada República do Congo, comandada pelo líder revolucionário Patrice Lumumba. O movimento separatista durou até janeiro de 1963. (N. T.)

conseguirão detê-la. E não imaginemos que seremos capazes de readequar nossos métodos: o neocolonialismo, esse sonho indolente das metrópoles, é vão; as "terceiras forças" não existem, ou são falsas burguesias que o colonialismo já colocou no poder. Nosso maquiavelismo quase não tem mais poder sobre esse mundo bem desperto que detectou as nossas mentiras uma após a outra. O colono tem apenas um recurso: a força, quando ainda lhe resta; o nativo tem apenas uma escolha: a servidão ou a soberania. Que importa a Fanon que leiamos ou não sua obra? É a seus irmãos que ele denuncia nossas velhas artimanhas, certo de que já não temos outras. É a eles que Fanon diz: a Europa pôs as patas em nossos continentes, é preciso feri-las até que se retirem; o momento é propício a nós: nada acontece em Bizerte, em Elisabethville,* no interior argelino, sem que a Terra inteira seja informada; os blocos assumem posições contrárias, impõem-se respeito mútuo; aproveitemos essa paralisia, entremos na história, e que nossa irrupção a torne universal pela primeira vez; lutemos: na falta de outras armas, a paciência do facão bastará.

Europeus, abram este livro, entrem nele. Depois de alguns passos na noite vocês verão estrangeiros reunidos ao pé do fogo, aproximem-se, ouçam: eles estão discutindo o destino que reservam aos entrepostos que vocês criaram, aos mercenários que defendem vocês. Talvez notem sua presença, mas continuarão falando entre si, sem nem sequer baixar o tom de voz. Essa indiferença fere no mais íntimo: os pais, criaturas da

---

* Nome da maior cidade do Alto Katanga, na República do Congo, de 1910 a 1966. Quando Fanon escreve, é a capital do Estado do Katanga, durante o breve período em que a região se declarou país independente. (N. T.)

sombra, *suas* criaturas, eram almas mortas, vocês lhes dispensavam a luz, eles só se dirigiam a vocês, e vocês não se davam ao trabalho de responder a esses zumbis. Os filhos ignoram vocês: um fogo os ilumina e os aquece, fogo que não é o de vocês. A uma distância respeitosa, vocês se sentirão furtivos, noturnos, atordoados: cada um tem sua vez; nessas trevas de onde uma nova aurora surgirá, os zumbis são vocês.

Nesse caso, dirão vocês, joguemos este livro pela janela. Por que ler, se não foi escrito para nós? Por dois motivos: o primeiro é que Fanon explica aos seus irmãos como vocês funcionam, e desmonta para eles o mecanismo de nossas alienações; aproveitem para descobrir a si mesmos em sua verdade de objetos. Nossas vítimas nos conhecem pelas feridas e pelos grilhões: é o que torna seu testemunho irrefutável. Basta que nos mostrem o que fizemos delas para sabermos o que fizemos de nós. Isso é útil? Sim, pois a Europa está na iminência de explodir. Mas nós vivemos na metrópole e reprovamos os excessos, dirão vocês de novo. É verdade: vocês não são colonos, mas não valem mais do que eles. Eles são seus pioneiros; vocês os enviaram para além-mar, enriqueceram; vocês os preveniram: se derramassem sangue demais, seriam desautorizados, ainda que com relutância; da mesma maneira, um Estado — qualquer que seja — mantém no estrangeiro uma turba de agitadores, provocadores e espiões que, quando são apanhados, ele renega. Vocês, tão liberais, tão humanos, que levam o amor pela cultura ao preciosismo, fingem esquecer que possuem colônias e que ali se praticam massacres em seu nome. Fanon revela a seus camaradas — sobretudo àqueles que continuam um pouco ocidentalizados demais — a solidariedade dos "metropolitanos" e de seus agentes coloniais.

Tenham coragem de ler este livro: primeiro, porque ele os fará sentir-se envergonhados, e a vergonha, como disse Marx, é um sentimento revolucionário. Vejam: eu também não posso me desprender da ilusão subjetiva. Também lhes digo: "Está tudo perdido, a menos que...". Como europeu, roubo o livro de um inimigo e o converto num instrumento para curar a Europa. Aproveitem.

E a segunda razão: se rejeitarem a verborreia fascista de [Georges] Sorel, vocês verão que Fanon é o primeiro, desde Engels, a recolocar em cena a parteira da história. E não creiam que seu sangue ardente ou misérias na infância lhes tenha dado não sei que gosto particular pela violência: ele se faz simplesmente intérprete da situação, nada mais. Porém isso basta para que componha, etapa por etapa, a dialética que a hipocrisia liberal esconde de vocês e que nos produziu tanto a nós quanto a ele.

No século passado, a burguesia considerava os operários invejosos, corrompidos por apetites grosseiros, mas consentiu em incluir esses grandes seres brutais em nossa espécie: se não fossem homens e livres, como poderiam vender livremente sua força de trabalho? Na França, na Inglaterra, o humanismo pretende-se universal.

Com o trabalho forçado, sucede o contrário: não há contrato. Além disso, é preciso intimidar: a opressão, portanto, torna-se evidente. Ao rejeitar o universalismo metropolitano, nossos soldados no ultramar aplicam ao gênero humano o *numerus clausus*: como ninguém pode, sem cometer um crime, espoliar seu semelhante, subjugá-lo ou matá-lo, eles estabelecem o princípio de que o colonizado não é o semelhante do homem. Nossa força-tarefa recebeu a missão de tornar realidade essa abstrata certeza: deu-se ordem para rebaixar os habitantes do território anexado ao nível do macaco superior, a fim de justificar que o colono os trate como animais de carga. A violência colonial não visa apenas a garantir o respeito desses homens subjugados, procura também desumanizá-los. Não se deve poupar nada para aniquilar suas tradições, substituir suas línguas pelas nossas, destruir sua cultura sem lhes oferecer a nossa; eles serão embrutecidos pelo cansaço. Desnutridos, doentes, se ainda assim resistirem, o medo finalizará o trabalho: apontam-se fuzis para o camponês; chegam civis que se instalam em sua terra e o obrigam, sob o chicote, a cultivá-las para eles. Se resiste, os soldados atiram, é um homem morto; se cede, avilta-se, deixa de ser um homem; a vergonha e o temor vão cindir seu caráter, desintegrar sua pessoa. A questão é tratada a toque de caixa pelos especialistas: os "serviços psicológicos" não datam de hoje. Nem a lavagem cerebral. No entanto, apesar de uma série de esforços, o objetivo não é atingido em parte alguma: nem no Congo, onde as mãos dos negros eram cortadas, nem em Angola, onde, ainda recentemente, abriam-se furos nos lábios dos descontentes para fechá-los com cadeados. E não pretendo que seja impossível transformar um homem em animal: digo que não é possível fazer isso sem enfraquecê-lo brutalmente; bordoadas nunca são o bastante, é preciso forçar a desnutrição. Esse é o problema com a servidão: quando domesticamos um membro da nossa espécie, diminuímos sua produtividade, e, por menos que se lhe dê, um homem reduzido à condição de animal doméstico acaba custando mais do que produz. Por essa razão, os colonos são obrigados a parar o adestramento no meio do processo: o resultado, nem homem nem animal, é o nativo. Espancado, subnutrido, enfermo, atemorizado, mas somente até certo ponto, ele tem sempre os mesmos traços de caráter, seja amarelo, negro ou branco: é um preguiçoso, sonso e ladrão, que vive de nada e só reconhece a força.

Pobre colono! Eis sua contradição posta a nu. Ele deveria, como faz o gênio, ao que se diz, matar as vítimas de suas pilhagens. Isso, porém, não é possível: não é preciso também explorá-las? Sem poder levar o massacre até o genocídio, e a servidão até o embrutecimento, o colono perde as estribeiras, a operação se inverte, uma lógica implacável a conduzirá à descolonização.

Não de imediato. A princípio, reina o europeu: ele já perdeu, mas não se apercebe disso; ainda não sabe que os nativos são falsos nativos; maltrata-os, segundo diz, para destruir ou reprimir o mal que há neles; ao cabo de três gerações, esses perniciosos instintos não voltarão a brotar. Mas que instintos? Os que impelem os escravos a matar seu senhor? Como não reconhece nisso sua própria crueldade voltada contra si? Como não reencontra, na selvageria desses camponeses oprimidos, a selvageria de colono que eles absorveram por todos os poros e da qual não estão curados? A razão é simples: esse personagem imperioso, enlouquecido pela onipotência e pelo medo de perdê-la, já não se lembra muito bem de ter sido um homem: toma-se por uma chibata ou por um fuzil; chega a acreditar que a domesticação das "raças inferiores" pode ser obtida pelo condicionamento de seus reflexos. Não leva em conta a memória humana, as lembranças indeléveis. E, além disso, há algo que ele talvez nunca soube: nós só nos tornamos o que somos pela negação íntima e radical do que fizeram de nós. Três gerações? A partir da segunda, mal haviam aberto os olhos e os filhos viram os pais serem espancados. Em termos psiquiátricos, ei-los traumatizados. Pelo resto da vida. Porém essas agressões incessantemente repetidas, longe de induzi-los à submissão, os lançam em uma contradição insuportável pela qual, mais cedo ou mais tarde, os europeus irão pagar. Depois disso, que sejam por sua vez adestrados, que lhe ensinem a vergonha, a dor e a fome: apenas será suscitada em seus corpos uma raiva vulcânica, cuja força se iguala à da pressão exercida sobre eles. Vocês diziam que eles só reconhecem a força? Claro. Primeiro será apenas a força do colono, depois a deles, isto é, a mesma força, que recai sobre nós como o nosso reflexo, vindo do fundo de um espelho ao nosso encontro. Não se enganem: por essa ira louca, por essa bile e esse fel, pelo desejo permanente que têm de nos matar, pela contração permanente de músculos poderosos que receiam se soltar, eles são homens: *pelo* colono, que os quer trabalhadores subalternos, e contra ele. Todavia cego, abstrato, o ódio é o único tesouro desses homens: o senhor o atiça porque tenta animalizá-los, fracassa em erradicá-lo porque seus interesses o detêm no meio do caminho; assim, os falsos nativos ainda são humanos, pela potência e pela impotência do opressor, que neles se transformam em obstinada recusa da condição animal. Quanto ao resto, já entendemos; são preguiçosos, é claro, e isso é sabotagem. Dissimulados, ladrões: sem dúvida; seus pequenos furtos marcam o início de uma resistência ainda desorganizada. Isso não basta. Alguns se afirmam, jogando-se de mãos nuas contra os fuzis; são os seus heróis. E outros se fazem homens assassinando europeus; são mortos: bandidos e mártires, seu suplício exalta as massas aterrorizadas.

Aterrorizadas, sim: nesse novo momento, a agressão colonial se interioriza em Terror entre os colonizados. Não me refiro apenas ao temor que eles sentem diante de nossos inesgotáveis meios de repressão, mas também àquele que sua própria fúria lhes inspira. Os colonizados encontram-se encurralados entre nossas armas, que apontam para eles, e essas assustadoras pulsões, esse desejo de matar que brota do fundo do coração e que nem sempre reconhecem: pois, de início, não se trata da violência *deles*, é a nossa, revertida, que cresce e os dilacera; e o primeiro movimento desses oprimidos é enterrar profundamente essa raiva inconfessável que a moral deles e a nossa reprovam e que, no entanto, nada mais é, para eles, do que um último reduto de humanidade. Leiam Fanon: vocês saberão que, nos tempos de impotência, a loucura assassina é o inconsciente coletivo dos colonizados.

Essa fúria contida, sem poder se extravasar, anda em círculos e devasta os próprios oprimidos. Para se libertar desse sentimento, chegam a matar-se entre si: as tribos guerreiam umas contra as outras por não poderem enfrentar o verdadeiro inimigo — e vocês podem contar com a política colonial para alimentar as rivalidades; um irmão, ao levantar a faca contra seu irmão, acredita destruir, de uma vez por todas, a imagem detestada de seu aviltamento comum. Porém essas vítimas expiatórias não aplacam sua sede de sangue; só evitarão marchar contra as metralhadoras, tornando-se nossos cúmplices: eles mesmos vão por conta própria acelerar o progresso dessa desumanização a que resistem. Sob o olhar divertido do colono, vão se precaver contra si próprios com barreiras sobrenaturais, ora reavivando velhos mitos terríveis, ora prendendo-se através de ritos meticulosos: assim, o obsedado escapa de sua exigência profunda incorrendo em manias que o solicitam a todo instante. Dançam: isso os ocupa, relaxa os músculos doloridos pela contração; e, além disso, a dança exprime por mímica, secretamente, sem que o saibam, o Não que não podem dizer, os assassinatos que não ousam cometer. Em algumas regiões, servem-se deste último recurso: a possessão. O que antes era o fato religioso em sua simplicidade, uma certa comunicação do fiel com o sagrado, é convertido em arma contra o desespero e a humilhação: os *zars*,* os *loás*,** os santos de seus cultos descem neles, governam sua violência e a dissipam em transes até a exaustão. Ao mesmo tempo, esses personagens sobrenaturais os protegem: isso significa que os colonizados se defendem da alienação colonial excedendo-se na alienação religiosa. No final das contas, o único resultado é que acumulam as duas alienações e cada uma reforça a outra. Assim, em certas psicoses, fartos de serem insultados cotidianamente, os alucinados imaginam um belo dia ouvir a voz de um anjo que os cumprimenta; as chacotas não param, mas passam a se alternar com elogios. É uma defesa e é o fim da aventura: a pessoa sofre de dissociação, o doente caminha para a demência. Acrescentemos, para alguns infelizes rigorosamente selecionados, essa outra possessão de que já falei: a cultura ocidental. No lugar deles, dirão vocês, eu ainda preferiria meus *zars* à Acrópole. Bem, vocês compreenderam. Mas não exatamente, pois não estão no lugar deles. Ainda não. Do contrário saberiam que eles não podem escolher: acumulam. Dois mundos, duas possessões: dançam a noite inteira, de manhã cedo aglomeram-se nas igrejas para ouvir a missa; dia após dia, a

---

* Nos países do Chifre da África, demônios ou espíritos que possuem indivíduos, em geral mulheres, e provocam mal-estar ou doença. (N. T.)
** Espíritos cultuados pela religião vodu, bastante comum em países da África ocidental e no Haiti. (N. T.)

rachadura aumenta. Nosso inimigo trai os irmãos e se torna nosso cúmplice; seus irmãos fazem o mesmo. O indigenato é uma neurose introduzida e mantida pelo colono entre os colonizados *com o consentimento deles*.

Reivindicar e ao mesmo tempo renegar a condição humana: a contradição é explosiva. E ela explode, vocês sabem tão bem quanto eu. E vivemos no tempo da deflagração: seja porque o aumento da natalidade amplia a miséria, seja porque os recém-chegados devem recear viver um pouco mais do que morrer, a torrente da violência derruba todas as barreiras. Na Argélia, em Angola, os assassinatos de europeus são visíveis. É o momento bumerangue, o terceiro tempo da violência: ela se volta contra nós, atinge-nos, e, como das outras vezes, não compreendemos que é nossa. Os "liberais" ficam perplexos: reconhecem que não éramos tão corteses com os nativos, que teria sido mais justo e mais prudente conceder-lhes certos direitos, na medida do possível; eles pretendiam apenas ser admitidos em massa e sem padrinhos nesse clube fechadíssimo que é a nossa espécie: e eis que esse transbordamento bárbaro e louco não os poupa mais do que poupa os maus colonos. A esquerda metropolitana se inquieta: conhece a verdadeira condição dos nativos, a opressão impiedosa de que são objeto, e assim não lhes condena a revolta, consciente de que fizemos tudo para provocá-la. Mas há limites, pensa: esses guerrilheiros deveriam fazer algum esforço para se portar como cavalheiros, seria a melhor maneira de provar que são homens. Às vezes ela os censura: "Vocês estão exagerando, não vamos mais apoiá-los". E eles não ligam: pelo que vale o apoio que lhes dá, ela pode enfiá-lo no rabo. Desde que a guerra começou, perceberam esta rigorosa verdade: valemos todos pelo que somos, todos nós nos aproveitamos deles, eles não têm nada a provar, não darão tratamento preferencial a ninguém. Um só dever, um único objetivo: expulsar o colonialismo por *todos* os meios. E os mais esclarecidos dentre nós estariam, a rigor, prontos para admiti-lo, mas não podem deixar de ver nessa prova de força o meio completamente desumano de que os sub-homens se serviram para se fazer outorgar uma carta de humanidade: que seja outorgada o mais rapidamente possível e que eles tratem, então, por meios pacíficos, de merecê-la. Nossas belas almas são racistas.

Elas ganharão muito lendo Fanon; essa violência irreprimível, como ele demonstra perfeitamente, não é uma tempestade absurda nem a ressurreição de instintos selvagens, nem mesmo um efeito do ressentimento: é o próprio homem recompondo-se. Sabíamos, creio eu, porém nos esquecemos dessa verdade: nenhum gesto de ternura apagará as marcas da violência: só a violência pode destruí-las. E o colonizado se cura da neurose colonial expulsando o colono pelas armas. Quando sua raiva explode, ele reencontra a transparência perdida, vai se conhecendo à medida que se faz; de longe, consideramos sua guerra como o triunfo da barbárie; mas, por si mesma, ela promove a emancipação progressiva do combatente, dissipa progressivamente, dentro e fora dele, as trevas coloniais. Desde o momento em que se inicia, é uma guerra impiedosa. É preciso ou aterrorizar-se ou tornar-se terrível, isto é, abandonar-se às dissociações de uma vida falsa ou conquistar a unidade natal. Quando os camponeses tocam os fuzis, os velhos mitos empalidecem, os interditos são derrubados um a um: a arma de um combatente é a sua humanidade. Porque, no primeiro tempo da revolta, é preciso matar: abater um europeu é matar dois coelhos de uma cajadada só, é suprimir ao mesmo tempo um opressor e um oprimido: restam um homem morto e um homem livre; o sobrevivente, pela primeira vez, sente um solo *nacional* sob a planta dos pés. Nesse instante, a nação não se afasta dele: encontra-se aonde ele vai, onde ele está — nunca mais longe do que isso, confunde-se com sua liberdade. Porém, passada a primeira surpresa, o exército colonial reage: é preciso se unir ou ser massacrado. As discórdias tribais atenuam-se, tendem a desaparecer: primeiramente porque colocam a revolução em risco, e, num nível mais profundo, porque não tinham outra função a não ser desviar a violência para falsos inimigos. Quando perduram, como no Congo, é porque são fomentadas por agentes do colonialismo. A nação põe-se em marcha: para cada irmão ela está em toda parte onde outros irmãos combatem. O amor fraternal entre eles é o contrário do ódio que sentem por vocês: irmãos porque cada um já matou ou pode, de um instante para outro, ter matado. Fanon mostra a seus leitores os limites da "espontaneidade", a necessidade e os perigos da "organização". Mas, seja qual for a imensidade da tarefa, a cada desdobramento da empreitada a consciência revolucionária se aprofunda. Os últimos complexos desaparecem: não venham nos falar do "complexo de dependência" do soldado do Exército de Libertação Nacional. Livre dos antolhos, o camponês toma consciência de suas necessidades: eles o matavam, mas ele tentava ignorá-los; descobre-os agora como exigências infinitas. Nessa violência popular — para aguentar cinco anos, oito anos, como fizeram os argelinos — não se consegue distinguir as necessidades militares, sociais e políticas. A guerra, ainda que colocando apenas a questão do comando e das responsabilidades, institui novas estruturas, que serão as primeiras instituições da paz. Eis, portanto, o homem instaurado até em novas tradições, filhas futuras de um horrível presente; ei-lo legitimado por um direito que vai nascer, que nasce cada dia no fogo da batalha: com o último colono morto, reembarcado ou assimilado, a espécie minoritária desaparece, dando lugar à fraternidade socialista. E isso ainda não basta: esse combatente queima as etapas; vocês hão de convir que ele não arrisca a pele para se colocar no nível do velho homem "metropolitano". Reparem sua paciência: vez por outra talvez sonhe com um novo Dien Bien Phu; mas, acreditem, ele não conta realmente com isso: é um desvalido lutando, em sua miséria, contra ricos fortemente armados. Esperando pelas vitórias decisivas, e muitas vezes sem nada esperar, fustiga os adversários até a náusea. Isso não se dará sem perdas terríveis; o exército colonial torna-se feroz: patrulhamentos territoriais, controles ostensivos, reagrupamentos, expedições punitivas, assassinato de mulheres e crianças. Ele sabe que esse homem novo começa sua vida de homem pelo fim; considera-se um morto em potencial. Vão matá-lo: não é só que aceita o risco, é que tem certeza disso; esse morto em potencial perdeu a mulher, os filhos; viu tantas agonias que deseja vencer, mais do que apenas sobreviver; outros se aproveitarão da vitória, não ele: está exausto. No entanto, essa fadiga do coração está na origem de uma coragem espantosa. Nós encontramos nossa humanidade do lado de cá da morte e do desespero, ele a encontra muito além dos suplícios e da morte. Semeamos vento; ele é a tempestade. Filho da violência, dela extrai a todo instante sua humanidade: éramos homens à custa dele, ele se faz homem à nossa custa. Um outro homem: de melhor qualidade.

Aqui Fanon se detém. Ele mostrou o caminho: porta-voz dos combatentes, clamou pela união, pela unidade do continente africano, contra todas as discórdias e todos os particularismos. Seu objetivo foi atingido. Se ele quisesse descrever integralmente o fato histórico da descolonização, precisaria falar de nós, o que, sem dúvida, não é seu propósito. Mas, quando fechamos o livro, ele continua dentro de nós, apesar do autor, pois experimentamos a força dos povos em revolução e respondemos com a força. Existe, portanto, um novo momento da violência, e, desta vez, temos de nos voltar para nós mesmos, pois ela está nos transformando, na medida em que o falso nativo se transforma através dela. Cada um conduza as suas reflexões como bem entender, contanto que reflita: na Europa de hoje, completamente aturdida pelos golpes que lhe são desferidos na França, na Bélgica, na Inglaterra, a menor distração do pensamento é uma cumplicidade criminosa com o colonialismo. Este livro não precisava absolutamente de um prefácio, menos ainda porque ele não se dirige a nós. No entanto, eu o escrevi para levar até o fim a dialética: a nós, europeus, também estão descolonizando. Isso significa que estão extirpando, por meio de uma operação sangrenta, o colono que habita dentro de cada um de nós. Examinemo-nos interiormente, se tivermos coragem, e vejamos o que nos acontece.

Primeiro, precisamos encarar esse inesperado espetáculo: o striptease de nosso humanismo. Ei-lo inteiramente nu, não é nada belo: era apenas uma ideologia mentirosa, a refinada justificativa da pilhagem; suas delicadezas e preciosismo caucionavam nossas agressões. Os não violentos têm boa aparência: nem vítimas, nem algozes! Vamos! Se vocês não são vítimas — quando o governo que referendaram num plebiscito, quando o exército em que serviram seus irmãos mais jovens cometeram, sem hesitação nem remorso, um "genocídio" —, sem dúvida são algozes. E se escolhem ser vítimas, arriscar um dia ou dois de prisão, escolhem simplesmente se livrar de uma enrascada. Mas não vão se livrar: terão de ficar até o fim. Entendam o seguinte: se a violência começou esta noite, se a exploração e a opressão jamais tivessem existido sobre a face da Terra, talvez a apregoada não violência pudesse apaziguar a querela. Mas se o regime inteiro e inclusive os seus pensamentos não violentos estão condicionados por uma opressão milenar, sua passividade só serve para alinhá-los ao lado dos opressores.

Vocês sabem muito bem que somos exploradores. Sabem muito bem que nos apoderamos do ouro, dos metais e, mais tarde, do petróleo dos "continentes novos" e os trouxemos para as velhas metrópoles. Aliás, com excelentes resultados: palácios, catedrais, capitais industriais; e, quando se insinuava uma crise, lá estavam os mercados coloniais para amortecê-la ou contorná-la. A Europa, abarrotada de riquezas, outorgou de jure a humanidade a todos os seus habitantes: entre nós, um homem significa um cúmplice, já que nós *todos* nos aproveitamos da exploração colonial. Este continente farto e lívido acabou dando no que Fanon chama acertadamente de "narcisismo". Cocteau irritava-se com Paris, "esta cidade que fala o tempo todo de si mesma". E o que mais faz a Europa? E esse monstro supereuropeu, a América do Norte? Quanta falação: liberdade, igualdade, fraternidade, amor, honra, pátria, e o que mais? Ao mesmo tempo, isso não nos impedia de proferir discursos racistas, negro sujo, judeu sujo, árabe sujo. Bons espíritos, liberais e afetuosos — neocolonialistas, em suma —, declaravam-se chocados com essa inconsequência; erro ou má-

-fé: nada mais consequente, entre nós, do que um humanismo racista, já que o europeu só se tornou homem por ter fabricado escravos e monstros. Enquanto existiu um indigenato, essa impostura não foi desmascarada; encontrava-se no gênero humano uma abstrata postulação de universalidade que servia para encobrir práticas mais realistas: havia, do outro lado dos mares, uma raça de sub-homens que, graças a nós, talvez em mil anos alcançasse nossa condição. Em suma, confundia-se o gênero com a elite. Hoje, o nativo revela sua verdade: por conseguinte, nosso fechadíssimo clube revela sua fraqueza; não era nem mais nem menos do que uma minoria. Ou ainda pior: como os outros fazem-se homens voltando-se contra nós, evidencia-se que somos inimigos do gênero humano; a elite revela sua verdadeira natureza: é uma quadrilha. Nossos caros valores perdem as asas; examinando-os de perto, não encontraremos um que não esteja manchado de sangue. Se precisam de um exemplo, lembrem-se destas palavras grandiloquentes: como é generosa a França! Generosos, nós? E Sétif? E esses oito anos de guerra feroz que já custaram a vida de mais de 1 milhão de argelinos? E o choque elétrico? Mas compreendam bem que não nos acusam de ter traído não sei que missão, simplesmente porque não tínhamos nenhuma. É a própria generosidade que está em causa; essa bela e melodiosa palavra possui um único sentido: estatuto outorgado. Para aqueles homens diante de nós, novos e emancipados, ninguém tem o poder nem o privilégio de dar nada a ninguém. Cada um tem todos os direitos. Sobre todos. E nossa espécie, quando um dia estiver pronta, não se definirá como a soma dos habitantes do globo, mas como a unidade infinita de suas reciprocidades. Paro por aqui. Vocês concluirão o trabalho sem dificuldade; basta encarar, pela primeira e última vez, nossas aristocráticas virtudes: estão agonizando; como poderiam sobreviver à aristocracia de sub-homens que as engendrou? Há alguns anos, um comentarista burguês — e colonialista — para defender o Ocidente só achou isto: "Não somos anjos, mas pelo menos sentimos remorsos". Que confissão! Outrora, nosso continente possuía outros pilares: o Partenon, Chartres, os Direitos Humanos, a suástica. Hoje sabemos o que valem, e ninguém pretende mais nos salvar do naufrágio a não ser pelo sentimento mui cristão de nossa culpabilidade. É o fim, como vocês podem ver: a Europa faz água por todo lado. O que aconteceu? Isto, simplesmente: éramos sujeitos da História e agora somos seus objetos. A relação de forças se inverteu, a descolonização está em curso; tudo o que nossos mercenários podem fazer é tentar retardar seu desfecho.

É preciso ainda que as velhas "metrópoles" deem o máximo de si, que apliquem todas as suas forças numa batalha de antemão perdida. Essa velha brutalidade colonial, que contribuiu para a glória duvidosa de pessoas como Bugeaud,* nós a reencontramos, no final da aventura, dez vezes maior, insuficiente. Envia-se um contingente de militares à Argélia e ele ali se mantém, há sete anos, sem resultado. A violência mudou de sentido; vitoriosos, nós a praticávamos sem que ela parecesse nos alterar: decompunha os outros e nós, homens, víamos nosso humanismo permanecer intacto; unidos pelo lucro, os metropolitanos batizavam como fraternidade, como amor, o

---

* Thomas Robert Bugeaud (1784-1849), governador-geral da Argélia, desempenhou papel decisivo para o avanço da colonização francesa no país, depois de derrotar o levante comandado pelo emir Abd al-Kader em 1839. (N. T.)

conjunto de seus crimes; hoje, a mesma violência, bloqueada em toda parte, volta-se contra nós através de nossos soldados, interioriza-se e nos possui. A involução começa: o colonizado se recompõe e nós, extremistas e liberais, colonos e "metropolitanos", nos decompomos. Já a raiva e o medo estão nus: mostram-se a descoberto nas violências contra os árabes em Alger. Então, agora, onde estão os selvagens? Onde está a barbárie? Não falta nada, nem mesmo os tambores; as buzinas ritmam "Argélia francesa" enquanto os europeus queimam vivos os muçulmanos. Não faz muito tempo, recorda Fanon, psiquiatras reunidos num congresso afligiam-se com a criminalidade dos nativos: essa gente se mata entre si, diziam eles, isso não é normal; o córtex do argelino deve ser subdesenvolvido. Na África Central, outros decretaram que "o africano faz pouco uso dos lobos frontais". Hoje, seria interessante esses cientistas realizarem suas pesquisas na Europa, e particularmente junto aos franceses, pois também devemos estar sofrendo de indolência frontal há alguns anos: os patriotas assassinam um pouco seus compatriotas; na ausência destes, mandam para os ares o porteiro e a casa. É só o começo: a guerra civil está prevista para o outono ou para a próxima primavera. No entanto, nossos lobos frontais parecem em perfeito estado: seria então que, na impossibilidade de esmagar o nativo, a violência se volta contra si mesma, acumula-se no fundo de nós e procura uma saída? A união do povo argelino produz a desunião do povo francês: em todo o território da antiga metrópole, as tribos dançam e se preparam para o combate. O terror deixou a África para se instalar aqui, porque há pessoas sem maldade, mas furiosas, que querem nos fazer pagar com nosso sangue a vergonha de terem sido vencidas pelo nativo; e há também os outros, todos os outros, igualmente culpados — depois de Bizerte, depois dos linchamentos de setembro, quem desceu às ruas para dizer "Basta"? —, porém mais ponderados: os liberais, os durões da esquerda mole. Também neles a febre aumenta. E a sanha. Mas que pavor! Mascaram a raiva com mitos, com ritos complicados; com o intuito de retardar o acerto de contas final e a hora da verdade, colocaram para nos comandar um Grande Feiticeiro cujo ofício é nos manter na escuridão a qualquer preço. Tudo inútil; proclamada por uns, rejeitada por outros, a violência anda em círculos: um dia explode em Metz, no dia seguinte em Bordeaux; passou por aqui, passará por lá, é o jogo do anel. Por nossa vez, percorremos agora, passo a passo, o caminho que leva ao indigenato.* Mas, para nos tornarmos inteiramente autóctones, seria preciso que nosso solo fosse ocupado pelos ex-colonizados e que morrêssemos de fome. Isso não acontecerá: não, é o colonialismo decaído que nos possui, é ele que em breve nos cavalgará, decrépito e presunçoso; aí estão nosso *zar*, nosso *loá*. E, ao ler o último capítulo de Fanon, vocês vão se convencer de que é preferível ser um nativo no pior momento de sua desgraça do que um ex-colono. Não é bom para um funcionário da polícia ser obrigado a torturar dez horas por dia: nesse ritmo, seus nervos vão arrebentar, a menos que se proíba aos carrascos, em seu próprio interesse, de fazer horas extras. Quando se quer proteger, pelo rigor das leis, o moral da nação e do exército, não é bom que este abale siste-

---

* Sartre, aqui, inverte a lógica do estatuto do indigenato, "regime administrativo particular aplicado pelos representantes da metrópole aos povos autóctones de uma colônia. Aplicado pela primeira vez na Argélia em 1830, o 'estatuto do indigenato' foi pouco a pouco se estendendo a todos os territórios franceses ultramarinos". (N. T.)

maticamente os ânimos daquela, nem que um país de tradição republicana confie centenas de milhares de jovens a oficiais golpistas. Não é bom, meus compatriotas, vocês que conhecem todos os crimes cometidos em nosso nome, realmente não é bom não dizer nenhuma palavra a ninguém, nem à sua própria alma, por receio de ter que julgar a si mesmo. No princípio, quero crer, vocês ignoravam, depois duvidaram, agora sabem, mas continuam calados. Oito anos de silêncio, é degradante. E em vão: hoje o sol ofuscante da tortura está no zênite, ilumina o país todo; sob essa luz, nenhum riso soa bem, nenhum rosto se pinta para mascarar a cólera ou o medo, não existe nenhum ato que não traia nossas aversões e cumplicidades. Hoje, basta que dois franceses se encontrem para que haja um cadáver entre eles. E quando digo um... A França, outrora, era o nome de um país; cuidemos para que não seja, em 1961, o nome de uma neurose.

Vamos nos curar? Sim. A violência, como a lança de Aquiles, pode cicatrizar as feridas que causou. Hoje estamos acorrentados, humilhados, doentes de medo: no plano mais baixo. Felizmente, isso ainda não basta para a aristocracia colonialista: ela não pode concluir sua missão retardadora na Argélia sem primeiro terminar de colonizar os franceses. A cada dia recuamos diante da briga, mas estejam certos de que não poderemos evitá-la: os assassinos precisam dela; vão nos atacar bruscamente e golpear a esmo. Assim terminará o tempo dos feiticeiros e dos fetiches: vocês terão de lutar ou apodrecerão nos campos de concentração. É o momento final da dialética: vocês condenam essa guerra, mas ainda não ousam se declarar solidários com os combatentes argelinos; não tenham medo, contem com os colonos e os mercenários: eles vão ajudá-los a dar esse passo. Talvez então, imprensados contra a parede, vocês possam enfim dar vazão a essa violência nova suscitada por velhos crimes requentados. Mas isso, como se diz, é outra história. A história do homem. Aproxima-se o tempo, tenho certeza, em que nos juntaremos àqueles que a estão fazendo.

Setembro de 1961

Introdução à edição norte-americana de 2021

Cornel West

FRANTZ FANON É O MAIOR INTELECTUAL revolucionário da metade do século XX. É também o mais atual para o século XXI. O gênio teórico, a maestria literária, a coragem política de Fanon são inegáveis. E sua integridade pessoal, tenacidade autocrítica e total honestidade são incontestáveis. Tal como a revolução bebop de Charlie Parker na música moderna, as obras e o testemunho de Frantz Fanon romperam e esfacelaram os paradigmas dominantes na filosofia, na cultura e na política modernas. À semelhança do subversivo intelecto sônico de Nina Simone, Frantz Fanon tornou inevitável o enfrentamento das realidades históricas da descolonização. Em suma, ele é uma figura de proa em nossa época neoliberal e neocolonial porque lançou luz sobre o lado terrorista e aterrorizador do imperialismo supremacista branco europeu — luz que nos permite acompanhar como esse imperialismo vem colhendo os frutos do que plantou pelo mundo afora.

Os condenados da terra (1961) foi a última demonstração de Fanon — com apenas 36 anos de idade — da sua vocação profética. Essa vocação era motivada por um profundo amor pelos povos colonizados e se fundamentava num grande amor pela verdade das suas ações e provações. Logo nas passagens iniciais deste clássico eterno, ele escreve: "Na descolonização, há, portanto, a exigência de um questionamento integral da situação colonial. Sua definição, se quisermos descrevê-la de maneira precisa, caberia no adágio bem conhecido: 'Os últimos serão os primeiros'. A descolonização é a confirmação desse adágio".

Sua alusão bíblica a Jesus (Mateus 20,16) e a declaração revolucionária de um "embate decisivo e mortal" entre o colonizador e o colonizado, o ocupador e o ocupante, fazem-nos confrontar a força bruta e a violência nua e crua do poder assimétrico do dominante sobre o dominado. Fanon não nos permitirá começar a discussão pela contraviolência do oprimido, mas sim pelo terror e pelo trauma persistentes, tantas vezes desconsiderados, da violência estrutural e do horror cotidiano impostos pelas realidades coloniais às pessoas comuns.

Ao afirmar que "o mundo colonial é um mundo compartimentado", Fanon nos leva a reconhecer que o colonialismo é uma guerra bárbara constante travada contra o povo colonizado, sancionada pelos valores ocidentais. "Ocorre, porém, que quando um colonizado ouve um discurso sobre a cultura ocidental, ele saca do seu facão ou pelo menos se certifica de que o tem ao seu alcance. [...] No período de descolonização, a massa colonizada desdenha esses mesmos valores, insulta-os, vomita-os com satisfação." A acusação de Fanon contra o colonialismo europeu é mais do que uma extravagante rejeição epistêmica do eurocentrismo, ou mais do que um mero momento nietzschiano de oposição contra uma visão dialética do processo. Na verdade, Fanon está aprofundando, refinando e "forçando ligeiramente" a análise marxista, ao unir uma crítica incessante do capitalismo predatório e dos seus tentáculos imperiais a uma análise sobre o Império de uma supremacia branca de tipo bélico que permeia a própria alma dos sujeitos coloniais e molda todas as esferas da sociedade colonial. Como um grande músico de jazz, Fanon emprega e encarna contrapontos que fundem criativamente a crítica das economias capitalistas de Karl Marx, a filosofia da guerra de Carl von Clausewitz (com o acréscimo da guerra de guerrilha de Mao Tsé-tung), as fecundas noções de psicologia ambiental e sociogenética de François Tosquelles (e, em certa medida, de Jacques Lacan) e, sobretudo, os exemplos inigualáveis de Aimé Césaire (mestre, mentor e companheiro martinicano de Fanon como combatente pela liberdade) e Jean-Paul Sartre.

FANON É, acima de tudo, um revolucionário cuja maestria no discurso, na linguagem e na práxis política nos convida a resistir e a derrubar todas as formas de dogmatismo e dominação que subjugam os povos oprimidos. (Veja-se a sua "prece derradeira" em *Pele negra, máscaras brancas*, de 1952: "Ó meu corpo, faz sempre de mim um homem que questiona!".)[1] Essa intensa energia socrática — alinhada com o que ele chama de "autocrítica africana" — resulta num pleno internacionalismo que perpassa uma consciência nacional genuína. "A consciência de si não é fechamento à comunicação. A reflexão filosófica nos ensina, ao contrário, que ela é a garantia da comunicação. A consciência nacional, que não é o nacionalismo, é a única que nos dá dimensão internacional. [...] É no cerne da consciência nacional que se eleva e se vivifica a consciência internacional." O internacionalismo revolucionário de Fanon — como os de Karl Marx, C. L. R. James, Rosa Luxemburgo, Ella Baker, Albizu Campos, B. R. Ambedkar, Emma Goldman ou Ali Shariati, camarada de Fanon — nunca reduziu a riqueza intelectual da história europeia apenas aos cruéis crimes europeus contra a humanidade, especialmente contra os povos do Terceiro Mundo. Ele vai ainda mais além:

> Todos os elementos de uma solução para os grandes problemas da humanidade existiram, em momentos diferentes, no pensamento da Europa. Mas a ação dos homens europeus não realizou a missão que lhes cabia...
>
> Trata-se, para o Terceiro Mundo, de recomeçar uma história do homem que considere não só as teses por vezes prodigiosas defendidas pela Europa, mas também os crimes da Europa...
>
> Mais ainda, se quisermos corresponder à expectativa dos europeus, não devemos lhes devolver uma imagem, mesmo ideal, da sua sociedade e do seu pensamento, pelos quais eles experimentam, episodicamente, uma imensa náusea.
>
> Para a Europa, para nós mesmos e para a humanidade, camaradas, é preciso mudar completamente, desenvolver um pensamento novo, tentar criar um homem novo.

Para Fanon, o internacionalismo revolucionário — anti-imperialista, anticapitalista, anticolonialista, antipatriarcal e antissupremacista branco — gera um novo humanismo que valoriza as necessidades psíquicas, sociais e políticas dos povos pobres e trabalhadores — uma solidariedade e universalidade a partir de baixo.

> As mulheres vão receber um lugar idêntico ao dos homens [...] na vida diária, na fábrica, na escola, nas assembleias.
>
> O governo nacional, se quiser ser nacional, deve governar pelo povo e para o povo, para os deserdados e pelos deserdados. Ne-

nhum líder, qualquer que seja o seu valor, pode substituir a vontade popular, e o governo nacional deve, antes de se preocupar com prestígio internacional, voltar a dar dignidade a cada cidadão, ocupar os cérebros, encher os olhos de coisas humanas, desenvolver um panorama humano, porque habitado por homens conscientes e soberanos.

No entanto, o internacionalismo revolucionário e o novo humanismo de Fanon foram traídos pelas novas burguesias nacionais em todos os pontos do globo. No famoso capítulo, ainda de extrema pertinência, "Desventuras da consciência nacional" (um favorito sobre o qual me lembro de discutir intensamente com os camaradas do Partido dos Panteras Negras nos anos 1960 e 1970), ele previu corretamente que o

> combate em prol da democracia contra a opressão do homem vai progressivamente afastar-se da confusão neoliberal universalista para desembocar, por vezes com muito esforço, na reivindicação nacional. Ora, o despreparo das elites, a ausência de ligação orgânica entre elas e as massas, sua indolência e, digamos também, a covardia no momento decisivo da luta estarão na origem de desventuras trágicas.

Na nossa época — nosso momento Obama e as suas consequências —, esse revés trágico neoliberal se converteu numa reação fascista neoliberal. O Big Money — Wall Street, Vale do Silício e Big Tech (bem como o grande militarismo) infiltrados no Pentágono e no Departamento de Estado — está no comando. A face pública é a da repulsiva supremacia branca. E o patriarcado, a homofobia e a transfobia correm freneticamente à solta.

A frase mais conhecida da obra canônica de Fanon é a que inicia "Sobre a cultura nacional": "Cada geração, numa relativa opacidade, deve descobrir sua missão, cumpri-la ou traí-la". Repita-se — com firmeza e segurança — que as burguesias nacionais dos últimos sessenta anos, desde o lançamento do livro de Fanon, de fato traíram a sua missão revolucionária. O seu "universalismo neoliberal" não consegue mais disfarçar e esconder a sua capitulação ao Big Money, ao grande militarismo — e ao centrismo político. Além disso, os seus níveis de corrupção, impunidade, ganância, narcisismo e repressão dos que ameaçam o seu poder prevaleceram sobre qualquer transformação fundamental.

O CONTEXTO ARGELINO DE FANON levou às suas fascinantes observações, ainda que às vezes um tanto questionáveis, sobre o potencial revolucionário do lumpemproletariado e do campesinato, e mesmo sobre o efeito catártico da luta armada para os colonizados. Apesar disso, as suas posições fundamentais sobre a necessidade de sólidos mecanismos de prestação de contas para os líderes, de uma educação política autocrítica para os cidadãos e de instituições civis para o atendimento a pessoas com traumas e distúrbios mentais são irrefutáveis. Tal como o seu mestre, Maurice Merleau-Ponty, Frantz Fanon é um dos poucos grandes intelectuais revolucionários que sempre estabeleceram a relação entre o psíquico e o político, o existencial e o econômico, o espiritual e o social.

Nos tempos que vivemos, de decadência imperial e decrepitude capitalista (seja nos Estados Unidos, na China ou na Rússia) — incluindo a crise ecológica, a escalada do neofascismo e a xenofobia difusa (contra muçulmanos, árabes, judeus, gays, lésbicas e trans), além de uma profunda supremacia branca —, o espírito de Fanon está extremamente presente no meu contexto imperialista norte-americano, nas alas internacionalistas dos movimentos Black Lives Matter e Palestinian Lives Matter, alinhadas com as iniciativas do Movimento BDS (Boycott, Divestment and Sanctions Movement). Todavia, a tarefa de uma plena descolonização e total democratização, com genuínas opções socialistas, permanece inacabada. Não traiamos a nossa missão — assim como Frantz Fanon nunca vendeu a alma nem traiu sua vocação profética!

Maio de 2021

Notas

A linguagem da revolução: Ler Frantz Fanon desde o Brasil
[pp. 7-28]

1. Deivison Faustino. *Frantz Fanon e as encruzilhadas: Teoria, política e subjetividade*. São Paulo: Ubu, 2022.
2. Neusa Santos Souza. *Tornar-se negro ou As vicissitudes da identidade do negro brasileiro em ascensão social*. Rio de Janeiro: Zahar, 2021.
3. Ibid., p. 45.
4. Lélia González. *Por um feminismo afro-latino-americano*. Organização de Flávia Rios e Márcia Lima. Rio de Janeiro: Zahar, 2020.
5. Aimé Césaire. *Discours sur le colonialisme*. Paris: La Découverte, 2002.
6. Sueli Carneiro. *A construção do outro como não-ser como fundamento do ser*. São Paulo: FEUSP-USP, 2005, Tese (Doutorado em Educação), p. 97.
7. Amina Mama. "Sheroes and villains: Conceptualizing colonial and contemporary violence against women in Africa". In: Jacqui Alexander e Chandra Talpade Mohanty (Orgs.), *Feminist Genealogies, Colonial Legacies, Democratic Futures*. Nova York: Routledge, 1997, pp. 46-62.
8. Neusa Santos Souza. *Tornar-se negro ou As vicissitudes da identidade do negro brasileiro em ascensão social*. Op. cit.
9. Lélia Gonzalez. "Racismo e sexismo na cultura brasileira". *Revista Ciências Sociais Hoje*, Anpocs, 1984.
10. Abdias Nascimento. *O genocídio do negro brasileiro: Processo de um racismo mascarado*. São Paulo: Perspectiva, 2017.
11. Clóvis Moura. *Rebeliões da senzala*. 4ª ed. Porto Alegre: Mercado Aberto, 1988.
12. Clóvis Moura. *Sociologia do negro brasileiro*. São Paulo: Ática, 1988.
13. Acauam Silverio de Oliveira. *O fim da canção? Racionais MC's como efeito colateral do sistema cancional brasileiro*. São Paulo: FFLCH-USP, 2015. Tese (Doutorado em Literatura Brasileira).
14. Guerreiro Ramos. "Patologia social do 'branco' brasileiro". In *Introdução crítica à sociologia brasileira*. Rio de Janeiro: Editora UFRJ, 1995.

15. Beatriz Nascimento. *Uma história feita por mãos negras: Relações raciais, quilombos e movimentos*. Organização de Alex Ratts. Rio de Janeiro: Zahar, 2021.
16. Édouard Glissant. *Poétique de la relation. Poétique III*. Paris: Gallimard, 1990.
17. Nohora Arrieta Fernández. "Ver o não visto: A poética invisível de Marcelo D'Salete". *Revista Direito Público*, Brasília, v. 19, n. 101, pp. 44-5, 2022.

Os condenados da terra [pp. 29-328]

1. Em *Pele negra, máscaras brancas*, mostramos o mecanismo desse mundo maniqueísta.
2. Ver capítulo 5, "Guerra colonial e distúrbios mentais".
3. Friedrich Engels, *Anti-Dühring*. Paris: Éditions Sociales, 1950, p. 199.
4. Pode acontecer que o líder seja a expressão autêntica das massas colonizadas. Nesse caso, o colonialismo se aproveitará de sua detenção para tentar lançar novos líderes.
5. É evidente que essa limpeza a vácuo destrói aquilo que se desejava salvar. É exatamente o que Sartre assinala quando diz: "Em suma, pelo simples fato de repeti-las (trata-se das ideias racistas), fica patente que a união simultânea de todos contra os nativos é irrealizável, que é apenas uma recorrência circular, e que, aliás, essa união só poderia acontecer como agrupamento ativo para massacrar os colonizados, tentação perpétua e absurda do colono que se resumiria, se fosse exequível, a suprimir de uma só vez a colonização". Jean-Paul Sartre. *Critique de la raison dialectique*. Paris: Gallimard, 1985, p. 346.
6. Aimé Césaire, "Et les chiens se taisaient". In: _____. *Les Armes miraculeuses*. Paris: Gallimard, 1946, pp. 133-7.
7. É preciso retornar a esse período para avaliar a importância dessa decisão do poder francês na Argélia. Assim, em 28 de março de 1957, no número 4 de *Résistance Algérienne*, pôde-se ler: "Em resposta ao voto da Assembleia Geral das Nações Unidas, o governo francês acaba de determinar a criação de milícias urbanas na Argélia. Basta de sangue derramado, disse a ONU. Lacoste responde: Vamos criar milícias. Cessem fogo, aconselhou a ONU. Lacoste vocifera: Vamos armar os civis. As duas partes em luta são convidadas a se reunir para encon-

trar uma solução democrática e pacífica, recomendou a onu. Lacoste decreta que doravante todo europeu andará armado e deverá atirar em quem quer que lhe pareça suspeito. A repressão selvagem, iníqua, beirando o genocídio, deverá antes de mais nada ser combatida pelas autoridades, imaginava-se então. Lacoste responde: Vamos sistematizar a repressão, organizar a caça aos argelinos. E simbolicamente ele confere os poderes civis aos militares, os poderes militares aos civis. O círculo está fechado. No meio, o argelino, desarmado, faminto, encurralado, empurrado, agredido, linchado, em breve assassinado porque suspeito. Hoje, na Argélia, não há um único francês que não esteja autorizado, convidado a fazer uso de sua arma. Não há um único francês, na Argélia, um mês depois do apelo à calma feito pela onu, que não tenha a permissão, a obrigação de descobrir, de provocar, de perseguir suspeitos.

"Um mês depois da votação para a moção final da Assembleia Geral das Nações Unidas, não há um único francês na Argélia que esteja alheio à mais horrível empresa de extermínio dos tempos modernos. Solução democrática? De acordo, assente Lacoste, vamos começar eliminando os argelinos. Para tanto, vamos armar os civis e deixar o barco correr. A imprensa francesa em sua maioria recebeu com reserva a criação desses grupos armados. Milícias fascistas, disseram os jornais. Sim. Mas, na escala do indivíduo e do direito internacional, o que é o fascismo se não o colonialismo no seio de países tradicionalmente colonialistas? Assassinatos sistematicamente legalizados, recomendados, afirmaram. Mas a carne argelina não traz há 130 anos feridas cada vez mais abertas, cada vez mais numerosas, cada vez mais radicais? Atenção, aconselha o sr. Kenne-Vignes, parlamentar do mrp, não correremos o risco, ao criar essas milícias, de ver, em breve, cravar-se um abismo entre as duas comunidades da Argélia? Sim. Mas o estatuto colonial não é a subjugação organizada de todo um povo? A Revolução Argelina é justamente a contestação declarada dessa servidão e desse abismo. A Revolução Argelina dirige-se à nação ocupante e lhe diz: 'Tirem suas garras da carne argelina esmagada e ferida! Deem voz ao povo argelino!'.

"A criação dessas milícias, dizem, permitirá aliviar as tarefas do Exército. Serão liberadas unidades cuja missão consistirá em proteger as fronteiras tunisianas e marroquinas. Um Exército formado por 600 mil homens. A quase totalidade da Marinha e da Aeronáutica. Uma polícia enorme, eficiente, de resultados espantosos, que absorveu os ex-torturadores dos povos tunisiano e marroquino. Unidades territoriais de 100 mil homens. É preciso aliviar o Exército. Vamos criar milícias urbanas. Tanto é verdade que o frenesi histérico e criminoso de Lacoste impôs a ideia até mesmo aos franceses mais lúcidos. A verdade é que a criação dessas milícias contém, na sua justificativa, sua própria contradição. As tarefas do Exército francês são infinitas. A partir do momento em que se lhe fixa como objetivo colocar novamente uma mordaça na boca argelina, fecha-se para sempre a porta para o futuro. Sobretudo, proíbe-se analisar, compreender, medir a profundidade e a densidade da Revolução Argelina; chefes de distritos, chefes de quarteirões, chefes de ruas, chefes de edifícios, chefes de andares... Ao enquadramento na área soma-se agora o enquadramento na altura.

"Em 48 horas foram registradas 2 mil candidaturas. Os europeus da Argélia responderam imediatamente ao apelo de Lacoste. De hoje em diante, cada europeu deverá recensear em seu setor os argelinos sobreviventes. Informações, 'resposta rápida' ao terrorismo, detecção de suspeitos, execução de 'desertores', reforço dos serviços de polícia. Sem dúvida é preciso aliviar as tarefas do Exército. À devastação na área soma-se agora a devastação na altura. À matança artesanal acrescenta-se agora a matança planejada. Acabem com o derramamento de sangue, havia aconselhado a ONU. O melhor meio para se alcançar isso, replica Lacoste, é não haver mais sangue a ser derramado. O povo argelino, depois de ser entregue às hordas de Massu, ficou sob os bons cuidados das milícias urbanas. Quando decide criar essas milícias, Lacoste sinaliza nitidamente que não deixará tocarem em SUA guerra. Ele prova que a putrefação não tem limites. Evidentemente, ei-lo agora prisioneiro, mas que gozo de levar todos à ruína consigo.

"O povo argelino, depois de cada uma dessas decisões, reforça a contração de seus músculos e a intensidade de sua luta. O povo argelino, depois de cada um desses assassinatos encomendados e organizados, estrutura ainda melhor sua conscientização e solidifica sua resistência. Sim. As tarefas do Exército francês são infinitas. Porque a unidade do povo argelino é — e quanto! — infinita!"

8. Por essa razão, no início das hostilidades não há prisioneiros. É apenas com a politização dos quadros que os dirigentes conseguem fazer as massas admitirem que: 1) as pessoas que vêm da metrópole nem sempre são voluntários, e às vezes até se sentem enojadas com essa

guerra; 2) o interesse atual da luta é que o movimento manifeste, em sua ação, respeito por certas convenções internacionais; 3) um exército que faz prisioneiros é um exército, e não mais um grupo de bandidos de estrada; 4) em qualquer circunstância, a posse de prisioneiros constitui um meio de pressão não desprezível para proteger nossos militantes detidos pelo inimigo.

9. No contexto internacional atual, o capitalismo não exerce o bloqueio econômico unicamente contra as colônias africanas ou asiáticas. Os Estados Unidos, com a operação anticastrista, abriram no continente americano um novo capítulo da história da libertação laboriosa do homem. A América Latina, formada por países independentes com assento na ONU, e com moeda própria, deveria constituir uma lição para a África. Essas ex-colônias, desde a sua libertação, vêm sofrendo, em meio ao terror e à miséria, a lei de ferro do capitalismo ocidental.

A libertação da África e o desenvolvimento da consciência dos homens permitiram aos povos latino-americanos romper com a velha dança das ditaduras em que os regimes se sucediam, mas permaneciam sempre iguais. Fidel Castro toma o poder em Cuba e o dá ao povo. Essa heresia é recebida como calamidade nacional pelos ianques, e os Estados Unidos organizam brigadas antirrevolucionárias, montam um governo provisório, incendeiam as colheitas de cana e decidem por fim estrangular impiedosamente o povo cubano. Mas será difícil. O povo cubano sofrerá, mas vencerá. O presidente brasileiro Jânio Quadros, numa declaração de importância histórica, acaba de afirmar que seu país defenderá por todos os meios a Revolução Cubana. Os Estados Unidos talvez recuem diante da vontade dos povos. Nesse dia, nós comemoraremos, pois será um dia decisivo para os homens e as mulheres do mundo inteiro. O dólar, que, em suma, só se garante por conta dos escravos espalhados pela superfície do globo, nos poços de petróleo do Oriente Médio, nas minas do Peru e do Congo, nas plantações da United Fruit ou da Firestone, deixará então de dominar com todo o seu poder esses escravos, escravos que o criaram e continuam, de cabeça vazia e ventre vazio, a alimentá-lo com sua substância.

10. Alguns países favorecidos por um considerável povoamento europeu chegam à independência com muros e avenidas e tendem a esquecer o interior miserável e faminto. Por ironia do destino, e uma espécie de silêncio cúmplice, agem como se suas cidades fossem contemporâneas da independência.

11. É verdade que a Alemanha não reparou integralmente os crimes de guerra. As indenizações impostas à nação vencida não foram reclamadas na totalidade, pois as nações lesadas incluíram a Alemanha em seu sistema defensivo, anticomunista. É essa preocupação permanente que move os países colonialistas, quando, na impossibilidade de incluí-las no sistema ocidental, tentam obter de suas ex-colônias bases militares e enclaves. Eles decidiram de comum acordo esquecer suas reivindicações em nome da estratégia da Otan, em nome do mundo livre. E vimos a Alemanha receber dólares e máquinas em ondas sucessivas. Uma Alemanha reerguida, forte e poderosa era uma necessidade para o campo ocidental. O interesse bem compreendido da chamada Europa livre exigia uma Alemanha próspera, reconstruída, capaz de servir como primeiro bloqueio às eventuais hordas vermelhas. A Alemanha se aproveitou maravilhosamente da crise europeia. Por isso, os Estados Unidos e os demais Estados europeus experimentam uma amargura legítima diante dessa Alemanha, que ontem estava de joelhos e hoje lhes faz, no mercado econômico, uma concorrência implacável.
12. "Distinguir radicalmente a edificação do socialismo na Europa das 'relações com o Terceiro Mundo' (como se tivéssemos com este apenas relações de exterioridade) é, conscientemente ou não, favorecer o rearranjo da herança colonial em detrimento da libertação dos países subdesenvolvidos, é querer construir um socialismo de luxo sobre os frutos da rapina imperial — como, no interior de uma quadrilha, se repartiria de forma mais ou menos igual o butim, mesmo que fosse para distribuir um pouco aos pobres sob a forma de boas obras, esquecendo que eles é que foram roubados." Marcel Péju, "Mourir pour De Gaulle?". *Les Temps Modernes*, n. 175, p. 176, out./nov. 1960.
13. Mamadou Dia, *Nations Africaines et solidarité mondiale*. Paris: PUF, 1960, p. 140.
14. Ibid.
15. "O líder político considerado como o representante de uma cultura", comunicação apresentada no II Congresso dos Escritores e Artistas Negros, Roma, 1959.
16. Raymond Cartier (1904-75), jornalista francês que advoga um anticolonialismo pragmático (cartierismo), criticado pelos anticolonialistas militantes. Para ele, a prioridade deveria ser o desenvolvimento da França metropolitana, em vez da realização de altos investimentos na África negra.

17. René Depestre, "Face à la nuit". In: _____. *Étincelles*. Porto Príncipe: Imprimerie de l'État, 1945.
18. Ibid.
19. René Char, "Partage formel". In: _____. *Seuls Demeurent*. Paris: Gallimard, 1945.
20. Na última distribuição de prêmios em Dacar, o presidente da República senegalesa, Léopold Senghor, decidiu inscrever nos programas o estudo da noção de negritude. Se a preocupação expressa pelo presidente da República do Senegal é de ordem histórica, só se pode estar de acordo. Se, ao contrário, trata-se de fabricar consciências negras, isso é simplesmente dar as costas para a história, que já constatou o desaparecimento da maioria dos negros.
21. Na introdução não publicada nas duas primeiras edições de *L'An V de la révolution algérienne* já assinalávamos que toda uma geração de argelinos, banhada no homicídio gratuito e coletivo, com as consequências psicoafetivas que isso acarreta, seria a herança humana da França na Argélia. Os franceses que condenam a tortura na Argélia adotam com frequência um ponto de vista estritamente francês. Não é uma crítica, é uma constatação: querem proteger a consciência dos torturadores atuais e potenciais e tentam evitar a degradação moral da juventude francesa. Quanto a nós, só podemos estar de acordo com esse procedimento. Certas observações aqui reunidas, sobretudo os casos 4 e 5 da série A, ilustram e justificam tristemente essa obsessão dos democratas franceses. Nosso propósito, em todo caso, é mostrar que a tortura sofrida dessitua muito profundamente, como já supúnhamos, a personalidade do torturado.
22. As circunstâncias do surgimento desses distúrbios são interessantes em mais de um aspecto. Vários meses após a independência de seu país, ele conheceu cidadãos da antiga nação ocupante, que achou simpáticos. Esses homens e mulheres saudavam a independência adquirida e prestavam homenagem sem reservas à coragem dos patriotas na luta de libertação nacional. Esse militante teve então uma espécie de vertigem. Ele se perguntou com angústia se entre as vítimas da bomba não poderiam ter estado pessoas semelhantes a seus interlocutores. É claro que o café visado era um notório ninho de racistas, mas qualquer um que passasse por ali podia entrar e consumir. A partir do dia em que teve essa primeira vertigem, o homem evitou pensar nos acontecimentos passados. Ora, paradoxalmente, alguns dias antes da

data crítica, os primeiros distúrbios apareceram. A partir de então eles se repetem com grande regularidade.

Em outras palavras, nossos atos nunca cessam de nos perseguir. Seu arranjo, sua ordenação, sua motivação podem perfeitamente, a posteriori, ser profundamente modificados. Essa não é uma das menores armadilhas que nos arma a História, com suas múltiplas determinações. Mas será que podemos escapar da vertigem? Quem ousaria afirmar que ela não persegue toda existência?

23. Depois da perícia médico-legal, que destacou o caráter patológico do ato, cessaram as diligências judiciárias decididas pelo Estado-maior do Exército de Libertação Nacional.

24. Com essa observação, estamos na presença de um sistema coerente que não deixa nada intacto. O carrasco que gosta de passarinhos ou aprecia em tranquilidade uma sinfonia ou uma sonata é simplesmente uma etapa. Mais adiante, há de fato uma existência que se inscreve no registro de um sadismo radical e absoluto.

25. Rivet é uma aldeia que, a partir de certo dia do ano de 1956, tornou-se famosa na região do Algérois. Nesse dia, de fato, a aldeia foi invadida por milicianos franceses que, depois de terem tirado quarenta homens da cama, os assassinaram.

26. Ao longo de 1955, houve vários casos desse tipo na Argélia. Infelizmente nem todos os doentes tiveram a oportunidade de chegar ao hospital.

27. Esse tipo de tortura é a causa de um grande número de mortes. Depois desses enemas com alta pressão, de fato, a mucosa intestinal sofre múltiplas lesões, que provocam microperfurações intestinais. As embolias gasosas e as peritonites são então muito frequentes.

28. Falamos evidentemente de argelinos que, sabendo alguma coisa, não confessaram sob tortura, pois é notório que um argelino que confessa é morto logo depois.

29. O corpo médico deve se revezar dia e noite junto ao paciente num trabalho de explicação. Compreende-se que a fórmula "Vamos forçar um pouco o paciente" não possa ser validamente utilizada aqui.

30. Essa tortura preventiva torna-se, em certas regiões, "repressão preventiva". Foi assim que, em Rivet, enquanto reinava a calma, os colonos, não querendo ser pegos de surpresa (as regiões vizinhas começavam a se agitar), decidiram pura e simplesmente liquidar os eventuais membros da Frente Nacional de Libertação. Mais de quarenta argelinos foram mortos em um único dia.

31. Na verdade, não é estranho de forma alguma. O conflito não é senão o resultado da evolução dinâmica da personalidade, na qual não poderia haver "corpo estranho". É melhor dizer que se trata de um corpo mal integrado.
32. Citaremos também o caso de psiquiatras que coordenavam os grupos "Presença francesa" e, designados para avaliar um prisioneiro, tinham o hábito, no primeiro contato, de declarar sua grande amizade com o advogado de defesa e de afirmar que ambos (o advogado e ele) iriam tirar o prisioneiro dali. Todos os prisioneiros avaliados nessas condições foram guilhotinados. Esses psiquiatras se gabavam diante de nós dessa maneira elegante de vencer as "resistências".
33. Sabe-se que se desenvolveu nos Estados Unidos uma corrente psicossociológica. Para os adeptos dessa escola, o drama do indivíduo contemporâneo reside no fato de que ele não desempenha mais um papel, de que o mecanismo social o obriga a ser apenas um elo da engrenagem. Daí a terapia proposta para permitir ao homem assumir papéis numa verdadeira atividade lúdica. Desempenhamos qualquer papel, até mudamos de papel num mesmo dia, somos capazes, simbolicamente, de nos colocar no lugar de qualquer um. Parece que os psiquiatras de fábricas nos Estados Unidos fazem prodígios na psicoterapia de grupo dos operários. Permitem-lhes de fato que se identifiquem com heróis. A tensão nas relações patrão-operário é assim consideravelmente reduzida.
34. Essa denominação, que expressa uma concepção idealista, é cada vez menos utilizada. Efetivamente, a terminologia córtico-visceral, herdada dos trabalhos soviéticos — sobretudo de Pavlov —, tem pelo menos a vantagem de colocar o cérebro em seu lugar, isto é, de considerá-lo como a matriz onde se elabora precisamente o psiquismo.
35. Quanto mais se sobe no plano neurológico, menos se é extrapiramidal. Como se vê, tudo parecia concordar.
36. É desnecessário acrescentar que não se trata aqui de contratura histérica.
37. De fato, sabemos que o islã proíbe o consumo de carne se não há a garantia de que o animal tenho sido esvaziado de seu sangue. É por isso que os bichos são degolados.
38. Professor A. Porot, *Annales médico-psychologiques*, 1918.
39. Nas palavras do decano dos juízes de uma câmara de Argel, essa agressividade do argelino traduz-se por seu amor à "fantasia" [espetáculos

tradicionais magrebinos que simulam assaltos militares a cavalo]. "Não é correto", disse ele em 1955, "achar que toda essa revolta seja política. De tempos em tempos é preciso dar vazão a isso, a essa paixão que eles têm pelos combates!" Para o etnólogo, estabelecer uma série de testes e de jogos projetivos capazes de canalizar os instintos agressivos globais do nativo teria podido evitar, em 1955-6, a revolução em Aurés.

40. J. C. Carothers, *Psychologie normale et pathologique de l'Africain: Études ethno-psychiatriques*. Genebra: Organização Mundial da Saúde, 1954.

41. Ibid., p. 176.

42. Ibid., p. 178.

43. É evidente, aliás, que essa identificação com a imagem produzida pelo europeu era muito ambivalente. O europeu parecia de fato prestar uma homenagem — igualmente ambivalente — ao argelino violento, passional, brutal, ciumento, altivo, orgulhoso, que arrisca a vida por um detalhe ou por uma palavra etc. Observemos de passagem que, nos confrontos com o francês da França, os europeus da Argélia tendem cada vez mais a se identificar com essa imagem do argelino, por oposição ao francês.

Anexos [pp. 329-63]

1. Frantz Fanon, *Black Skin, White Masks*. Nova York: Grove Press, p. 206.

1ª EDIÇÃO [2022] 5 reimpressões

ESTA OBRA FOI COMPOSTA POR MARI TABOADA EM DANTE PRO E IMPRESSA EM OFSETE PELA GRÁFICA SANTA MARTA SOBRE PAPEL PÓLEN DA SUZANO S.A. PARA A EDITORA SCHWARCZ EM JUNHO DE 2024

A marca FSC® é a garantia de que a madeira utilizada na fabricação do papel deste livro provém de florestas que foram gerenciadas de maneira ambientalmente correta, socialmente justa e economicamente viável, além de outras fontes de origem controlada.